rororo

Über die Verfasser

Rainer Grübel, Prof. für Slavische Literaturwissenschaft an der Carl von Ossietzky Universität Oldenburg, geb. 1942, Studium der Slavistik, Germanistik und Philosophie in Göttingen, Frankfurt a. M. und Leningrad. Promotion 1976 an der Universität Göttingen über den russischen Konstruktivismus. Nach der Wahrnehmung von Professuren in Utrecht und Leiden seit 1986 in Oldenburg tätig.

Veröffentlichungen: Russischer Konstruktivismus, Wiesbaden 1981. Sirenen und Kometen, Frankfurt a. M. usw. 1995. Der Wandel im Autorbild der russischen Moderne, Oldenburg 2000. Literaturaxiologie, Wiesbaden 2001. An den Grenzen der Moderne. Das Denken und Schreiben Vasilij Rozanovs. München 2003.

Ralf Grüttemeier, Prof. für Niederländische Literaturwissenschaft an der Carl von Ossietzky Universität Oldenburg, geb. 1961, Studium der Niederländischen Philologie, Germanistik und Geschichte in Aachen, Köln und Amsterdam. Promovierte 1994 an der Universiteit van Amsterdam über Neue Sachlichkeit in der niederländischen Literatur. Seit 1996 in Oldenburg tätig.

Veröffentlichungen: Hybride Welten. Aspekte der «Nieuwe Zakelijkheid» in der niederländischen Literatur, Stuttgart 1995. Intentionalität als Kippfigur, Oldenburg 1999. (zus. mit Klaus Beekman:) De wet van de letter. Literatuur en rechtspraak. Amsterdam 2005.

Helmut Lethen, Prof. für Neueste Deutsche Literatur an der Universität Rostock, geb. 1939. Studium der Germanistik, Religionsphilosophie und Soziologie in Bonn, Amsterdam und Berlin. Promotion 1970 an der Freien Universität Berlin. 1977 bis 1995 an der Rijksuniversiteit Utrecht. Seit 1995 in Rostock tätig. Gastprofessuren an der University of Chicago und an der University of California Los Angeles.

Veröffentlichungen: Neue Sachlichkeit 1924–1932. Studien zur Literatur des «Weißen Sozialismus», Stuttgart 1970. Zahlreiche Essays zur Literatur der Historischen Avantgarden (1910–1960). Verhaltenslehren der Kälte. Lebensversuche zwischen den Kriegen, Frankfurt a. M. 1994.

Rainer Grübel, Ralf Grüttemeier,
Helmut Lethen

BA-STUDIUM

LITERATURWISSENSCHAFT

Ein Lehrbuch

rowohlts enzyklopädie
im Rowohlt Taschenbuch Verlag

rowohlts enzyklopädie
Herausgegeben von Burghard König

Originalausgabe
Veröffentlicht im Rowohlt Taschenbuch Verlag,
Reinbek bei Hamburg, Oktober 2005

Umschlaggestaltung any.way, Walter Hellmann
Satz Minion PostScript (InDesign)
bei Pinkuin Satz und Datentechnik, Berlin
Druck und Bindung Clausen & Bosse, Leck
Printed in Germany
ISBN 3 499 55667 7

INHALT

2 Analyse literarischer Texte

EINLEITUNG

Wer Literaturwissenschaft studieren will, sieht sich mit einem so einfachen wie verwirrenden Problem konfrontiert: Literatur geht über alles – doch der Literaturwissenschaftler kann nicht in allem Experte sein. Die Literatur handelt etwa vom plötzlichen Schmerz eines Mannes in Paris, der nie die Fassung verlieren wollte, vom Liebeskummer eines Schallplattenhändlers in London, von Experimenten mit freier Sexualität an einem See in Niedersachsen, von den Erfahrungen eines Reisenden in der belgischen Kolonie Kongo, vom Glück einer französischen Köchin im norwegischen Exil, von der Begegnung mit extraterrestrischen Wesen auf dem Mars, vom Kannibalismus von Soldaten vor Stalingrad usw. Das sind *Stoffe*, die die Neugier anziehen. Als Stoffe könnten sie auch Untersuchungsobjekte für Medizinhistoriker, Kolonialforscher, Wissenschaftshistoriker, Psychologen, Forscher der Populärmusik, Technologen und Politikwissenschaftler werden. Es dürfte aber klar sein, dass Literaturwissenschaftler sich unmöglich auf all diesen Gebieten auskennen können. Das ist auch nicht ihre Aufgabe – obwohl es nie schadet, sich auf vorliegende Stoffe einzulassen.

Folglich wird das Augenmerk des wissenschaftlichen Interesses sich auf eine spezielle Ebene verlagern müssen. Eine nahe liegende Überlegung kann diese Verschiebung begründen. In keinem der genannten Fälle haben wir es mit dem Schmerz oder dem Glück pur, mit Erfahrungen der Trennung und Verschmelzung direkt zu tun. Sie sind uns nur präsent im Medium der Schrift, in der Gestalt des Liedes, in rhetorischen Formeln der Leidenschaft oder Katalogen von Bezeichnungen, in Diskursen des Rechts oder der Theologie, in Formen der Erzählung, der Anekdote, des Tagebuchs, der Reportage, des Romans oder der Lyrik und des Dramas. Die Literaturwissenschaft untersucht die Konstruktionselemente dieser artifiziellen Gebilde und prüft, wie sie in bestimmten historischen oder aktuellen Situationen funktionieren, welche Rolle sie in der Kultur spielen, in welchen Systemen sie organisiert und verhandelt werden und in Ausnahmefällen sogar, ob sie uns Mittel zur aktuellen Problemlösung an die Hand geben.

All dies gilt unvermindert in Zeiten der Einführung von Bachelor- und Masterstudiengängen. Künftig werden Studierende der Literaturwissenschaft zunächst den BA (Bachelor of Arts) anstreben, der in der Regel ein Studium von drei Jahren erfordert. Nach den einschlägigen Vorgaben handelt es sich dabei um einen ersten berufsqualifizierenden Abschluss, mit dem die Studierenden die Universität verlassen oder sich auf die weiterführenden Masterstudiengänge bewerben können, sei es in Richtung Lehramt oder in Richtung eines Fachmasters.

Mit der Veränderung der Studienstruktur geht eine Veränderung der Studieninhalte sowie der Lehr- und Lernformen einher: Im Zentrum der Umstellung steht eine Neuorganisation des Studiums in so genannte Module. Diese Module umfassen in der Regel mindestens zwei Veranstaltungen. Sie werden unter der Maßgabe miteinander kombiniert, wissenschaftliche Kompetenzen und Fähigkeiten zu vermitteln, die in den jeweiligen Modulbeschreibungen klar benannt werden sollen. Die Kompetenzen und Fähigkeiten sollen sowohl in der Wissenschaft als auch außerhalb der Hochschule von Studierenden zur Lösung von Problemen angewendet und modifiziert werden können. Generalistische und interdisziplinäre Transferfähigkeit betrachten wir deswegen als Kern eines jeden BA-Studiums – auch des literaturwissenschaftlichen. Diese Perspektive soll für die Literaturwissenschaft im Folgenden sowohl auf der systematischen als auch auf der historischen Ebene entwickelt werden.

Das vorliegende Buch versucht, die Grundgedanken der BA-Umstrukturierung aufzugreifen und das Handwerkszeug zu vermitteln, das in jedem Studiengang, der literarische Texte berührt, benötigt wird. Die Ausrichtung auf die Vermittlung von literaturwissenschaftlichen Fähigkeiten, die die Studierenden sich zu Eigen machen sollen, kommt zunächst in der Einteilung des Lehrbuchs in drei Blöcke zum Ausdruck. Diese drei Blöcke behandeln das, was wir als die drei literaturwissenschaftlichen Kernkompetenzen betrachten, die sich alle Studierenden im

BA-Studium zu Eigen machen sollten: *Kontextualisierung von Literatur* (Teil 1), *Analyse literarischer Texte* (Teil 2) und *Analyse literarischer Institutionen* (Teil 3).

Da die Studierenden im Laufe des BA-Studiums zum eigenständigen wissenschaftlichen Arbeiten angeleitet werden sollen, haben wir die drei Blöcke so konzipiert, dass darin die Instrumente des literaturwissenschaftlichen Arbeitens vorgestellt und Beispiele für ihre Anwendung gegeben werden. Wir haben uns darum bemüht, Fragen so zu formulieren, dass sie auf andere Gegenstände übertragbar sind, und Thesen so zu pointieren, dass sie zur Überprüfung anregen. Der schwimmende Grund, auf dem viele dieser Definitionen, Instrumente und Thesen ruhen, ist uns bekannt. Der Anfang des Studiums sollte aber nicht durch Reflexionen belastet werden, die verhindern, dass man überhaupt mit der Arbeit anfängt. Ziel ist es also, anhand exemplarischer Beispiele zur Anwendung literaturwissenschaftlicher Methoden zu befähigen. Das Entstehen der Skepsis überlassen wir dem Gebrauch der Instrumente sowie der Freude der Studierenden am Denken, auf die wir auch für den BA setzen.

Wir sind uns der Tatsache bewusst, dass mit der internationalen Vereinheitlichung der Abschlüsse eine kaum zu überschauende Heterogenität auf der Ebene der Module einhergehen wird. Während an dem einen Standort die Grundlagen unserer Disziplin in einem gemeinsamen Modul der Allgemeinen Literaturwissenschaft für alle Fremdsprachenphilologien, für die Komparatistik und für die Germanistik angeboten werden, findet sich anderswo eine Integration der Grundlagenvermittlung in die fächerspezifischen Basismodule. Mancherorts bieten diese einen Gesamtüberblick über die Disziplin, an anderen Universitäten werden einzelne Kompetenzen herausgegriffen und gleich in damit verbundenen Projekten im selben Modul vertieft. Dabei ist die Entwicklung im Fluss und die Breite der Varianten noch gar nicht zu übersehen, weil erst bis zum Jahr 2009 alle Universitäten in Deutschland auf die BA-Abschlüsse umgestellt haben müssen. Ist vor dem Hintergrund einer solchen Heterogenität nicht der Titel «BA-Studium. Literaturwissenschaft. Ein Lehrbuch» irreführend, und suggeriert er nicht eine Homogenität, die es schon zu Zeiten des Magister- und Staatsexamens nicht mehr gab, aber jetzt ganz gewiss nicht mehr gibt?

Diesem berechtigten Einwand möchten wir zweierlei entgegenhalten.

Zum einen studiert man ja auch im BA noch Fächer und Disziplinen, die eine Klammer bei aller erdenklichen Modulvielfalt bieten. Das vorliegende Buch ist unser Vorschlag, wie diese literaturwissenschaftliche Klammer im Rahmen eines BA-Studiums aussehen kann. Zum anderen haben wir versucht, das Buch so zu strukturieren, dass auch einzelne Teile zur ersten Orientierung herausgegriffen werden können. Das bezieht sich nicht nur auf die drei großen Blöcke, die selbstverständlich einzeln zu nutzen sind, sondern auch auf die Unterkapitel, wie sie dem Inhaltsverzeichnis zu entnehmen sind. Wer in Modulen zur Vermittlung der Fähigkeit der Lyrikanalyse oder zur Vergleichenden Poetikanalyse nach einführenden Texten sucht, sollte in unserem Buch genauso fündig werden wie die Studierenden, die sich etwa für ein Modul *Analyse von Literatur und Nationalismus* die Grundlagen der Beschäftigung mit Literaturgeschichtsschreibung erarbeiten wollen. Das Buch ist also auch als Baukasten konzipiert – obwohl es aus Sicht der Autoren den meisten Gewinn abwerfen sollte, wenn es in der Anordnung genutzt wird, in der wir die Klötze angebracht haben.

Abgerundet wird das Buch schließlich mit einem Ausblick auf das, was die Studierenden im Masterstudiengang erwartet. Die MA-Studiengänge sollten in der Regel zwei Studienjahre umfassen und eine weitgehende Spezialisierung ermöglichen. Deswegen werden wir uns im Ausblick auf das MA-Studium Literaturwissenschaft auf einige exemplarische Hinweise beschränken, die hoffentlich auch unsere Faszination für unsere Disziplin vermitteln.

1 KONTEXTUALISIERUNG von Literatur

1

1.1 Kultur und Medien

Der englische Philosoph John Locke berichtet in seinem *Essay Concerning Human Understanding* (1690) von einer Begebenheit des 17. Jahrhunderts, die auf den ersten Blick vergnüglich erscheint, aber bei näherer Betrachtung zur Verzweiflung treiben kann:

"As it happened to a Dutch ambassador, who entertaining the king of Siam with the particularities of Holland, which he was inquisitive after, amongst other things told him, that the water in his country would sometimes, in cold weather, be so hard, that men walked upon it, and that it would bear an elephant, if he were there. To which the King replied, *Hitherto I have believed the strange things you have told me, because I took you for a sober fair man, but now I am sure you lie.*"

Man möchte nicht in der Haut des niederländischen Botschafters gesteckt haben. Der Bericht von einem banalen Wetterphänomen in anderen Breitengraden kann je nach Erfahrungen und Weltbild des Zuhörers zum definitiven Beweis des Lügens werden. Alles, was wir tun, hören und lesen, ist offensichtlich so in all seinen Fasern mit spezifischen Kontexten verbunden, dass wir uns im alltäglichen Leben darüber kaum Rechenschaft ablegen. Zugleich macht die Anekdote Lockes die Bedeutung von kultureller Kontextualisierung deutlich – kulturelle Kontexte bestimmen unser Verständnis von sprachlichen Äußerungen immer mit. Das gilt natürlich auch für die Literatur als Teil der menschlichen Kultur. Wie ist das aber genau zu verstehen? Was haben wir davon, wenn wir Texte nach literaturwissenschaftlichen Verfahren kontextualisieren?

Der Zwiespalt des Begriffs «Kultur»

Kultur ist dem Wort und der Sache nach entstanden aus der Pflege des Landes beim Ackerbau. *Colo, colui, cultum* sind Flexionsformen des lateinischen Verbs mit der Bedeutung ‹pflegen›; ‹agriculture› heißt die Landwirtschaft im englisch- und französischsprachigen Raum. Auch wir reden davon, unfruchtbaren Boden zu ‹kultivieren›. Kultur ist ihrem Ursprung nach der sorgsame Umgang des Menschen mit der Natur. Hieraus folgt: (1) Kultur ist der Natur in gewisser Weise entgegengesetzt (kultiviertes Land, ob Acker, Garten oder Park, ist etwas anderes als Urwald, Brachland oder Wüste). (2) Die kulturelle Tätigkeit deckt sich mit alltäglichen Beschäftigungen des Menschen.

Neben diese nicht übertragene Bedeutung des Worts ‹Kultur› tritt bei Cicero der bildliche Ausdruck für die Philosophie: *cultura animi* (Kultur der Geistes). Die Sorge für das Geistige ergänzt die materielle um eine geistige Kultur. In der gepflegten Umgangssprache verstehen wir unter ‹Kultur› auch heute oft etwas Wertbeladenes: «Gesamtheit der geistigen, künstlerischen, gestaltenden Leistungen einer Gemeinschaft als Ausdruck menschlicher Höherentwicklung» definiert der Große Duden. In diesem Sinn ist von Dichtern und Musikern, von Philosophen und Gelehrten als «Kulturträgern» die Rede, tritt die Kultur der «Unkultur», dem «Ungebildetsein» oder auch der «Zivilisation» gegenüber.

Wer begreifen will, wie es zum Zwiespalt des einmal unbildlich, einmal bildlich gebrauchten Worts ‹Kultur› gekommen ist, wieso der relativ neutrale Ausdruck ‹Alltagskultur› auf Gewöhnliches verweist, das stolze Wort ‹Kulturnation› auf Besonderes und das Schimpfwort ‹Kulturbetrieb› auf Negatives verweisen kann, muss den Blick in die Geschichte wenden. Zwei Erzählungen haben das Wissen der alten Völker von Herkunft, Inhalt und Ziel der Kultur bewahrt und das Denken der Menschen über ihr eigenes Tun als Kultur geprägt: die hebräische Geschichte über die Vertreibung von Adam und Eva aus dem Paradies und der griechische Mythos des Prometheus.

Die Erzählung vom Sündenfall gründet im ersten Buch Mose die Kulturentstehung auf das Übertreten des göttlichen Verbots, vom Baum der Erkenntnis zu essen. Im Zugriff auf Wissen und Lust reißt der Mensch sich demnach schuldhaft los von paradiesischer Natur. Im Horizont gewusster Endlichkeit vereint die Übertretung als Kulturtat, der schuldige und wissende Umgang des Menschen mit der eigenen und der fremden Natur, Lust mit Mühsal.

Dieser hebräische Text war und ist für den gläubigen Juden zugleich religiöse Botschaft über die Vorgeschichte zu Gottes Bund mit dem auserwählten Volk und historische Nachricht über die jüdische Geschichte. Den Christen dient sie dagegen als Schlüsselerzählung von der Ursünde des Menschen, die erst getilgt wird durch den in den Kreuzigungsgeschichten des Neuen Testaments überlieferten Opfertod Christi. Auch wenn wir den biblischen Text als literarische Ur-Erzählung über die Entfremdung des Menschen von der heilen Natur und die Stiftung menschlicher Kultur lesen, bleibt er beherrscht vom unbezweifelbaren Wert und der nicht hintergehbaren Wahrheit göttlicher Schöpfung. Er ist Ausdruck einer monologischen Kultur: Adam und Eva kennen und behaupten keine andere Wertordnung als Gott. Die Erzählung vom Sündenfall ist zudem Teil einer oralen (mündlichen) Kultur, die durch Erzählen als kultische Handlung das Gedächtnis an die Vergangenheit, an die Gesetze, ihre Verletzung und ihre Strafe aufrechterhält. Gemeinsam erinnernde Wiederbelebung der eigenen, vom Propheten autorisierten Geschichte, stiftet sie kulturelle Identität der Sprecher und Hörer.

Den Prometheus-Mythos erzählt u.a. Protagoras im gleichnamigen Dialog des griechischen Philosophen Platon aus dem 4. vorchristlichen Jahrhundert. Als die Götter die Tiere und Menschen erschaffen haben, tragen sie den Brüdern Epimetheus und Prometheus auf, alle Lebewesen den natürlichen Erfordernissen gemäß auszustatten. Der Titan Prometheus (der ‹Voraus-Wissende›) muss am Ende aber feststellen: Aus Unachtsamkeit hat Epimetheus (der ‹Im-Nachhinein-Lernende›) alle verfügbaren Gaben an die Tiere verteilt und den Menschen nackt und schutzlos gelassen. Prometheus mindert diesen Mangel, indem er den Göttern Athene und Hephaistos Weisheit und Feuer stiehlt und die Menschen damit versieht.

Mit den Gütern des Wissens und des Feuers gerüstet, erkennt der Mensch zwar die Götter und lernt, sie zu verehren, es mangelt ihm aber an der Gabe zur Staatskunst. Angesichts der Verbrechen, die mit den Stadtgründungen einhergehen und das Fortleben des Menschengeschlechts gefährden, lässt Zeus allen Sterblichen durch Hermes die Güter der Scham und des Regierens überbringen. Wem es künftig an Gewissen und Gerechtigkeit gebricht, der soll sein Leben verwirkt haben. Die kulturellen Vermögen, Wahrheit zu erkennen und Feuer zu beherrschen, werden ergänzt um die Fähigkeiten, Recht von Unrecht zu scheiden und die Stadt, die Polis, zu lenken.

Anders als Protagoras werden wir den Mythos von Prometheus heute nicht mehr als Beleg für die Richtigkeit der Herrschaftsform Demokratie und die Lehrbarkeit der Tugend anführen. Wir lesen ihn vielmehr als Quellentext zur Rekonstruktion griechischer Mythologie.

Der russische Kulturphilosoph Michail Bachtin hat in Platons sokratischen Dialogen eine Quelle des modernen dialogischen Romans entdeckt. Tatsächlich ist der Dialog des Sokrates mit Protagoras kunstvoll angelegte Schriftprosa. Der von Protagoras erzählte Mythos wird in die Erzählung des Sokrates eingebettet und mit dieser wiederum in ein Rahmengespräch, das in Platons Komposition Sokrates selber als Erzähler überhaupt erst einführt.

Aus literaturwissenschaftlicher Sicht dient dieser einleitende Dialog als unverzichtbare Einführung des Gesprächspartners und Erzählers Sokrates. Zieht er zunächst die These des Protagoras von der Lehrbarkeit der Tugend in Zweifel, so gelangt er durch das Gespräch zum Schluss: Tugend ist lehrbar, weil sie Wissen ist. Protagoras kommt umgekehrt durch den Disput zur ursprünglich sokratischen Einsicht, Tugend sei *nicht* lehrbar, weil sie *kein* Wissen darstelle. Die Gesprächspartner wechseln ihren Standpunkt zwar, da sie ihn aber nur tauschen, stehen wie am Beginn so auch am Ende beide Positionen unversöhnt neben- und gegeneinander. Das Gespräch trägt die kulturelle Kernfrage, ob Menschen durch Einsicht zu bessern sind, im gleichzeitigen Ja *und* Nein einer hochgradig dialogischen Schriftkultur aus.

Die Wirkung der Kulturentstehungsmythen

Biblische Erzählung und sokratischer Dialog bringen alternative Vorstellungen der Mensch- und Kulturwerdung auf gegensätzliche Weise zum Ausdruck: das Alte Testament Normen setzend und monologisch, Platons *Protagoras* Regeln diskutierend, Standpunkte austauschend und dialogisch.

Indem sie zu Bezugstexten für späteres Nachdenken über die Entstehung von Mensch und Kultur wurden, prägten sie – sei es durch Berufung auf sie, durch Abwandlung oder Widerspruch – die weitere Entwicklung der Kulturvorstellungen in Europa. Ergänzt um das künftige, ‹Elysion› genannte Paradies des Neuen Testaments beherrschte das biblische Modell die religiöse Kultur des Mittelalters. In der kurzen Zeit des Karnevals wurde die Geltung dieses Deutungsmusters jedoch ausgesetzt, ein Zipfel des Paradieses ragte kurzzeitig hinein ins Diesseits. Der Prometheus-Mythos dagegen stieg in der Neuzeit auf zum Bezugspunkt selbstbewusster Kulturentwürfe – und ihres späteren Widerrufs.

Seit dem 19. Jahrhundert wurden die genannten Stiftungsmythen zunehmend durch Kampfesmythen verdrängt, für die der aus Mesopotamien über Griechenland nach Rom vermittelte Farnesische Stier Pate stand. Damit einher gingen Natur- und Kulturdeutungen, die im «Kampf ums Dasein» (Darwin), im «Willen zur Macht» (Nietzsche) und im «Klassenkampf» (Marx) gründeten.

Anders als in den Kampfesmythen, die den Menschen als Naturwesen entwerfen, entsteht Kultur in den oben nachgezeichneten Stiftungsmythen durch Ausgrenzung des Menschen aus der Natur. Oft wurde daher versucht, Kultur als Gegenbegriff zur Natur zu fassen. Beide Begriffe sind jedoch ebenso wie ihr Wechselverhältnis selber Ergebnis kultureller Arbeit. Frühkulturen, wie die der Aborigines in Australien, kennen keine Trennung von Natur und Kultur. Damit gibt es auch keinen Unterschied zwischen praktischen und ästhetischen Zwecken, zwischen Zielen von Erkenntnis und Spiel. Der germanische Zauberspruch «ben zi bene, bloud zi bloude», den wir als ästhetischen Text lesen, zielte auf praktische Wirkung: Er griff unmittelbar in die Natur (des Menschen) ein und entfaltete heilende Kraft.

Der besondere Ort der Literatur in den europäischen Kulturen geht zurück auf die Bedeutung der homerischen Epen im antiken Griechenland. Hier gab es weder Priesterbücher noch eine Priesterkaste. Protagoras pries, jedenfalls in Platons Dialog, erstmals den kulturellen Wert der Literatur. So behielten die Epen Homers die Rolle eines Lehrbuchs griechischen Götterglaubens und griechischer Geschichte. Vergil schuf nach ihrem Vorbild mit der lateinischen *Aeneis* jenes römische Nationalepos, das bis ans Ende des Mittelalters als Schulbuch diente. Horaz' *Dichtkunst (De arte poetica)*, die Genuss *und* Bildung der Literatur zum Auftrag machte, prägte über das Mittelalter hinaus den Vergnügen mit Wissen verbindenden Ort der Literatur in der Kultur.

→ Den Ort der Literatur in der Kultur gilt es je neu zu bestimmen, indem der Ausdruck «Kultur» *unbildlich* auf die Pflege der Natur bezogen wird, als Bild auf die Sorge um die geistige Kultur und *als Begriff* auf ihr spannungsreiches Miteinander.

Wie die Literatur von den Kulturstiftungsmythen bis zu den Texten der Gegenwart den unaufhebbaren Doppelcharakter der Kultur als Gegebenes und als Gemachtes darstellt, so kann die Literaturwissenschaft im Kreis der Kulturwissenschaften helfen, das Bewusstsein für den zugleich dinglichen, bildlichen und begrifflichen Charakter aller Kultur(en) zu schärfen. Ebenso gilt umgekehrt: Die Verbindung von Literatur mit grundlegenden Mythen der Stiftung von Kultur schärft auch das Verständnis von Literatur – zum Beispiel indem gezeigt wird, in welchem Grad Literatur bestimmte Mythen bestätigt, wandelt oder abweist.

Schrift als Gedächtnisspeicher

Der Literaturwissenschaftler konzentriert sich weitgehend auf Schriftzeugnisse. Er befindet sich jedoch nicht in der gleichen Situation wie der Schreibende. «Texte gehören zwei zeitlich getrennten Situationen an und sind von situationsunabhängiger Dauer» (Weimar 1980, S. 39). An diesem Tatbestand der «zerdehnten Sprechsituation» (Ehlich 1983) haben sich die Auseinandersetzungen mit der Schrift seit Platon immer wieder entfacht. Der Philosoph Georg Wilhelm Friedrich Hegel hat das Problem an der schriftlichen Fixierung des «Jetzt» vorgeführt:

«Auf die Frage: *Was ist das Itzt?* antworten wir zum Beispiel: *Das Itzt ist die Nacht.* Um die Wahrheit dieser sinnlichen Gewißheit zu prüfen, ist ein einfacher Versuch hinreichend. Wir schreiben diese Wahrheit auf; eine Wahrheit kann durch Aufschreiben nicht verlieren; ebensowenig dadurch, dass wir sie aufbewahren. Sehen wir *itzt*, *diesen Mittag*, die aufgeschriebene Wahrheit wieder an, so werden wir sagen müssen, dass sie schal geworden ist.»

Bei der mündlichen Kommunikation bleiben die Zeichen der Sprache an den Körper des Sprechenden, an seine Gesten und sein Mienenspiel, an seine Position in Raum, Zeit und historischem Kontext gebunden. Sprecher und Hörer sind gleichzeitig präsent, sie können auf ein gemeinsames Bezugsfeld «sinnlicher Gewissheit» (Hegel) zeigen. «Jetzt ist Nacht!» Der Redende kann «dort oben» sagen, das führt freilich schon beim Telefongespräch zu Unklarheiten.

Äußerungen in mündlicher Kommunikation sind flüchtig, sie verhallen im Raum. Die Speicherung der Sprache hängt von den Möglichkeiten des Gedächtnisses ab. Bestimmte Techniken der Erinnerung und Rituale sollen die Wiederholbarkeit des Gesprochenen ermöglichen. In der Regel mündet der Strom der Rede aber ins Meer des Vergessens (Assmann 1983). Wer seiner Gedächtnisleistung misstraut, greift zu einem technischen Medium: der Schrift oder der Tonaufzeichnung. Kennzeichen beider ist, dass sie eine Sprechsituation speichern und sich von ihr in Raum und Zeit entfernen können. Schrift besteht erst seit ungefähr 5000 Jahren. Mit ihr gelang es zum ersten Mal, das kulturelle Gedächtnis in gegenständliche Träger (Knochen, Tonscherben, Papyrus, Birkenrinde, Haut und Papier) auszulagern.

Schrift bietet haltbare Zeichen, sie kann von der Situation des Sprechenden abstrahieren und ist somit ein ideales Medium der Kommunikation auf Distanz. Der in ihr deponierte Vorrat von Wissen ist jederzeit abrufbar. Text ist, worauf man zurückkommen kann. Vielleicht zählten deshalb zu den ersten Texten, die man fand, ökonomische Berechnungen, Gesetze, Verträge, Aufzeichnungen kultureller Regeln.

Die Errungenschaften der Schrift werden im Vergleich zu Kommunikationstechniken «oraler Gesellschaften» hoch angesetzt:

«Den alten Ägyptern, die über eine Spanne von mehr als tausend Jahren hinweg auf ihre eigene Kultur zurückblicken, wurde dabei bewußt, daß Kolossalbauten und Monumente in Ruinen lagen, während Texte intakt geblieben waren, weiter abgeschrieben und unvermindert gerühmt wurden. Sie mußten feststellen, daß filigrane Spuren schwarzer Tinte auf fragilem Papyrus ein dauerhafteres Monument darstellen als teure Gräber mit aufwendigen Ausstattungen. Ein auf solchem fragilen Papyrus aufgezeichneter Text aus dem 13. Jahrhundert vor unserer Zeitrechnung vergleicht die Konservierungskraft von Gräbern und Büchern. Er kommt zu dem Ergebnis, daß die Schrift eine wirksamere Waffe ist gegen den zweiten, sozialen Tod, das Vergessen. Von den Toten heißt es dort: ‹gewiß, sie sind verborgen, aber ihr Zauber berührt noch immer alle, die in ihren Büchern lesen›» (Assmann 1996, S. 97).

Der Preisgesang auf die Leistungsfähigkeit der Schrift wurde von Beginn an von Problematisierungen begleitet: Ruiniert sie nicht die Fähigkeit der Erinnerung? Zahlt sie nicht für die Tatsache, dass sie überall gleichzeitig gelesen werden kann, den Preis, dass ihr Urheber immer abwesend bleibt, man bei Unklarheiten seine Absichten nicht erfragen, der Text also vielfältig gelesen werden kann? Muss das Geschriebene so stilisiert werden, dass es in nicht vorhersehbaren Kontexten unbekannte Adressaten überzeugen kann?

Mit der Schrift setzte jener Spaltungsprozess des Sprechenden von seiner Rede ein, der unübersehbare Folgen haben sollte. Der Wiener Schriftsteller Arthur Schnitzler hat eine solche Spaltung einmal an folgendem Fall erläutert: «Ich kannte einen, der am Abend stets an sich selber einen Brief aufgab, nur um am nächsten Morgen zur Postzeit keine Enttäuschung zu erleiden.»

Wenn man einen Brief an sich aufgibt, kann man sich den Vorteil ausrechnen, dass man – unter Umgehung einer vielleicht chaotisch verlaufenden, von wilden Träumen begleiteten Nacht – am nächsten Tag einen zuverlässigen Anschluss an die Person findet, die man zwölf Stunden zuvor war. Die Unterbrechung der Nacht wäre also zu überlisten. Auf jeden Fall ist es das Porto wert, dass man am nächsten Tag mit einem Text beginnen kann, der Lebenszeichen der Person konserviert hat, die man gestern war. Es sei denn, man erschrickt, wenn man am Morgen den Brief aufbricht und liest und seufzt: «Ich verstehe mich selbst nicht mehr» (Blumenberg 1990).

Der Buchdruck ermöglicht einen neuen Denkstil

Es ist nicht leicht, Prozesse, die sich den Gewohnheiten unserer Wahrnehmung tief eingeprägt haben, zu beobachten. Seit ca. sechs Jahrhunderten gehören maschinell gedruckte Texte zur Welt, und wir haben vergessen, auf welche Weise das Medium des Buchdrucks unseren Denkstil, die Art unserer Orientierung und unseren Wissensstand beeinflusst (hat).

Die Medienwissenschaft hat in den letzten Jahrzehnten erforscht, welch tiefgreifenden Umbruch in Denkstil und Mentalität die Erfindung des maschinellen Drucks mit beweglichen und wieder verwendbaren Metall-Lettern (die man in Deutschland Johann Gutenberg im Jahre 1447 zuschreibt) zur Folge hatte. Diese Erfindung setzte eine Umwälzung der Schriftkultur in Gang, die bis in unser Jahrhundert reicht.

Es ist bemerkenswert, dass die Diskussionen über die Auswirkungen des Buchdrucks erst in dem historischen Augenblick in Gang kamen, als die Ablösung der Setz- und Druckmaschinen durch elektronische Techniken begann. Der «Untergang der Gutenberg-Galaxie», den der kanadische Medienforscher Marshall McLuhan in den 60er Jahren des 20. Jahrhunderts ankündigte, war Anlass, zu erforschen, auf welche Weise der Buchdruck Sprache, Denkstil und gesellschaftliches Verhalten veränderte (Eisenstein 1997).

Zunächst kann man festhalten, dass der Buchdruck die *Standardisierung* förderte. Mithilfe der Druckmaschinen und des Kupferstichs wurde es möglich, identische Bilder und Wortlaute, Karten und Diagramme an verschiedenen Orten zu studieren. Durch die präzise Wiederholung von Notaten, Karten, Abbildungen aus der Anatomie, Flora und Fauna entstanden allmählich normierte Orientierungssysteme. Lehrbücher und praktische Ratgeber, ABC-Fibeln, Katechismen, Kalender und Andachtsbücher wurden tausendfach verbreitet, Kataloge wurden zum ersten Mal alphabetisch geordnet. Die großen Informationsmengen machten es nötig, genauere Einteilungen der beobachteten Phänomene der Tier- und Pflanzenwelt, der fremden Völker und Staaten vorzunehmen: Statistiken tauchen auf. Die Standardisierung der Landessprachen bereitete den Weg für ihre Kodifizierung, die Normierung der Orthographie konnte in Angriff genommen werden.

Des Weiteren brachten die gedruckten Bücher einen *Individualisierungsschub* zuwege. Die nicht in Klosterbibliotheken verborgenen kostbaren Handschriften, sondern die im Umlauf auf dem Markt befindlichen Bücher erleichterten die Möglichkeit des Selbstunterrichts. Findigen Studenten stand jetzt die Aussicht offen, den Horizont ihrer Lehrer zu überschreiten. Sobald innerhalb ihrer Studierzimmer verschiedene alte Texte zusammenkamen, konnten verschiedene Ideen und Wissenschaftszweige kombiniert werden. Der von Lehrern kontrollierte mündliche Gedankenaustausch ließ sich durch stilles Studieren ersetzen, die Kontrollinstanzen konnten so unterlaufen werden. Das hatte merkwürdige Folgen: Die Möglichkeit des isolierten Lesens förderte sowohl die private Frömmigkeit als auch den Tabubruch in der einsamen Lektüre von Pornographie. Dieselbe Stille und Einsamkeit, die man mit der Versenkung in göttliche Texte verband, herrschte nun auch bei der Lektüre von lasterhaftem Zeug und verbotenen Geschichten.

Oft betont die Medientheorie die *Gefahren*, die von der Tendenz zur Standardisierung ausgingen. Dabei wird ein Nebeneffekt übersehen. Die neuen Formen der Standardisierung ermöglichten erst das *Gefühl für ein eigentümliches persönliches Selbst*, sie förderten individuellen Schreibstil. Elizabeth L. Eisenstein hat am Fall der *Essais* von Michel de Montaigne (1533–1592) eindrucksvoll beschrieben, wie dieser den vereinzelten Leser durch das Buch hindurch spüren ließ, dass ein Einsamer sich ihm mitteilte (1997, S. 52 ff.).

Die vor dem Gutenberg-Zeitalter in Schatzkammern aufbewahrten Handschriften, die in Truhen eingeschlossenen Testamente und Urkunden scheinen haltbarer zu sein als die brennbaren Drucksachen, Landkarten, Küchenkalender und Flugschriften, die jetzt in Umlauf kommen. Die Dauerhaftigkeit der neuen Trägerschicht der Texte übertraf keineswegs die der alten. Dass trotz des leicht brennbaren Papiers Drucksachen den Vorteil haben, dauerhaftere Speicher des Wissens zu sein, ist nicht sofort einsichtig. Das Geheimnis ihrer Dauer liegt zum Ersten in der *Massenhaftigkeit* ihrer Herstellung, zum Zweiten in der *Öffentlichkeit*, für die sie zugänglich sind. Wertvolle Daten können am besten gesichert werden, indem sie publik gemacht statt geheim gehalten werden.

Seit dem 18. Jahrhundert wurden die gedruckten Texte in zunehmendem Maße verdächtigt, unfähig zu sein, die «Stimme des Herzens» aufzubewahren, Nuancen und Extremen der Leidenschaft gerecht zu werden. Natürlich werden auch diese Klagen der Schrift anvertraut und gedruckt. So lässt sich behaupten, dass «Empfindsamkeit eine Schriftkultur ist» (Koschorke 2000). Attitüden, Sensibilitäten, Ohnmachten, Reizbarkeiten, Intimitäten, kurz, die Sprache des Herzens wurde im neuen Genre des Briefromans in England, Frankreich und Deutschland vorgeprägt. Die gedruckten Texte suggerierten, eine Wiedergabe der echten Handschrift zu sein, sodass Leserinnen und Leser die industrielle Herstellung und kommerzielle Verbreitung der Texte vergessen durften und sich der Illusion hingeben konnten, zusammen mit dem Personal ihres Buchs in einer Nische außerhalb der Welt der Standardisierungen und Konventionen zu existieren.

Schriftkultur und neue Medien

Ende des 19. Jahrhunderts gerät der gedruckte Text zunehmend in Konkurrenz zu anderen Medien. War die Forderung nach präziser Wiedergabe von Bewegungsabläufen und naturgetreuer Nachbildung der Geräusche und Klangfarbe der Sprache, die die Naturalisten zu ihrem Programm gemacht hatten, nicht besser in den neuen Medien des Films und des Phonographen aufgehoben?

Das Aufkommen neuer Gedächtnisspeicher für optische und akustische Erscheinungen brachte die Literatur zwar in Bedrängnis, schuf aber auch einen neuen Spielraum: Sie konnte sich jetzt auf das Sprachmaterial konzentrieren. Ihre Sprachspiele schienen plötzlich von der Aufgabe entlastet, die Wirklichkeit außerhalb der Sprache «spiegeln» zu müssen. Das Buchstabenmaterial und die Typographie wurden zum Experimentierraum der Schriftsteller, die «Spürbarkeit der Zeichen» (Roman Jakobson) ihr Programm. Die Wortkunst in Expressionismus und Dadaismus war auch eine Antwort auf den Auftritt der neuen Medien.

Das Medium der Schrift räumt nicht kampflos seine Monopolstellung im Feld der Kommunikation. Die Zwischentitel der Stummfilme versuchten, die Wahrnehmung des Sichtbaren mithilfe der Schrift zu steuern. In Illustrierten wird die Betrachtung der Fotografien durch Begleittexte gelenkt. Wenn Fotografien Bilder mit unklarer Bedeutung bringen, wird der «Schrecken der ungewissen Zeichen» (Roland Barthes) durch ausführliche oder plakative Schriftkommentare aufgefangen.

Selbst die Stimme im Radio scheint beim Vergleich mit der Schrift schlecht abzuschneiden. 1926 brachte der Dichter Klabund das Dilemma des neuen Mediums folgendermaßen zum Ausdruck:

Als sie meine Stimme im Rundfunk hörte (Zum dritten Geburtstag der Funk-Stunde am 29. Oktober 1926)

Du hörtest meine Stimme wie von fern,
Sprach ich von einem andern Stern?
Du griffst mit Deinen Händen in das Leere,
Ob dort ein Leib ruht und ein Lächeln wäre.
Kein Leib. Nur Stimme. Lippe nicht. Nur Wort.
Und leise legtest du den Hörer fort.

Merkwürdig ist das Gedicht in verschiedener Hinsicht. Öffentliche Rundfunksendungen waren in Deutschland seit 1923 mit Kopfhörern zu empfangen. Verglichen mit dem Schriftmedium zeichnete sich der Rundfunk dadurch aus, dass er die Stimme nicht in ein lineares visuelles Medium umwandelte, sondern sie «unmittelbar» wiedergab. Wenn auch die Verzerrungen durch das Rauschen den Zuhörer daran erinnerten, dass die «Unmittelbarkeit» der Stimme über einen technischen Kanal erzeugt wurde, so sollte sie doch eine größere Nähe als die Schrift herstellen. Das neue Medium teilte allerdings einen Nachteil der Schrift. Auch in der Rundfunkübertragung hat sich das akustische Zeichenmaterial vom Körper des Sprechers gelöst. Der Urheber der Stimme blieb – mit Hilfe einer standardisierten Übertragungsfrequenz – in unberührbarer Ferne. Vielleicht wurde Klabunds Stimme von einer Schallplatte abgespielt. Das war normalerweise nicht zu überprüfen. Die Einsicht der Abwesenheit führt zur Resignation der Geliebten – suggeriert der Liebhaber, der seine Verse für sie in das Mikrofon des Funkstudios gesprochen hatte. Der paradoxe Witz dieser Zeilen liegt darin, dass die Klage über die körperliche Abwesenheit des Autors der Schrift anvertraut wird, als ob diese eine größere Nähe verbürgte.

Sobald neue technische Medien auftauchen, glaubt man, dass Unmittelbarkeit im älteren Medium besser aufgehoben ist. Während man in der noch primitiven Technologie der Radioübertragung das Rauschen der Übertragungskanäle hören konnte, hat man beim Buchdruck vergessen, dass er ein technisches Medium ist.

Andere Autoren gehen zum Angriff über, indem sie die neuen Medien in ihre Textarbeit integrieren, den Film ins Theater einbeziehen, den Telegrammstil als Schreibpraxis übernehmen oder Fotografien in ihre Texte montieren. Nachdem sich die Schriftkultur im 20. Jahrhundert nicht ohne Erfolg gegen den Ansturm der neuen Medien zur Wehr gesetzt hatte, stellt sich die Frage, was mit Schrift und Buchdruck in der Gegenwart der elektronischen Medien geschieht.

Die Entwicklung der elektronischen Technologie zeigt, wie wenig wahrscheinlich der vorausgesagte Untergang der Schriftkultur ist. Wenn man mit einem weiten Textbegriff arbeitet und nicht mehr von einem geschlossenen «Werk», sondern von einem Netz von Texten ausgeht, dann bietet sich ein neues Abenteuer der Literatur an, das im Internet Alltag ist: der *Hypertext*. Als Hypertext bezeichnet man die Vernetzung einer beliebigen Zahl elektronisch verfügbarer Texte. Die Verbindung geschieht über *Hyperlinks*, die bestimmte Stellen eines Textes markieren und dort den Übergang zu anderen Texten ermöglichen.

Literatur als Reflexionsraum neuer Medien

«Der Leser ist einsam. Seitdem die Dichtung zur gedruckten Literatur wurde, bilden aufgeschlagenes Buch und gesenkter Kopf ein privilegiertes Paar», heißt es in dem Buch *Leselust und Bildermacht*, in dem Hubert Winkels die Stellung der Literatur in ihrer Konkurrenz zu den elektronischen Medien erläutert. Sind die Leserinnen und Leser die letzten Mohikaner einer untergehenden Schriftkultur? Um dieses Untergangsszenarium etwas weniger dramatisch erscheinen zu lassen, ist es gut, an historische Erfahrungen zu erinnern. Immer wenn neue Technologien der Kommunikation lanciert werden, wird der Untergang des vertrauten Mediums beschworen. Stets schienen die älteren Formen des Austauschs (die orale Kultur, die Handschrift, die gedruckte Buchseite) einen höheren Grad an «Echtheit», eine intensivere Art der Meditation, eine tiefere Dimension des Nachdenkens zu verbürgen. Wenn die Vision des Untergangs ihre Anziehungskraft verliert, wird man ein System der Überlagerung der verschiedenen technischen Medien mit unterschiedlichen Leistungsfähigkeiten entdecken. Sie verhalten sich dabei nicht in friedlicher Koexistenz zueinander, sondern versuchen, in die Domänen der anderen einzudringen.

Hubert Winkels hat die Möglichkeiten der Literatur und Literaturwissenschaft in dieser Situation von verschiedenen Gesichtspunkten aus beleuchtet:

1. Es gibt Stimmen, die der Literatur für die Zukunft kaum Chancen geben. Sie könnte bald nur noch als antiquarischer Gegenstand von Interesse sein: als Speicher von Erinnerungen an Rituale einer untergegangenen Zeit. Sie biete dann einen Einblick in Inszenierungen einer Sinnenwelt und ihrer Handlungsmodelle, die nur in einer Welt Bestand haben konnten, die von einer Kultur der Manuskripte und der Druckerpresse beherrscht gewesen sei. – Wenn dies geschähe, hätte die Literaturwissenschaft immerhin noch die Funktion, die Konstruktion ferner Wahrnehmungswelten zu erläutern, versunkene Reiche der Imagination zu erschließen, den Kontakt mit den Stimmen der Toten der Buchwelt aufzunehmen. Aus der Erkundung des immensen Gedächtnisses der Buchkultur ließen sich Impulse genug schöpfen, die Nachdenklichkeiten in den schnelleren Austauschsystemen der Zukunft erzeugen können.
2. Die Statistik dürfte beruhigen: «Es wird so viel gelesen wie nie zuvor!» Allerdings rührt die Furcht vor der Erschöpfung der Buchkultur selten von dem Umstand, wie viel gelesen wird, sondern eher vom Verlust ihrer Monopolstellung. Sie übt offensichtlich keine Hoheitsfunktion für moralische Orientierung mehr aus. Außerdem ist nicht zu übersehen, in welchem Ausmaß die Literatur selbst in neue Medienfelder vorgedrungen ist: Hörbücher, Computerpoesie und Internet-Tagebuch weichen die Vormachtstellung des Buchs auf, ohne die Literatur zu schwächen. Zu wissen, inwiefern das Lesen der Bücher darüber hinaus tatsächlich durch den Film, Schnitttechniken und Collagen von MTV geprägt ist, inwiefern das Briefeschreiben schon von der Art, eine E-Mail-Botschaft oder eine SMS zu verfassen, beeinflusst wird, wäre interessant, auch wenn es nicht so leicht festzustellen ist.
3. Der Übermacht der elektronischen Medien lassen sich positive Seiten abgewinnen. Durch den Verlust ihrer Monopolstellung, die sie im 18. und 19. Jahrhundert unbestritten hatte, wird die Literatur von dem Anspruch entlastet, von direktem Nutzen für die tägliche Kommunikation oder die Sinngebung von sinnlosen Geschichten zu sein. Endlich könnte sie sich auf eine Aufgabe besinnen, die die

radikale Wortkunst seit 1900 anstrebt, sich einem von keinem gesellschaftlichen Anspruch belasteten Spiel mit der Schrift zu widmen. Die Tatsache, dass genau dieser Effekt nicht eingetreten ist, beweist, dass Literatur auch heute ein unverzichtbares Austauschmedium ist, auch oder gerade weil sie mit Medien wie Fernsehen und Internet verwoben ist.

Der Verlust der Schlüsselstellung hat sicherlich einen Vorteil, den auch Hubert Winkels betont. Aus der Distanz zur Mediengesellschaft kann Literatur die Rolle des Beobachters wahrnehmen. Sie kann ein Reflexionsraum sein, in dem die Mythen, die der Spielfilm inszeniert, und die Diskurse der Intimität, die die Talkshows beherrschen, im langsamen Medium erörtert werden. Den Imaginationen der Fernsehkultur, die eindrucksvolle Bilder am laufenden Band entsorgt, kann sie Standbilder des Gedächtnisses entgegenhalten. Ihre Distanz zu den einflussreichen «Suggestionsmedien» kann sie für Feldbeobachtungen der fremden Medien nutzen. Die Literaturen jedenfalls haben nichts verloren, wenn Literatur ihre frühere Deutungshoheit verliert.

→ Die spezifische Funktion von Literatur in ihrem jeweiligen kulturellen Kontext erschließt sich erst, wenn ihr Standort im Verhältnis zu konkurrierenden Kulturmodellen, zum Verhältnis Mündlichkeit/Schriftlichkeit und zu konkurrierenden Medien mit bedacht wird.

1.2 Literatur, Intertextualität und Historische Diskursanalyse

Bislang wurden die Notwendigkeit und der Nutzen der Kontextualisierung von Literatur anhand von sehr grundlegenden Aspekten untersucht, wie sie zum größten Teil für alle Arten von kulturellen Äußerungen und Medien gelten. Darüber hinaus hat die Literaturwissenschaft aber auch spezifische Verfahren der Kontextualisierung entwickelt, von denen zunächst die beiden wichtigsten besprochen werden sollen: die Gattungstheorie und die Literaturgeschichtsschreibung.

Die Funktion von Gattungen

Wem im Feuilleton der *Frankfurter Allgemeinen Zeitung* ein kurzer Text der Dichterin Sarah Kirsch begegnet, der wird diesen im Allgemeinen nicht für eine Kontaktanzeige halten. Und wer die Hexenszene in Shakespeares *Macbeth* liest, wird in den seltensten Fällen Maßstäbe anlegen wie bei der Lektüre eines Kochbuchs. Im alltäglichen Umgang mit Texten scheint es ein allgemeines Vorverständnis zu geben, mit welcher Gattung – oder allgemeiner ausgedrückt: mit welcher Textsorte – wir es zu tun haben.

1972 veröffentlichte F. C. Delius in *Tintenfisch 5* die «Moritat auf Helmut Hortens Angst und Ende». Das Gedicht aus dem Jahr 1971 erschien danach noch in mehreren Anthologien und in dem Gedichtband *Ein Bankier auf der Flucht*. Der Anfang lautet folgendermaßen:

> «Horten liegt flach – im eignen Schweizer Gras und weiß/und grün und das Gesicht voll Schmerz und Angst und Schweiß./Was ist passiert? Es biß ihn eine böse Schlange,/er sah sie noch und schrie – doch sie ist weg schon lange.»

1979 beschäftigte sich das Landgericht Hamburg mit diesem Text, da der Großkaufmann Helmut Horten eine Klage gegen Delius wegen Verleumdung angestrengt hatte. Das Persönlichkeitsrecht des Klägers sei verletzt worden, so argumentierte dessen Anwalt. Dieses Gedicht stelle eine «Geschmacklosigkeit schlimmster Art» dar, von einem «Ergebnis künstlerischen Schaffens» könne hier keine Rede sein, da der Autor «den Todeskampf eines Menschen mit unverhohlener Freude» schildert, was dem «allgemeinen Anstandsempfinden» widerspricht. Die gerichtliche Auseinandersetzung zog sich durch drei Instanzen und endete nach dem Freispruch des Landesgerichts und der Verurteilung durch das Hanseatische Oberlandesgericht im Sommer 1982 mit dem Freispruch des Bundesgerichtshofs. Der Streit vor den Richtern hatte sich dabei auf die folgende Passage zugespitzt:

> «schwitzen die von ihm bezahlten Politiker über Gesetzen,/die ihm genehm sind und seine Gegner zerfetzen.»

Während der Ankläger dies als Tatsachenbehauptung las, die falsch und deswegen eine Verleumdung sei, verteidigte der Literaturwissenschaftler Karl Riha, der als Sachverständiger geladen war, den Angeklagten in erster Linie mit einem Gattungsargument: dem Verweis auf die im Titel erscheinende Moritat, die den Text mit dem historischen Phänomen des umherziehenden Bänkelsängers in Verbindung bringe, welcher erschrecken und bewegen, unterhalten und belehren wolle. Riha gewinnt aus der Gattung Moritat im Wesentlichen zwei Argumente zur Verteidigung von Delius. Zunächst bewirke die Form des Textes, also Vers, Reim und Strophe, dass in dieser künstlich geschaffenen Sprechsituation Dinge sagbar würden, die in einer alltäglichen Situation nicht akzeptierbar wären (vgl. Riha 1981, S. 529). Zudem reihe Delius sich mit seiner Moritat in die Gattungstradition ein, Zeitereignisse spöttisch darzustellen, wie etwa Frank Wedekinds Moritat «Auf die Ermordung Alexanders II.», in der Zeilen vorkommen wie «schoß der Landesmutter durch den Rock ins Unterfutter» oder «die den Kaiser von den Russen haben durch den Bauch geschussen». Hieraus leitet Riha ab:

> «Von einer unmittelbaren ‹Schmähung›, wie sie der Kläger unterstellt, kann daher hier wie bei der Delius-Moritat nicht die Rede sein. [...] Diese Gattungsbezeichnung macht auch für den Durchschnittsleser ein literarisches Rollenverhalten des Autors kenntlich, das auf ‹Verfremdung›, ‹spektakuläre Veranschaulichung› etc., festgelegt ist» (1981, S. 530).

Rihas Verteidigung ist repräsentativ für die in der Literaturwissenschaft weitverbreitete Auffassung, dass für die Interpretation eines Textes die Gattungszuordnung und Vorkenntnisse über die Gattungstradition entscheidend sind. Welche Rolle das Wissen über Gattungen jedoch tatsächlich bei der Interpretation von Texten spielt, ist schwer zu bestimmen. Zu denken gibt, dass die Richter des Oberlandesgerichts Hamburg auch das Argument der Gattung benutzen, wobei sie jedoch ein Gattungskonzept vertreten, das dem Rihas widerspricht: «Die Moritat ist – anders als andere lyrische Gattungen – durch den besonders engen Bezug zur Wirklichkeit gekennzeichnet» (zitiert nach Riha 1981, S. 542). Auf dieser Grundlage kamen die Richter zu einer Verurteilung von Delius.

Rihas Auftreten vor dem Richter gibt darüber hinaus in einer anderen Hinsicht einen Hinweis auf die Bedeutung, die Gattungswissen zugesprochen wird: Dieses Wissen ist Teil der literarischen Kompetenz, die der Sachverständige Riha vor dem Richter entfaltet. Dies kann man auch als Grund für die Behandlung von Gattungen im Schulunterricht und an der Universität anführen: Die Vermittlung der Fähigkeit, Texte bestimmten Gattungen zuteilen zu können, ist eines der Lernziele, das zu literaturwissenschaftlicher Kompetenz führen soll.

Die Überlegungen, die hier mit Blick auf das Lesen und Interpretieren von literarischen Texten angestellt wurden, gelten gleichermaßen für das Schreiben. Das Wissen um Gattungen hat großen Einfluss auf das Verfertigen von Texten – sei es ein Brief, ein Roman wie Jakob Wassermanns *Der Fall Maurizius* (1928) oder einer wie James Joyce' *Ulysses* (1922). Holt Meyer spricht in diesem Zusammenhang von der «Gattung als Produktionsstrategie», worunter er «das Gattungsbewußtsein als konstitutive[n] Faktor des literarischen Textes praktisch jeder Epoche» versteht (1995, S. 75).

→ Gattungen sind historisch und normativ gebundene Konzepte, die sowohl bei der Produktion als auch bei der Interpretation von Texten eine Rolle spielen.

Gattungskonzepte

Ob man Shakespeares Theaterstücke für Meisterwerke oder ein unausgewogenes Durcheinander hält, hängt von der jeweiligen Literatur- und Dramenauffassung und den diesen zugrunde liegenden Normen und Werten ab (vgl. 2.5). Diese Normen und Werte kann man teilen oder nicht – ihre Richtigkeit lässt sich ebenso wenig beweisen, wie sie falsifiziert werden können. Eine wichtige Frage ist also, ob Gattungskonzepte historisch gebunden sind oder ob sie einen überzeitlichen Anspruch erheben können. Klaus Hempfer (1973) hat einen Vermittlungsvorschlag unterbreitet: Zwar können «beim augenblicklichen Entwicklungsstand» der Literaturwissenschaft universelle Eigenschaften von Gattungen kaum bestimmt werden, das entbindet aber nicht von der Notwendigkeit, nach ihnen zu suchen.

Gattungskonzepte müssen nach Hempfer mehrere Ebenen abdecken, die von der abstraktesten ausgehend in Richtung Einzeltext durchlaufen werden sollen. Die allgemeinste Ebene nennt er die der «Sammelbegriffe», die lediglich als grobe Klassifizierungen gesehen werden und weniger der Beschreibung als der schnellen, ungefähren Verständigung dienen. Darunter fasst er ‹Lyrik›, ‹Epik› und ‹Dramatik›, gegebenenfalls noch erweitert um ‹Zweckform›. Kategorien wie ‹Verssatire›, ‹Moritat›, ‹Roman›, ‹Novelle› oder ‹Epos› nennt Hempfer «Gattungen». Noch einen Schritt näher am konkreten Text sind Begriffe wie ‹pathetische Verssatire›, ‹pikaresker Roman›, ‹Bildungsroman› und ‹bürgerliches Trauerspiel›, die bei Hempfer «Untergattungen» heißen. Darunter befindet sich dann jeweils der konkrete Text. Bleibt darauf hinzuweisen, dass der in vielen anderen Sprachen übliche Begriff «genre» im Deutschen eher selten vorkommt.

In anderen Ansätzen der letzten Jahre spielt der Begriff des ‹Prototyps› und dessen Normen bildende Kraft eine wichtige Rolle. Ein oft angeführtes Beispiel für einen solchen Prototyp ist der 1814 zunächst anonym erschienene Roman *Waverley*. Sein Autor, der Schotte Walter Scott (1771–1832), prägte mit dieser Form der historischen Erzählung, in der fiktive Helden in einem historisch-dokumentierten Rahmen handeln, die Untergattung des *Historischen Romans* auf entscheidende Weise mit. Vom Prototyp *Waverley* aus können dann Abweichungen und Übereinstimmungen in Bezug auf Texte und Textreihen untersucht werden – etwa die Frage, ob und inwiefern Umberto Ecos *Der Name der Rose* (1980) sich in diese Gattungstradition einfügt. Die Reaktionen auf die Prototypen nennt Wilhelm Voßkamp eine «wechselseitige Komplementarität von Gattungserwartungen und Werkantworten». Jede neue Robinsonade schreibt sich in die Tradition seit Daniel Defoes *Robinson Crusoe* (1719) ein. Damit ist selbst die Robinsonade des französischen Schriftstellers Michel Tournier, auch wenn sie *Freitag* heißt und in der zweiten Hälfte des 20. Jahrhunderts geschrieben wird, geprägt von den Erwartungen, die 250 Jahre Gattungstradition mit sich bringen. Gleichzeitig versucht jeder Text innerhalb eines bestimmten Genres, sich auf eine eigene Weise zu dieser Tradition zu verhalten, womit letztendlich auch die Tradition wieder verändert wird.

Bei Hans Robert Jauß findet sich der Gedanke, dass außerliterarische Faktoren in die Analyse einbezogen werden müssen, da literarische Gattungen «primär soziale, d. h. auf lebensweltlichen Funktionen beruhende Erscheinungen» sind (1977, S. 349). Dieser Anspruch, die gesellschaftliche Funktion von Gattungen in die Gattungstheorie einzubeziehen, wird von Voßkamp (1977) aufgegriffen. Er versteht Gattungen als «literarisch-soziale Institutionen», die gattungsgeschichtlich in einen Institutionalisierungs- und Entinstitutionalisierungsprozess des «Auskristallisierens, Stabilisierens und institutionellen Festwerdens von dominanten Strukturen» eingebunden sind. Voßkamp geht es darum zu klären, auf welche spezifischen gesellschaftlichen Bedürfnisse eine bestimmte Gattung zu einer bestimmten Zeit eine Antwort darstellt. Er demonstriert seinen Ansatz exemplarisch am Beispiel des *Bildungsromans*, den er als «fiktive Darstellung der Bildung eines individuellen Charakters in der konfliktreichen Auseinandersetzung mit der äußeren Realität» umschreibt (1977, S. 36). In seiner Analyse kontrastiert Voßkamp den Siegeszug des Bildungsromans in Deutschland um 1800 mit dem Fehlen oder der marginalen Rolle von Zeitutopien zur selben Zeit in Deutschland – anders als in Frankreich. Die gleiche Funktion, die die Zeitutopie in Frankreich gegen Ende des 18. Jahrhunderts gehabt habe, falle in Deutschland dem Bildungsroman zu. Das aufstrebende Bürgertum befriedige damit die utopischen Bedürfnisse eines idealen Zusammenlebens; in Frankreich geschehe dies in der Zeitutopie, in Deutschland «in der Utopie des vervollkommnungsfähigen und sich permanent vervollkommnenden Individuums» (1977, S. 37).

Dass jedes Gattungskonzept letzten Endes auf Normen und Werten beruht und in diesem Sinn normativ ist, lässt sich bei Jauß z. B. an folgender Äußerung ablesen: «Je stereotyper ein Text das Gattungshafte wiederholt, desto geringer ist sein Kunstcharakter […]» (1977, S. 119).

→ Gattungskonzepte sind dynamische Größen und in einen Prozess von Bestätigung und Abweichung in Bezug auf bereits vorhandene Gattungskonzepte eingebunden. Die Literaturwissenschaft bemüht sich darum, diesen Prozess zu erklären.

Der Nutzen der Literaturgeschichte

Legt man einem Kenner ein unbekanntes Musikstück vor, so wird er es historisch ungefähr zuordnen können. Das Gleiche gilt für Literatur. Dieser Einbettung von Texten in Geschichte und von Geschichte in Texten widmet sich die Literaturgeschichtsschreibung.

Wissenschaftliche Darstellungen wie Literaturgeschichten müssen aus der unüberschaubaren Fülle der Fakten diejenigen herausgreifen, die für relevant gehalten werden: Nur indem weggelassen wird, kann die Literaturgeschichte dem so unmöglichen wie sinnlosen Versuch einer Verdopplung der Wirklichkeit entgehen, die in der Parabel «Von der Strenge der Wissenschaft» des argentinischen Schriftstellers Jorge Luis Borges vorgeführt wird:

«In jenem Reich erlangte die Kunst der Kartographie eine solche Vollkommenheit, dass die Karte einer einzigen Provinz den Raum einer Stadt einnahm und die Karte des Reichs den einer Provinz. Mit der Zeit befriedigten diese maßlosen Karten nicht länger, und die Kollegs der Kartographen erstellten eine Karte des Reichs, die die Größe des Reichs besaß und sich mit ihm in jedem Punkt deckte. Die nachfolgenden Geschlechter, die dem Studium der Kartographie nicht mehr so ergeben waren, waren der Ansicht, diese ausgedehnte Karte sei unnütz, und überließen sie, nicht ohne Verstoß gegen die Pietät, den Unbilden der Sonne und der Winter. In den Wüsten des Westens überdauerten zerstückelte Ruinen der Karte, behaust von Tieren und von Bettlern, im ganzen Land gibt es keine anderen Überreste der geographischen Lehrwissenschaften.»

Wie sinnvolle Karten von Kartographen im Hinblick auf ihre Funktion entworfen werden – eine Wanderkarte muss andere Elemente in kleinem Maßstab miteinander verknüpfen als eine Autobahnkarte –, so sind Literaturgeschichten Orientierungsinstrumente. Sie können kein vollständiges Bild der Vergangenheit bieten und brauchen es auch nicht.

Literaturgeschichten stehen spätestens seit ihrer Blütezeit im 19. Jahrhundert am Ende eines immer enger werdenden Trichters: Nur ein Teil aller geschriebenen Texte erscheint als Buch, nur ein geringer Teil der Neuerscheinungen wird von der Literaturkritik und anderen Vermittlern beachtet, und eine noch geringere Zahl geht schließlich in die Literaturgeschichten ein. Damit ist die Frage nach den Kriterien der Auswahl aufgeworfen.

Über diese wird gestritten, etwa immer dann, wenn von bestimmten literarischen Werken behauptet wird, sie seien unterrepräsentiert oder gar aus der Literaturgeschichte ausgeklammert worden – man denke an die Kritik der feministischen Literaturwissenschaft oder ethnischer Gruppen am literaturgeschichtlichen Kanon. Streit über die Auswahlkriterien findet auch statt, wenn neue ästhetische oder wissenschaftliche Maßstäbe eine andere Auswahl nahe legen. Das führt dazu, dass wir gegenwärtig kein verbindliches Standardwerk haben, sondern den Studierenden raten, kritisch zu überprüfen, was in den Vorwörtern der jeweiligen Literaturgeschichten oder auch in einschlägigen Rezensionen über die Auswahlkriterien der Verfasser gesagt wird.

Das Problem der Auswahl bezieht sich nicht nur auf Texte oder Autoren, sondern auch auf die Frage, ob und, wenn ja, welche außerliterarischen Faktoren der Geschichtsschreiber für literarhistorisch wichtig hält. Er muss entscheiden, welche Art der Verknüpfungen zwischen den Elementen der Kultur er vornehmen will:

- die Determinierung der Literatur durch die Sozialgeschichte,
- die gleichberechtigte Wechselwirkung zwischen Literatur und Geschichte,
- die eigengesetzliche Parallelentwicklung der Literatur.

Dazu kommt die Wahl der Art der historischen Darstellung:

- Aufzählung nach Art von Chroniken in der Reihenfolge der Kalenderdaten,
- als geschlossene Erzählung eines organischen Zusammenhangs der Entwicklung von Literatur und Geschichte,
- anekdotische Schilderung vieler, nur locker miteinander verbundener Geschichten, die nicht beanspruchen, zusammengefügt die Geschichte zu sein,
- in der Form eines synchronen Schnitts durch alle Literaturen z. B. des Jahres 1926.

Zieht man diese Gestaltungsmöglichkeiten in Betracht, dann leuchtet ein, dass bei aller Unterschiedlichkeit Literaturgeschichten eines gemeinsam haben: Sie sind immer Konstruktionen, wie eben die Karten der Kartographen.

Worin liegt nun der Nutzen von Literaturgeschichten? Lehnt man sich noch einmal an die zitierte Parabel an, dann liegt es nahe, den Aspekt der Orientierung im fremden Gelände aufzugreifen. Literaturgeschichten vermitteln Kenntnisse über Texte und literarische Zusammenhänge, die in fast allen Lehrplänen – schulischen und universitären – als Teil der literarischen Kompetenz angesehen werden. Literaturgeschichtliche Grundkenntnisse erlauben die grobe historische Zuordnung von Einzeltexten und liefern umgekehrt Informationen, die beim Umgang mit

Texten aus vergangenen Zeiten für wichtig gehalten werden. Welche Art der Information kann der Leser dabei erwarten? Dies soll anhand eines Beispiels erörtert werden:

«Über dem Atlantik befand sich ein barometrisches Minimum; es wanderte ostwärts, einem über Rußland lagernden Maximum zu, und verriet noch nicht die Neigung, diesem nördlich auszuweichen. Die Isothermen und Isotheren taten ihre Schuldigkeit. Die Lufttemperatur stand in einem ordnungsgemäßen Verhältnis zur mittleren Jahrestemperatur, zur Temperatur des kältesten wie des wärmsten Monats und zur aperiodischen monatlichen Temperaturschwankung. Der Auf- und Untergang der Sonne, des Mondes, der Lichtwechsel des Mondes, der Venus, des Saturnringes und viele andere bedeutsame Erscheinungen entsprachen ihrer Voraussage in den astronomischen Jahrbüchern. Der Wasserdampf in der Luft hatte seine höchste Spannkraft, und die Feuchtigkeit der Luft war gering. Mit einem Wort, das das Tatsächliche recht gut bezeichnet, wenn es auch etwas altmodisch ist: Es war ein schöner Augusttag des Jahres 1913.»

Die Passage ist der Anfang von *Der Mann ohne Eigenschaften* des österreichischen Schriftstellers Robert Musil (1880–1942). Je nach der Ausgabe, die man liest, wird man belehrt werden, dass dieser Text – laut Titelseite ein Roman – ab 1930 erschien und trotz eines Umfangs von weit über tausend Seiten unvollendet blieb. Als Romananfang ist die zitierte Passage in gewisser Weise konventionell. Der Erzähler wählt das traditionelle «es war», er bestimmt den Zeitpunkt der folgenden Handlung und reiht sich in die Tradition des Natureingangs ein: «Es war ein schöner Augusttag des Jahres 1913.» Zugleich befremdet das Zitat jedoch, da der traditionelle Erzählanfang erst am Ende des einleitenden Absatzes steht. Ihm gehen sechs Sätze voraus, die zwar den Anspruch auf Präzision erheben, indem sie Fachtermini der Meteorologie zitieren (allerdings halten Meteorologen diese Sätze für Unsinn), aber in ihrer ironischen Anspielung auf Naturbilder, die häufig am Beginn eines großen «realistischen» Romans des 19. Jahrhunderts stehen, eher zu einer Verunsicherung des Lesers führen.

Wenn man nun die Lektüre unterbricht und sich Rat bei Literaturgeschichten holen will, was können diese zur Erhellung der Passage beitragen? Schlägt der Leser z.B. in der einbändigen, von Wolfgang Beutin und anderen herausgegebenen *Deutschen Literaturgeschichte* nach, so findet er Musil im Abschnitt *Literatur der Weimarer Republik*. Diese

Literaturgeschichte bietet also zunächst einmal ein umfassendes Muster zum Ordnen von Texten und Autoren, indem sie diese einer bestimmten Periode zuordnet – sie ‹periodisiert›. Nimmt man die Bezeichnung anderer Abschnitte hinzu – etwa «Literatur des Barock», «Aufklärung», «Vormärz» oder «Realismus und Gründerzeit» –, dann zeigt sich hier auf einen Blick, welche Schwierigkeiten das Periodisieren mit sich bringt: Kunsthistorische Begriffe (Barock, Realismus) stehen bei der Epochenbezeichnung neben philosophischen (Aufklärung) und politischen (Vormärz, Gründerzeit, Weimarer Republik). Dem Bedarf an übergeordneten Begriffen zur Orientierung begegnet die Literaturgeschichte mit einem Epochenkonzept, das bei der Abgrenzung über keine einheitlichen und eindeutigen Maßstäbe verfügt und deswegen nicht ‹exakt› sein kann. Auch die Epochen – ob dies in Bezug auf Musil nun die ‹Literatur der Weimarer Republik› oder die ‹Moderne› ist – sind damit als Konstruktionen aufzufassen, die es außerhalb der Literaturgeschichten nicht einfach ‹gibt›, da sie ihren Nutzen in der Verständigung über historische Phänomene in der Anwendung immer erst unter Beweis stellen müssen. Selbst vermeintlich eindeutige und ausschließlich aufs Literarische bezogene Epochen-Definitionen wie die von René Wellek und Austin Warren können zu keiner unstrittigen Einteilung verhelfen:

> «Eine Periode ist also ein Zeitabschnitt, der durch ein System von literarischen Normen, Maßstäben und Konventionen beherrscht wird und dessen Beginn, Ausbreitung, Veränderung, Integration und Verschwinden verfolgt werden kann» (1972, S. 291).

Was vorherrscht, ist aber immer eine Frage der Perspektive.

Wie wird Musils *Mann ohne Eigenschaften* nun in der *Deutschen Literaturgeschichte* dargestellt? Die ersten Sätze zum Roman beziehen sich auf literarische Konventionen, die das Buch in der «Zerstörung der epischen Form» durchbreche: «Im *Mann ohne Eigenschaften* gewinnt das reflexive erörternde Element endgültig die Oberhand über das eigentlich erzählerische Handlungselement» (Beutin 1984, S. 337).

Damit gibt die Literaturgeschichte einen Interpretationsvorschlag, der auf den zitierten Anfang des Romans bezogen werden kann. Er wird als Beispiel einer Epoche gelesen, in der ein konventioneller Anfang nach dem Modell des Poetischen Realismus des 19. Jahrhunderts nicht mehr funktioniert. Die Anleihen aus der Sprache der Meteorologen dienen aus dieser Sicht dazu, das einfache Erzählen («Es war ein schöner Augusttag») zum Gegenstand der Reflexion zu machen und die Frage zu stellen, ob der Griff zu wissenschaftlich exakt klingenden Vokabeln der Naturwissenschaft etwa größere Genauigkeit in der Vergegenwärtigung einer Situation bietet als die lapidare Nennung eines Kalenderdatums, kombiniert mit der zwar diffusen, aber nachvollziehbaren Bezeichnung der «sonnigen» Atmosphäre.

Darüber hinaus erheben Literaturgeschichten häufig den Anspruch, das Verhältnis von Texten zueinander zu erhellen. Die Arbeiten des russischen Literaturwissenschaftlers und Schriftstellers Jurij Tynjanov aus den 1920er Jahren (Tynjanov 1971a und 1971b) bieten die wohl ausführlichste methodische Reflexion der «Evolution der literarischen Reihe», wie er die innerliterarischen historischen Bezüge nennt. Den einzelnen literarischen Text und die Literatur insgesamt fasst er als System auf. Für den Literarhistoriker gilt es, eine «mit Unterbrechungen evolutionierende Reihe» zu konstruieren, deren für Bewegung sorgendes Prinzip «Kampf und Ablösung» ist. Die Funktion eines Elements kann nur aus dem systematischen Bezug auf die anderen Elemente des jeweiligen literarischen Systems bestimmt werden. Die Frage «Was ist Literatur?» muss aus Tynjanovs Sicht abgelöst werden von der Frage, was in einem bestimmten System als Literatur funktioniert. So habe eine Literaturgeschichte zu berücksichtigen, dass der ‹Brief› im 18. Jahrhundert von einem außerliterarischen Element zu einem ‹literarischen Fakt› wird – etwa im *Briefroman*. Darstellungen von einem anderen historischen System mit anderen ‹literarischen Fakten› oder einer anderen Bewertung des ‹Briefs› – ob älteren oder neueren Datums – müssten diese «Evolution» innerhalb der literarischen Reihe verfehlen. Damit ist aber evident, dass jeder Literaturgeschichte eine bestimmte Auffassung davon zugrunde liegt, «was und wie Literatur sei, sein könne, sein solle», und sie in diesem Sinn Partei ergreift. Das ist kein Argument gegen Literaturgeschichten, sollte aber zu Vorsicht mahnen, wo vom ‹dichterisch Wertvollen› die Rede ist: Dies bezeichnet nicht das ‹eigentliche Wesen der Dichtung›, sondern muss auf die Kriterien des jeweiligen Literarhistorikers zurückbezogen werden.

Neben der evolutionierenden literarischen Reihe gibt es bei Tynjanov andere, außerliterarische Reihen, mit denen die literarische «in Korrelation steht, durch sie bedingt ist». Damit knüpft Tynjanov an eine Tradition an, die seit der enormen Verbreitung von Literaturgeschichten im 19. Jahrhundert bis heute von Bedeutung ist: die Verknüpfung der Geschichte der Literatur mit der allgemeinen Geschichte. Auch dieser Aspekt findet sich in der bereits zitierten Literaturgeschichte in Bezug auf den *Mann ohne Eigenschaften*:

«Thema Musils ist die Identitätskrise und der gesellschaftliche Orientierungsverlust des bürgerlichen Intellektuellen in der Umbruchzeit von Krieg und Revolution. [...] Das Bewußtsein von Entfremdung der Gesellschaft und der eigenen Subjektivität gegenüber, das Musil als Folge der arbeitsteiligen, hochorganisierten Industriegesellschaft begriff und das er in der ironischen Formel vom ‹Mann ohne Eigenschaften› zu fassen versuchte, ist dabei eine Grunderfahrung bürgerlicher Intellektueller in der damaligen Zeit» (Beutin 1984, S. 337 f.).

Solche Urteile bieten freilich nur eine vage Orientierung: Wir befinden uns in der «damaligen Zeit» offensichtlich in einem Zeitraum zwischen den Jahren 1890 bis 1930, in denen man in Musils Roman und vergleichbaren Romanen, die auch «modernistisch» genannt werden, die Inszenierung eines «Krisenbewusstseins» finden will, das *symptomatisch* für diesen Zeitraum gewesen sein soll. Unklar bleibt, ob der Roman nur widerspiegelt, was man in anderen Geschichtsbüchern lesen kann, oder ob der Literarhistoriker den Roman als *Fenster* begreift, das aus einer bestimmten Perspektive einen Blick auf die mentale Lage von Intellektuellen freigibt. Was ist reine Spekulation an solchen Urteilen über die Verknüpfung von ökonomischen Kategorien («hochorganisierte Industriegesellschaft») und Bewusstseinszuständen einer gesellschaftlichen Gruppe («Grunderfahrung bürgerlicher Intellektueller»), was lässt sich beweisen? Die Frage nach dem Verhältnis von Literatur und Geschichte stellt sich aufgrund dieser Unklarheit umso dringlicher.

Was heißt Kontext?

Es ist leicht, zu behaupten, jedes Werk der Literatur sei in einen Kontext *eingebettet*. Es muss aber geklärt werden, woraus dieser Kontext besteht und wie die «Einbettung» wissenschaftlich nachgewiesen werden könnte. Die Schwierigkeit besteht darin, dass es praktisch nichts gibt, was man für die geschichtliche Situierung eines literarischen Werks ausschließen kann: Formen der Intimität und Öffentlichkeit der Familie, Erziehungsliteratur, Strukturen und Rituale der politischen Macht, konfessionelle Institutionen, Technologien des Schreibens und Speicherns von Texten, Arten der mündlichen und schriftlichen Kommunikation, das Verlagswesen, Institutionen der Literaturkritik, Normen der Gattungen und die daran geknüpften Erwartungen, Diskurse der Medizin, Theologie, Philosophie und des Rechts, Lehren der Physiognomik, Netz der Leihbibliotheken, Preise der Bücher, literarische Sozialisation vom Kind zum Erwachsenen, Gedenk-Rituale, Sterblichkeitsziffern, Verkehrssysteme …, es ergibt sich eine endlose Reihe, in der auch das Klima der Landschaft, in der das Buch entsteht, erscheint oder gelesen wird, nicht ausgeschlossen werden dürfte. Man kann die Summe aller dieser Faktoren die historische «Wirklichkeit» nennen, in der Gewissheit, dass man diese außerliterarische Wirklichkeit nie wird erfassen können. Irgendwie gehört alles zum Kontext, sodass wir ein strenges Unterscheidungskriterium brauchen, um überhaupt sinnvoll von dem Kontext zu sprechen, in den das literarische Werk eingeordnet werden soll.

Es gibt einen radikalen Vorschlag, der in dieser Situation Klarheit schaffen könnte: Literaturwissenschaftlich sind nur die Elemente der historischen Situation relevant, die als Textspuren in der Literatur nachweisbar sind. Moritz Baßler (2005) hat sich neuerdings für diese Lösung eines fröhlichen Positivismus stark gemacht. Es geht nicht darum, dass wir die Literatur vor einem *Hintergrund* lesen, den wir Büchern der Medizin- und Rechtsgeschichte, einem Traktat über die Klassenkämpfe oder einer kulturgeschichtlichen Abhandlung über Rituale der Mode entnehmen. Es geht vielmehr darum, dass wir nachweisen, dass und in welcher Weise *Fäden* des Medizin- und Rechtsdiskurses, der theologischen Traktate und literarischen Vorbilder in der Literatur *verwoben* sind. Baßler (2001, S. 55) beruft sich auf den Begründer des *New Historicism* Stephen Greenblatt, der einmal schrieb:

«Große Autoren sind Spezialisten des kulturellen Austauschs. Die von ihnen geschaffenen Werke sind Strukturen der Akkumulation, Transformation, Repräsentation und Kommunikation gesellschaftlicher Energien und Praktiken.»

Der primäre Gegenstand der Literaturwissenschaft und Schauplatz der Austauschprozesse, die es im Zeichen des «Kontextes» zu beobachten gilt, ist der literarische Text. Die «Energien» und «Praktiken», von denen Greenblatt spricht, sind nur aufgrund genauer Lektüre des literarischen Textes zu ermitteln. Die Methoden des *close reading*, des akribischen Lesens, bilden den Ausgangspunkt auch jeder kulturhistorischen Einordnung der Literatur. Denn wir haben «keinen direkten Zugang zur authentischen Geschichte, zu einer gelebten materialen Existenz, die nicht über die überlebenden textuellen Spuren der betreffenden Gesellschaft vermittelt wäre», und diese Textspuren sind wiederum einer weiteren Vermittlung unterworfen, wenn man sie als «Dokumente liest, auf die Historiker ihre eigenen, *Geschichte* genannten Texte gründen», so Louis Adrian Montrose (in: Baßler 2001, S. 67).

Der Kontext besteht aus allen schriftlichen Dokumenten, die im Archiv der Kultur gespeichert sind, nicht nur aus der Serie hochkultureller Dokumente und den Haupt- und Staatsaktionen der Politik. Der Begriff des *Archivs* ist in diesem Konzept nicht weiter rätselhaft. Er meint die riesige Sammlung von Dokumenten aus allen Bereichen des Lebens, der Wissenschaften und der schönen Literatur, die in Bibliotheken schon gesichtet und geordnet oder, noch ungeordnet und versteckt, entdeckt werden müssen.

⇒ «Als Archiv bezeichnen wir die Summe aller Texte einer Kultur, die einer Untersuchung zur Verfügung stehen» (Baßler 2005, S. 196).

Lücken des Archivs sollten nicht durch Spekulationen gefüllt werden. Sie können als Aufforderung begriffen werden, neue Dokumente aus der historischen Enzyklopädie von anderswo herbeizuschaffen. Denn wir können davon ausgehen, dass das berühmte «Nicht-Gesagte» der Literatur, mit dem uns die Interpretationen der Fachleute von Mal zu Mal verblüffen, vielleicht anderswo gesagt worden oder, falls es sich nicht nachweisen lässt, eben eine ungesicherte Spekulation ist. Es geht nicht darum, Spekulationen über den Kontext der Mentalitäten und ökonomischen Zustände anzustellen. Handlungen, die keine Textspuren hinterlassen haben, gehören nicht zu den Objekten, über die Literaturwissenschaftler methodisch gesicherte Urteile fällen können (Baßler 2005, S. 181). Angesichts des ungeheuren Ausmaßes der Archive ist das keine Geste der Bescheidenheit.

Dieses Konzept folgt einer berühmten Parole von Roland Barthes: «Der Raum des Geschriebenen muss durchwandert, er kann nicht durchstoßen werden» (2002, S. 108). Die Folgen dieses Konzepts für die Praxis der Literaturwissenschaft werden wir in Bezug auf *Intertextualität* und *Historische Diskursanalyse* genauer ausführen.

Intertextualität

Intertextualität bezeichnet den Umstand, dass ein literarischer Text an Vorläufertexte (Prätexte) anknüpft und sich im Austausch mit anderen Texten befindet.

Man unterscheidet ein enges von einem weiten Verständnis der Intertextualität. Die *enge* Version hält an der traditionellen Auffassung von «Autor» und «Werk» fest. Ihr Interesse richtet sich vor allem auf die Relationen, die den manifesten Text, den man in der Hand hat, mit dessen Prätext(en) (und Kontext) verbinden. Es geht ihr um die Art der Präsenz eines anderen Textes in der Form des direkten Zitats oder der Anspielung, der Parodie oder des Plagiats im manifesten Text. Sie hält sich dabei vorwiegend an die «Markierungen» des Fremdtextes, auf den durch Anführungszeichen, Kursivdruck oder Namensnennung hingewiesen wird. Schwieriger ist es bei Anspielungen, Wege zu den «anderen Stimmen» zu finden.

Dieser Schwierigkeit ist das *weite* Konzept der Intertextualität in noch erheblich höherem Maß ausgesetzt. Das Konzept wurde u. a. im Anschluss an den russischen Literaturtheoretiker Michail Bachtin entwickelt, der in jedem Text eine Interaktion verschiedener Diskurse wahrnahm: «Zwischen Wort und Gegenstand, zwischen Wort und sprechender Person liegt die elastische und meist schwer zu durchdringende Sphäre der anderen, fremden Wörter zu demselben Gegenstand, zum gleichen Thema» (1979, S. 169). Bachtin entdeckte im Roman die «Vielfalt sozialer Stimmen».

Im Anschluss an Bachtin bezeichnete die bulgarische Literaturwissenschaftlerin Julia Kristeva Intertextualität als das Merkmal aller literarischen Texte: «Jeder Text baut sich als Mosaik von Zitaten auf, jeder Text ist Absorption und Transformation eines anderen Textes.» An die Stelle des Begriffs Intersubjektivität tritt der Begriff «Intertextualität» (1972, S. 348). Kristeva bettet die literarischen Texte in den allgemeinen «Text der Kultur», sodass auch andere Zeichensysteme wie Graphiken, Filme, Architekturen und Landschaften zum intertextuellen Netz gehören (Martinez 1996).

Aufgrund der Kritik an der «Vagheit» des weiten Konzepts hat man vorgeschlagen, Einzelreferenzen (der Verweis auf einen *bestimmten* Vorläufertext) von Systemreferenzen (der Verweis auf literarische Muster oder Gattungen wie Kirchenlieder, Kalendergeschichten, Sektionsberichte, Polizeiprotokolle) zu unterscheiden. Wenn es in Bertolt Brechts *Großem Dankchoral* aus der *Hauspostille* heißt: «Lobet die Finsternis, die Kälte und das Verderben / Schauet hinan es kommet nicht auf euch an / und ihr könnt unbesorgt sterben», so spielt dieser Text auf den Choral *Lobe den Herren, den mächtigen König der Ehren* von Joachim Neander aus dem Jahr 1679 an. Brecht behält die Melodie des Kirchenlieds bei, dreht aber die Elemente des Gotteslobs um. Sein Gedicht bezieht sich auf den frommen Text von Neander und richtet sich unter Ausnutzung der aus der Kirche vertrauten Melodie gegen die Werte, die in der Gattung des Kirchenlieds gefeiert werden. Man nennt diese Form der Intertextualität auch *Kontrafaktur*.

Das weite Konzept kann nicht leicht als Instrument der Literaturanalyse verwendet werden. 1999 erschien ein Buch, das kühn und gelehrt Möglichkeiten des Verfahrens der Intertextualität vorführt: Klaus Theweleits Buch *‹you give me fever›. Arno Schmidt. Seelandschaft mit Pocahontas. Die Sexualität schreiben nach WW II.*

Seelandschaft mit Pocahontas

Wenn ein Schriftsteller über die Liebesleidenschaft eines «weißen Mannes» zu einer «roten Frau» zu schreiben beginnt, sitzt er nicht vor einem leeren Blatt Papier. Seine Schreibunterlage ist gleichsam voll gekritzelt, bevor er den ersten Buchstaben aufs Papier bringt. Er begibt sich in ein Dickicht von Mythen, Legenden, Reportagen, Filmen und Songs. Seine

Schreibpraxis durchkreuzt dieses Geflecht, verheddert sich darin oder schlägt Schneisen.

Als der amerikanische Popsänger Neil Young auf seiner Schallplatte *Rust Never Sleeps* von 1979 den Song *Pocahontas* sang, wusste er, welchen Mythos der Zähmung der roten Frau er durchquert, welchen verschwiegenen Wunsch aller Kolonialherren und Helden der Indianerfilme er enthüllt:

I wish I was a trapper
I would give a thousand pelts
To sleep with Pocahontas
And find out how she felt
In the monin', on the fields of green
In the homeland we have never seen.
And maybe Marlon Brando
Will be there by the fire
Sittin' and talk about Hollywood
And the good thing there to hire
By the Astrodome and the first teepee
Marlon Brando, Pocahontas an me.
Pocahontas!

In dem Song trifft die sagenumwobene Indianerin Pocahontas, die in den Gründungsmythen Amerikas eine zentrale Rolle spielt, den Filmstar Marlon Brando, um am künstlichen Lagerfeuer über die «guten Dinge» Hollywoods zu sprechen. Als Neil Young das Lied sang, musste man kein Insider sein, um den Witz dieser kleinen Szene zu begreifen: Marlon Brando hatte für einen Eklat gesorgt, als er den Oscar für seine Rolle in *The Godfather* nicht annahm. Statt selbst zu erscheinen, schickte er eine Indianerin, die ein Statement verlas, in dem er gegen die Darstellung und Behandlung der amerikanischen Ureinwohner protestierte.

Welcher Wandlung der Kolonialmythos «Pocahontas» unterworfen wurde, als er 1953 in den Kurzroman des jungen Schriftstellers Arno Schmidt geriet, demonstriert das Buch von Theweleit.

Dass Schmidts Kurzroman noch einmal zu solchem Glanz verholfen würde, hatten wenige erwartet. Das hat vielleicht mit seiner wechselhaften Wirkungsgeschichte zu tun. Beim Wiederabdruck der *Seelandschaft mit Pocahontas* im Jahre 1985 betont der Verlag im Klappentext das «amüsante Element» des Romans. Er wirbt mit folgender Story: Der Roman erzähle von der Täppischkeit zweier Kriegskumpane, die sich im Sommerurlaub in Niedersachsen landserhaft ihre Mädchen kapern,

«mögen diese sich zieren wie Selma oder augenzwinkernd erobern lassen, wie Annemarie. Dazu das so unheimlich genau eingefangene ‹ehrbare› Milieu des Dorfgasthauses am Dümmersee mit seiner unfreiwilligen Komik, das Gehabe der Feriengäste, die ihren kargen Urlaub zelebrieren, der rituelle Ernst des Paddelns auf dem See, des Schwimmens und Sonnenbräunens – bis vor der Größe der beiden Dimensionen Landschaft und Liebesleidenschaft das Getriebe nicht aufhört aber wesenlos wird. Dann entstehen Bildausschnitte aus der norddeutschen Tiefebene, Verschmelzungen der Herzensregungen mit dem Atem der Natur, von einer Stimmung, die an Noldesche Wolkenlandschaften aus dem Flachland erinnern.»

Wenn der Klappentext die Aufmerksamkeit auf die grandiosen Wolkenlandschaften im Finale des Romans richtet, will er offensichtlich von den turbulenten Reaktionen, die Schmidts Roman nach seiner ersten Publikation ausgelöst hatte, ablenken, um die Aufmerksamkeit des Lesepublikums wieder auf den Text zu richten. Das war nötig, denn nach der ersten Veröffentlichung hatten gebildete Kreise auf Schmidts Roman in einer Weise reagiert, für die folgende Rezension in der *Frankfurter Allgemeinen Zeitung* charakteristisch ist:

«Hier wird stilistische Subtilität und Gescheitheit an eine dumme, geile und also provinzielle Affaire verwandt – und drum scheint mir Arno Schmidt gar nicht so himmelweit fern und überlegen dem, was er so ungemein zu verachten vorgibt, nämlich einer recht billigen Existenz, in der es unter fadenscheinigen Vorwänden auf nichts weiter als aufs Rammeln ankommt. Nee, Herr Schmidt, das ist zu billig» (FAZ, 10.2. 1955).

Eine Anklage der Staatsanwaltschaft wegen Gotteslästerung und Pornographie folgte.

Theweleit entdeckt, dass in der *Seelandschaft* zum ersten Mal nach dem Zweiten Weltkrieg ein Raum befreiter Sexualität erschlossen wird, er erblickt einen Schauplatz der Vermischung unzähliger, teils vergessener, teils verachteter, teils kanonischer Texte, sodass die Atmosphäre fröhlicher Relativität entsteht, die der Liebe förderlich ist.

In der Einleitung druckt er ein Foto ab, das Arno Schmidt 1953 im Paddelboot auf dem Dümmersee zeigt, um es im Kommentar durch eine Serie anderer Bilder zu überblenden. Über das Urlaubsfoto schiebt sich das Bild von Captain John Smith, der 1607 als einer der ersten englischen Siedler den James River erkundet und von der Häuptlingstochter Pocahontas vor der Exekution durch ihren Vater bewahrt wird; darüber legt sich das Bild von James Fenimore Cooper, der als kleiner Junge um 1800 auf dem See Otsego im noch jungen US-Staat New York paddelt; darüber die Erinnerung an Natty Bumppo, den Helden von Fenimore Coopers Lederstrumpfromanen im Kanu.

Das sind freilich keine Überblendungen, die Theweleit willkürlich vorgenommen hätte. Schmidts Kurzroman arbeitet mit «Mehrfachbelichtungen des Schreibfilms» (Theweleit 1999, S. 172). «Schauplatz ist das Gewässer, das Dümmer heißt, in dessen Wasser aber alle anderen beteiligten Gewässer, Flüsse, Meere gemischt sind». So taucht im Wasser des niedersächsischen Sees das Fischweib des romantischen Dichters Fouqué auf, der mittelalterliche Dichter Heinrich von dem Türlin steuert mit seinem Namen eine pornographische Pointe bei, das *Hannoversche Hof- und Jahrbuch* des Jahrgangs 1839 wird konsultiert, Sir Walter Scotts Roman *Fortunes of Nigel* liegt auf dem Nachttisch, das Regelwerk des Baseball-Spiels bestimmt die Anzahl der Kapitel …

Schon Schmidts Schilderung der Eisenbahnfahrt aus dem katholischen Trier ins Niedersächsische, mit der das Buch beginnt, gibt einen Vorgeschmack davon, dass sich in dieser «Seelandschaft» viele Texte treffen werden:

/ Trier: Männer rannten neben galoppierenden Koffern; Augenblasen argwöhnten in alle Fenster: bei mir stieg eine Nonne mit ihren Ausflugsmädchen ein, von irgendeinem heiligen Weekend, Gestalten mit wächsernem queren Jesusblick, Kreuze wippten durcheinander, der suwaweiße Gürtelstrick (mit mehreren Knoten: ob das ne Art Dienstgradabzeichen iss?). / Die Bibel iss für mich 'n unordentliches Buch mit 50000 Textvarianten. Alt und buntscheckig genug, Liebeslyrik, Anekdoten, das ist der Ana, der in der Wüste die warmen Quellen fand, politische Rezeptur, und natürlich ewig merkwürdig durch den Einfluß, den es dank geschickter skrupelloser Propaganda und vor allem durch gemeinsten äußerlichen Zwang, compelle intrare, gehabt hat.

Der ‹Herr›, ohne dessen Willen kein Sperling vom Dache fällt oder 10 Millionen im KZ vergast werden: das müßte schon ne merkwürdige Type sein – wenn's ihn jetzt gäbe! / Aber dieses Kylltal war schön und einsam. In Gerolstein, Stadt siegfriedener Festspiele, Recken hingen mit einer Hand an Speeren, schlief auch ein Bahnmeister auf seinem Schild, gekrümmt, man sah eben noch …lst…/ «Elle est» «Elle est»: schlugen die Ventile der Lokomotive drüben. / Magische Quadrate (wo alle Seiten und -diagonalen dieselbe Summe ergeben, schon recht!) : aber gibt es auch ‹Magische Würfel› ? (Interessant; später näher untersuchen). – Der Prospekt von Cooperstown: Heimat des Baseball und James Fenimore Coopers (Was 'ne Reihenfolge! Und immer nur Deerslayer und Pioneers erwähnt. Ganz totgeschwiegen wurde der Dritte im Bunde, Home as found, wo er die Yankees so nackt geschildert hat, daß es heute noch stimmt, und da ja auch prächtigst am Otsego spielt: wenn er aus dem Grabe könnte, was würde er Euch Hanswürschten erzählen!)

Die Fülle der direkten (durch Zitat oder Nennung der Namen «markierten») Verweise auf andere Texte (von der Waschmittelreklame «SUWA», den Maggi-Würfeln, der Nibelungensage, dem Missionierungs-Gebot Christi aus dem Neuen Testament, einer Oper von Jacques Offenbach bis zu den Konzentrationslagern) ist zu Beginn schon verwirrend, bald wird sie schwindelerregend sein. Theweleit verfolgt alle Spuren, um die Frage zu klären, warum die nordamerikanische Indianerin «Pocahontas» – im Jahre der Niederschrift des neuen Textes (1953) 357 Jahre alt – im Schilf des Dümmersees landet. Dort taucht sie nämlich in der Gestalt einer Sekretärin mit dem Namen Selma aus einem Osnabrücker Textilbetrieb auf.

Zur Klärung dieser Frage rückt Theweleit den Text aber nicht nur in das Netzwerk der Literatur, sondern auch in einen unbegrenzten Raum von Dokumenten aus der jahrhundertealten Legende. Diese erzählt in immer neuen Variationen, wie Pocahontas, die Sanfte, die Retterin, Objekt der Kolonisierung und Christianisierung wurde. Dabei berücksichtigt Theweleit nicht nur Prätexte, die zeitlich vor der Entstehung von Schmidts Roman zu finden sind. Er hebt vielmehr die Zeitachse auf und versetzt den Roman in einen unbegrenzten Textraum, in dem auch der Disney-Film *Pocahontas*, Henry Millers *Im Wendekreis des Krebses*, Fotos von amerikanischen Soldaten in südostasiatischer Seelandschaft und Porno-Comics zirkulieren, die nach Schmidts Publikation erschienen. Auf diese Weise kommt auch Elvis Presley ins Spiel, der das Lied von *Captain Smith* und *Po-ca-hontas* in den 1970er Jahren singt.

1955 hatte man in einer Rezension über den Roman lesen können: «Was ‹Pocahontas› sein soll, steht nicht im Lexikon. Aber daß es sich hier auf diesen 50 Seiten Arno Schmidts um eine komplizierte Wochenendeunzucht handelt, begreift man sehr bald schon» (*Deutsche Woche*, 16.3.1955).

Für das Konzept der Intertextualität kommt es allerdings darauf an zu begreifen, in welches Labyrinth von Texten der Name «Pocahontas» führt.

Theweleits Vorgehen zielt nicht darauf, den Text von Schmidt im Meer der umringenden Diskurse aufzulösen. Er entdeckt in ihm vielmehr Elemente der «Dekolonisierung» aller mythischen Erzählungen. Schmidt hat Theweleit zufolge in seiner *Seelandschaft* einen «Gegendiskurs» entworfen. Die Geschichte der Indienstnahme, Unterwerfung und Taufe der sanften Indianerin wird in seinem Text umgekehrt: Der ehemalige Landser aus Hitlers Armee verlässt die christlichen Gefilde, um angstfrei mit seiner Pocahontas aus Osnabrück heidnische Liebesrituale am Dümmersee zu vollziehen.

Bei diesem Unternehmen plündert Schmidt alle Bildvorräte, die sich um das Motiv «weißer Mann trifft rote Frau» kristallisiert haben: von dem Erzählmuster «Intellektueller liebt rotes Fabrikmädchen», das man in den *Rote 1 Mark Romanen* der Weimarer Republik findet, bis zu den Reiseberichten, in denen Ethnologen auf Südseeinsulanerinnen treffen (Theweleit 1999, S. 162ff.).

Selma, die Geliebte, durchläuft in der Beschreibung des Wochenendes rasante Verwandlungen: In der ersten Begegnung ist sie eine Riesin mit Irokesenprofil, wird dann zur Wasserfrau Undine, nimmt die Gestalt einer Zikade an, wird zu Fledermaus, Haubentaucher, Eule, Brillenschlange, Gottesanbeterin und Nachtschnecke. Die Liebesleidenschaft der beiden ist nicht auf die Eroberung ihrer «Seelen» aus. Sie entfaltet sich in immer neuen Wortketten, in denen die Metamorphosen ihrer Körper durchgespielt werden. Während Pocahontas in den romantisierenden Darstellungen des 19. Jahrhunderts als klein und schmal, «mit Füßen so winzig, dass sie kaum trugen», geschildert wird, kehrt Schmidts Text die Standardversion klassischer Schönheit um. Seine Pocahontas aus der Fabrik ist lang wie eine «UKW-Antenne», hat Schuhgröße 43 und ist so mager, dass man ihre «Rippenharfe» spürt (Theweleit 1999, S. 280ff.).

Den Höhepunkt an Körperlichkeit erreicht die Geschichte, als sie von der längsten Erkundung, die Joachims Hand auf Pocahontas Körper unternimmt, erzählt. Nach dem Sonnenbrand wird die Rote mit Nivea eingecremt. Theweleit zitiert diese Stelle als «eins der zärtlichsten Körperberührungsstücke aller Literaturen», um die Idiotie der Lektüren, die nur «Rammeln» wahrnehmen, bloßzustellen:

«Wir wimmerten beim Waschen, und zitterten vor Fieber, wenn unsere Härchen sich streiften. Also: Einkremen! / Einkremen (und ganz leicht massieren mit feinen Duftfetten): das Fingergespinst, die beinernen Arme, «hfhfhf-hforsicht!», die runde Rippenharfe, 2 weiche Kupferknollen, Kupfer-knollen; —. Die Bauchschale mit dem hohen Beckenrand, die steife Beindeichsel: «hfjfjf-aaachch!». (Dann aufs Gesicht wenden, PTO, Gott was war das lange Bündel schwer!): Nackenwadi, Schultertafeln, Gesäßknorren, die schmächtigen Kehlen der Knie; aufrichten: nochmal Achseln und Schlüsselbeinpartien: –; zuletzt Stirn und Nasenrücken: «Aaach!». / Dann aber gleich drohend: «So: jetzt bistú dran!») (Schmidt 1996, S. 44).

Aus dem Blickpunkt der Intertextualität wird der Einzeltext «entgrenzt», er öffnet sich zu einem «Textuniversum», in dem viele Texte in ihren Austauschbeziehungen gezeigt werden. Nicht nur schriftliche Dokumente, sondern auch andere Zeichensysteme (Firmen-Logos, Rituale, Landkarten, Fotos, Comic Strips) werden einbezogen. Intertextualitätsforschung stellt den Text als die Inszenierung eines Stimmengewirrs dar, das sie nachstellt.

Theweleits Kommentar zur *Seelandschaft* demonstriert zwei verschiedene Einstellungen zur Intertextualität. Erstens überlagern sich im analysierten Text verschiedene Diskurse, der Text selbst ist «eine Zwiebel» – wie Günter Grass in seiner Preisrede über Schmidts *Seelandschaft* sagte –, ein «Netzwerk», wie es in historischen Diskursanalysen heißt. Zweitens ist Intertextualität eine Wahrnehmungshaltung, in der der Leser den Einzeltext «entgrenzt», indem er ihn ins Universum anderer Texte platziert. In beiden Fällen geht es *nicht* um den direkten «Einfluss» der Autorität eines früheren Textes auf den späteren. Es geht vielmehr um Verkettungen, Anspielungen, Mischungen, Zirkulationen und Unterwanderungen.

Inzwischen bieten sich elektronische Medien an, das Netz der Verzweigungen als *Hypertext* angemessen zu repräsentieren: Jeder Name, jede

Metapher, jedes Motiv kann über einen *link* mit einer Vielzahl anderer Texte verknüpft werden. Auf dem Bildschirm des Computers liest man:

«Der Prospekt von Cooperstown: Heimat des Baseballs und James Fenimore Coopers. (Was ne Reihenfolge! Und immer nur Deerslayer und Pioneers erwähnt. Ganz totgeschwiegen wurde das Dritte im Bunde, Home as found, wo er die Yankees so nackt geschildert hat, daß es heute noch stimmt, und das ja auch prächtigst am Otsego spielt: wenn er aus dem Grabe könnte, was würde der Euch Hanswürschten erzählen.»

Jede Markierung bahnt einen Zugang zu anderen Texten. Sie führt in den Wildtöter-Roman oder eine Landkarte mit dem Otsego-See, eine Ansicht von Cooperstown oder das Reglement des Baseballspiels. Zudem können die multimedialen Zusammenhänge (mit Neil Youngs Song, Disney-Film und Reklame-Grafiken) gezeigt werden.

Wortketten und Bilder sind «mehrfach belichtet», sie verweisen auf sehr unterschiedliche Texttraditionen, lösen z. T. entgegengesetzte Assoziationen aus. Intertextualität ist nicht auf die Fixierung eines einzigen Sinns aus. Statt diesen anzuzielen, könnte sie sich eigentlich mit dem Nachweis der Verkettung der Texte begnügen. Die Lust am Einzeltext weicht der Lust des *Surfens* durch die Weite eines Textuniversums. Dennoch wird im Fall von Theweleits Kommentar zu *Pocahontas* die Neigung deutlich, diesem Roman *subversive* Qualität zuzubilligen: die Schreibpraxis von Arno Schmidt unterwandert Theweleit zufolge die Kolonisierungsmythen.

Vielleicht ist das der Sinn der Verfahren, die gegenwärtig im Zeichen der «Intertextualität» arbeiten: die literarischen Texte von den Besatzungsmächten verschiedener Ideologien und Mythen zu befreien, sodass der Blick in einer Atmosphäre der «fröhlichen Relativität» (Michail Bachtin) auf das Spielfeld der Literatur fällt.

Historische Diskursanalyse

Je weiter weg sich die Intertextualität vom Nachweis von spezifischen Bezügen zwischen einzelnen Texten oder kulturellen Phänomenen begibt, desto näher gerät sie an das, was in den letzten Jahrzehnten unter dem Stichwort der Diskursanalyse gefasst werden kann. Das Wort «Diskurs» kommt vom lateinischen *discurrere*, hin- und herlaufen, von einer Sache zur anderen kommen. Seine Verwendung ist aber alles andere als eindeutig:

1. Gegenwärtig findet man den Begriff häufig in Kombinationen wie «juristischer Diskurs» oder «ökonomischer Diskurs». In diesem Fall zielt er auf die besonderen Regeln der Fachsprachen.
2. In der Linguistik heißt Diskursanalyse eine satzübergreifende Analyse von Textzusammenhängen.
3. Eine deutsche Besonderheit bildet die Verwendung des Wortes «Diskurs» in der Theorie des Philosophen Jürgen Habermas. Hier ist es der Name für eine Form der Kommunikation, in der eine kritische Reflexion von Normen stattfinden kann (Fohrmann 1997, S. 370).
4. Die historischen Diskursanalysen, die wir im Blick haben, orientieren sich laut eigenem Bekunden zumeist an der Praktik der Diskursanalyse in den Büchern des französischen Philosophen Michel Foucault. Eine vereinfachende Formel für das Vorgehen der historischen Diskursanalyse findet sich in den Arbeiten von Jürgen Link, in denen Diskurs als «institutionelle Rede mit Machteffekt» bestimmt wird (Link/Link-Heer 1990). Der medizinische Diskurs z.B. ist demnach ein Komplex von Regeln, der Aussagen in Klinik, Arztpraxis, pharmazeutischem Labor, Arzneimittelreklame oder Literatur formt, in denen über Gesundheit und Krankheit gesprochen wird.

Stoffgebiete der historischen Diskursanalyse

Die Studie *Giftmordwissen und Giftmörderinnen* (Weiler 1998) untersucht, wie sich seit dem 18. Jahrhundert ein besonderes kriminologisches Wissen in Gesellschaft, Wissenschaft und Medien herausbildete, das zwei Prototypen der Giftmörderin konstituierte, auf die später immer wieder zurückgegriffen wird: die große, diabolische, aristokratische «Leidenschaftsverbrecherin» und die gemeine, kalte «tückische Heuchlerin». Weder Psychiatrie noch Rechtswissenschaft, so erfährt man in diesem Buch, lösten sich von diesem stereotypen Bild. Im Widerspruch zu allen Erkenntnissen, die durch einen Blick in die Statistik ermöglicht worden wären, ging man bis ins 20. Jahrhundert davon aus, dass sich vor allem «das Weib» des Giftes als Mordmittel bediene. Die Studie zeigt, wie diese Weiblichkeitsbilder von Prozessberichten, psychiatrischen Gutachten, literarischen Darstellungen und Filmen bis zu Urteilsbegründungen sich in beständigem Austausch miteinander formierten und wechselseitig bestätigten.

Das grelle Material aus Prozessen und Sensationspresse erhellt allerdings die Normalität. Der Fall der «Giftmörderinnen» zeigt auf, dass die Biologie die soziale Grenze zwischen den Geschlechtern nicht erklären kann. Deren Gegensatz wird durch Praktiken des Redens und des Wissens erweitert. Die Gender-Studien, die gegenwärtig an einigen Universitäten angeboten werden, untersuchen dementsprechend die Geschlechterdifferenz als soziale und kulturelle Konstruktion.

Auffällig viele historische Diskursanalysen erforschen die kulturelle Prägung von Krankheitsbildern. Die Arbeiten zum Problem des «Traumas» zeigen, welche verheerenden Folgen die Definition einer Krankheit haben kann (Mülder-Bach 2000): Mitte des 19. Jahrhunderts beobachtet man Schocksymptome nach Verkehrsunfällen, denen keine organisch nachweisbaren Verletzungen zugrunde liegen. Da ein medizinischer Fachterminus für diese Symptome noch nicht vorliegt, muss das Phänomen, das sich zwischen 1860 und 1920 epidemisch ausbreitet, als medizinischer Tatbestand, den auch die Versicherungen als Krankheit anerkennen, erst festgestellt werden. Für Wissenschaft und Behörde ist ein Phänomen aber erst dann ein unzweifelhaftes «Faktum», wenn in ihren Institutionen eine Übereinstimmung darüber hergestellt worden ist. Dieser Konsens wird zu Beginn des 20. Jahrhunderts besonders dringlich. Denn die Epidemie, die mit relativ harmlosen Eisenbahnunfällen begann, erhält ihre martialische Form in den Opfern des «shell-shocks». Im Laufe des Ersten Weltkriegs werden 200000 «Kriegszitterer» gezählt, die keine organische Verletzung vorweisen, auf die ihre mangelnde Kriegstüchtigkeit zurückgeführt werden kann.

Man wird diese Verletzung bald mit dem Namen «Kriegsneurose» versehen. Eine geduldige Therapie durften die Traumatisierten in den seltensten Fällen erwarten. Die wurde auch im Krieg nicht geboten. Unschlüssig, wie mit den «hysterischen Zitterern» umzugehen sei, wurden die unter dem Schock der Detonation der Granaten stehenden Soldaten von Militärpsychiatern vor die Wahl gestellt, sich in Elektroschock-Therapien (z.B. Stromstöße auf die Gehörgegend) ihre Nerven «stählen» zu lassen oder als Simulanten und Deserteure vor das Kriegsgericht gestellt zu werden. Die Experten hegten zwar den Verdacht, dass diese «Simulanten» in die Krankheit fliehen, dadurch die Wehrkraft zersetzen und sich unter Vortäuschung einer Neurose in den Genuss der staatlichen Rente bringen wollten. Doch konnten sie die sinnfälligen Krankheitssymptome, die die Soldaten untauglich für den Fronteinsatz machten, nicht gänzlich leugnen.

Die Diskursanalyse kann diese Fälle nicht z.B. medizinisch oder psychoanalytisch klären. Ihr Interesse richtet sich darauf, wie und warum im Zusammenspiel der Aussagen von Militärpsychiatern, Justizexperten, Arbeitsministerien und Versicherungsmathematikern die traumatische Neurose als eine «tatsächliche» Krankheit oder als Simulation definiert wird oder inwieweit die Simulation als Flucht in die Krankheit eingeschätzt wird, die nur durch Entfernung von der Front geheilt werden kann. Man möchte verstehen, unter welchen Bedingungen «Trauma» von einem medizinischen zu einem kulturellen Begriff werden konnte und wie die Kriegsliteratur der 1920er Jahre in dieses Feld verwoben ist. Ist das «Trauma», wie es im Diskurs der verschiedenen Institutionen aufgefasst wird, eine soziale Konstruktion, hinter der das körperliche Leiden der Opfer verschwindet?

Die genannten Fälle des Giftmords und des Kriegstraumas sind aus dem breiten Spektrum der historischen Diskursanalysen herausgegriffen. Dennoch scheint die Auswahl dieser Fälle aus den Gebieten der Psychiatrie und Kriminologie kein Zufall zu sein. Die historische Diskursanalyse fördert Obskures aus entlegenen Archiven, Abfälle, die zufällig in Kellern von Kliniken nicht entfernt worden waren, Traktate von Sekten, an die keine Geschichtsschreibung erinnert, triviale Literatur, die nie eine Chance hatte, in Literaturgeschichte gespeichert zu werden, mehr oder weniger systematisch zutage. Damit hält sie eine wissenschaftliche Form dafür bereit, dass plötzlich auch exklusive Literatur, die man an diesen Orten nicht erwartet hätte (ein Shakespeare-Drama, eine Novelle von Heinrich von Kleist), anders wahrgenommen werden kann.

Die im zweiten Forschungsschwerpunkt der historischen Diskursanalyse untersuchten Praktiken spielen eher im Grau der Bürokratien, in den Kommandostäben des Militärs und der Bibliotheksverwaltung. Untersucht werden Orte der Gesellschaft, die zwar eine zentrale Funktion bei der Festlegung der Normalität haben, aber nicht im Scheinwerferlicht der Öffentlichkeit stehen: etwa die Bedingungen und die Effekte der Statistik als einer Strategie der Normierung und Normalisierung seit dem 18. Jahrhundert, die Alphabetisierung und Verbeamtung als Bedingung klassischer Literatur, das System der Karteikarten als Ordnungstechnik im 19. Jahrhundert, die Rolle der Telegraphie für Militärstrategen. Alle Techniken und Institutionen, die die Speicherung und Verarbeitung von Daten erlauben – und dazu gehören die Karteikarten ebenso wie Phonographen, Enzyklopädien, Fotografien, Gedichte und elektronische Rechner –, werden in die Untersuchungen der Entstehung von «Normalität» einbezogen.

In beiden Schwerpunktgebieten – der Erforschung der bizarren Grenzfälle sowie der Normalität – prüft die historische Diskursanalyse, mit welchen Praktiken der Wissenschafts- und Alltagsrede in der Moderne die Vorstellung eines ‹normalen› Zustands konstruiert wird. Sie will die Regeln herausfinden, die für die Ordnung in den Rede- und Schreibweisen verschiedener Wissenschaften (Medizin, Recht, Ökonomie), des Staates, der Kirche und des literarischen Systems sorgen.

Nomaden durchkreuzen Ordnungsräume

Am Beispiel einer Analyse des «Nomadischen» in der Weimarer Republik (Gerhard 1998) soll das Verfahren der Historischen Diskursanalyse dargestellt werden.

1930 erscheint Lion Feuchtwangers Roman *Erfolg. Drei Jahre Geschichte einer Provinz.* Er schildert den turbulenten Anfang der 1920er Jahre in Bayern. Mitten im Strudel dieser Jahre befindet sich der bayerische Justizminister, den Feuchtwanger auf zahlreichen Autofahrten zeigt. Als er eines Tages von einem Fahrzeug überholt wird, in dem er eine «Gesellschaft exotischen Aussehens» registriert, verfällt der Justizminister in tiefes Grübeln:

«Er hat einen Aufsatz gelesen, der sich intensivierende Verkehr müsse notwendig so etwas wie eine neue Völkerwanderung zur Folge haben. Der schwerbewegliche, sesshafte Typ werde verdrängt, aufgelöst von dem leichten nomadischen Typ. Eine große allgemeine Vermengung bereite sich vor, habe schon begonnen» (Feuchtwanger 1930, S. 88 f.).

Als er bei einer Fahrtunterbrechung auf einen *norddeutschen* Autofahrer trifft, ist er alarmiert:

«Es sind bald mehr Fremde da als Einheimische, Hotels und Fremdenbars ersticken schon fast die Häuser der Landsässigen. Er muß wirklich einmal eine Statistik einsehen, wie viel Nichtbayern sich hier seit dem Krieg eingenistet haben. Er fuhr mit gesteigerter Geschwindigkeit weiter, seine Haltung war gestrammter» (ebd.).

Die Szene bietet sich an, weil mit dem Blick in die Statistik ein Verfahren angesprochen ist, das von der historischen Diskursanalyse mit Vorliebe zu Rate gezogen wird. Denn die Statistik gehört zu den Technologien der Normalisierung, die Machtausübung in modernen Gesellschaften kennzeichnet. Die Ballung der Bevölkerung in den großen Städten darf kein Feld des Zufälligen bleiben. In der statistischen Erfassung werden Regelmäßigkeiten entdeckt und wird Normalität so definiert, dass regulierende Eingriffe möglich sind. Dabei können die Daten ganz verschieden ausgelegt werden. Der Justizminister z.B. erinnert sich an Statistiken, die für Bayern einen erheblich höheren Prozentsatz an unehelichen Kindern als für das übrige Mitteleuropa aufweisen. Andererseits bemerkt der Minister, dass «die Zahl der Roheitsverbrechen [...] nach der letzten Statistik südlich der Donau immer noch höher als irgendwo sonst im Reich» sei. Aus diesen Kenntnissen zieht der Regierungsbeamte die frappierende Schlussfolgerung: «Wir können uns sehen lassen mit unserer Kriminalität; das sind Ziffern, die sich gewaschen haben. Vital sind wir, da fehlt sich nichts.»

Diese Passage bildet den Auftakt zu einem finsteren Kapitel der deutschen Kulturgeschichte, in dem das Problem der Obdachlosen, Vagabunden und Zigeuner behandelt wird. Man kann Nomadentum im romantischen Licht als freies Vagabundieren oder ethnologisch als Zustand bestimmter «Naturvölker» begreifen. In unserem Kulturraum befassen sich Dienststellen der Polizei und Einwanderungsbehörden damit.

Die historische Diskursanalyse von Feuchtwangers Roman dringt tief in die Archive der Bevölkerungsstatistik und Geopolitik, der Rassenhygiene und Kriminologie, der Zigeunerforschung und Sozialfürsorge ein. Sie erforscht, wie in psychiatrischen Befunden und polizeilichen Verordnungen ein Raum kollektiver Gesundheit mit *normalen* Körpern konstruiert wird, in dem die Nichtsesshaften derart stören, dass sie als Fremdkörper ausgeschlossen werden müssen. Der «gefährliche Nomade», der die Texte von Behörden, Wissenschaft und auch Literatur durchzieht, wird als ein «diskursives Ereignis» aufgefasst.

Die historische Diskursanalyse enttäuscht also die Hoffnung, Literatur falle aus den Ordnungssystemen der Gesellschaft heraus. Während sich die großen Migrationsbewegungen und Mobilisierungen in der Anonymität der Großstadt abspielen, in billigen Hotels oder auf Eisenbahnen, während die massive Wanderungsbewegung in den «Massen» der ostjüdischen Einwanderer sichtbar wird, feiert die Literatur die «echten» Obdachlosen, die sie mit einem Heiligenschein als «Daseinspilger» versieht. Moderne «Stadtnomaden», die in den Gestalten des Hochstaplers und Spielers auftreten, werden in die Kriminalliteratur abgedrängt (Gerhard 1998, S. 137 ff.). In Deutschland geraten sie nicht in das Blickfeld der Literaturgeschichtsschreibung.

Die bekannten Figuren des Wanderns in den populären Büchern von Waldemar Bonsels, Hermann Hesse und Walter Flex wollen nichts von den «Maskeraden» und der «Oberflächlichkeit» der Nomaden der großen Städte wissen. Der deutsche Wandertrieb ist etwas Besonderes. Die Literatur der Wandervogelbewegung bildet keine Ausnahme. Das Motiv der Befreiung von den Konventionen familiärer Ordnung nimmt in den «wandernden Horden» Gestalt an. Diese wenden sich gegen die «amorphen», d. h. disziplinlosen Massen der großen Städte. Die Texte von Walter Flex zeigen, wie leicht sich die Wanderbewegung in «marschierende Kolonnen» umformen ließ. Er erfindet 1917 in seinem Buch *Wanderer zwischen beiden Welten. Ein Kriegserlebnis* den Kriegswandervogel.

Schließlich entdeckt Gerhard doch einige Texte, in denen ein «Gegendiskurs» aufscheint. Neben dem Roman von Lion Feuchtwanger verweist sie auf Texte von Joseph Roth (*Flucht ohne Ende*, 1927) und Siegfried Kracauer (*Ginster*, 1928). Diese sind zwar in ihrem Vokabular mit dem angeführten Ordnungsmuster vernetzt. Sie beinhalten aber durch Ironie und Aufwertung der von Behörden, Politikern und Wissenschaftlern pejorativ genutzten «Zerstreuung», «Anonymität» und «Wurzellosigkeit» eine kritische Reflexion.

Merkmale der historischen Diskursanalyse

Das Interesse der historischen Diskursanalyse richtet sich nicht auf die Gipfelliteratur, die in den Literaturgeschichten aufbewahrt und gepflegt wird. Was in der Tradition der Textauslegung bisher vernachlässigt worden ist, was dem Vergessen ausgeliefert in Archiven verstaubte, besitzt für sie große Anziehungskraft. Behördenprotokolle, Landkarten, Grundschulfibeln, Anatomiezeichnungen, juristische Gutachten, Reklamegrafiken, Heeresdienstvorschriften, alle Arten von Zeichensystemen werden zusammengestellt. Auf der Suche nach Krankengeschichten steigt man in die Keller von Nervenheilstätten und findet Patienten-Akten, die z. B. Aufschluss über die moderne Praxis der Grenzziehung zum «Normalen» geben. Das ehrwürdige kulturelle Archiv der an Schulen und Universitäten empfohlenen Literatur wird aufgesprengt.

Diskursanalytiker gehen nicht davon aus, dass im Wortlaut der Texte etwas nicht Ausgesprochenes «schlafe», das erst durch den Kommentar zum Sprechen gebracht werden muss. Sie versuchen nicht, eine «hinter der Kulisse des Textes» geheim gehaltene «eigentliche» Aussage zu finden. Sie stellen vielmehr die Regeln fest, aufgrund derer die Aussagen der Wissenschaftler, Filmemacher, Staatsanwälte oder Schriftsteller möglich waren. Sie fragen nach dem Muster, nach dem in Texten die Grenze z. B. zwischen «normal» und «anormal» gezogen wird. Sie vermuten nicht jenseits der Ordnungssysteme «Chaos», «Sinnlichkeit» oder «Authentisches», das auf seine Entdeckung wartet.

Für die historische Diskursanalyse ist «Geschichte» keine von den Texten unabhängige Wirklichkeit. Es gibt nichts hinter den Diskursen. Weder die Evolution der Natur noch die Geschichte der Klassenkämpfe werden als dunkler Hintergrund oder Basis der symbolischen Praktiken vermutet. «Evolution» und «Klassenkampf» interessieren freilich als Rahmenerzählungen, die ihre besonderen Erzählmuster haben, mit denen sie Ordnungsräume und Zeitstrukturen entwerfen.

Typisch für diskursanalytische Ansätze ist die Abwesenheit des Autors als eines schöpferischen Subjekts des Textes. Der Autor kommt höchstens als Ordnungsfaktor im Strom der Artikulationen vor. Wie jeder andere Teilnehmer der Kommunikation ist auch der Autor den Diskursen ausgeliefert. Die historische Diskursanalyse lässt sich von der Formel leiten, dass ein anonymes «Aufschreibesystem» (Kittler 1995) alle Aussagen steuert. Zu diesem System zählen die verschiedenen technischen Medien. Gegenstand der Untersuchung werden die besonderen Bedingungen der Kommunikation bei Telegramm und Telefon, die Änderung der Wahrnehmung durch die Medien der Fotografie, des Films und der elektronischen Apparate.

Historische Diskursanalysen stellen ein «Netzwerk» von Texten her, in dem die Texte durch «Diskursfäden» verkettet sind. In dieses Gewebe ist auch der im Kanon der üblichen Literaturgeschichten ausgezeichnete Text verwoben. Diskursfäden laufen in den Text hinein und kommen «gefärbt» aus ihm heraus. Der literarische Text wird als «Knotenpunkt» der Diskurse gelesen, er ist kein geschlossenes Werk. Er ist vielmehr Teil der kulturellen Praktiken (Baßler 2001).

Aufgrund der Ausrichtung der historischen Diskursanalyse scheint es ausgeschlossen, dass es überhaupt Literatur geben kann, die sich ‹subversiv› zu den Ordnungssystemen verhält. Es finden sich aber zahlreiche Arbeiten der historischen Diskursanalyse, die in ihren Gegenständen einen «Gegendiskurs» erkennen, z. B. im Buch von Gerhard. Zwar werden die so herausgehobenen Texte auch im Netzwerk der Diskurse gezeigt. Aber sie lösen sich darin nicht auf, sondern sollen durch ihre Einbettung in Kontexte mit «sozialer Energie» (Greenblatt 1991) aufgeladen werden.

2 ANALYSE literarischer Texte

2

Literaturwissenschaftler werden nicht ohne Grund als Spezialisten für literarische Texte angesehen. Eine der Fähigkeiten, die Literaturstudenten daher im Laufe ihres Studiums erwerben müssen, ist die Fertigkeit, literarische Texte in ihrer jeweiligen Besonderheit, ihrem kulturellen Kontext, ihrem Bezug auf die vorangehende Literatur und in ihrer Zugehörigkeit zu Gattungen und Großgattungen zu analysieren.

Da die Fähigkeiten zum Erfassen von Wiederholungsstrukturen, die bei der Lyrikanalyse erworben werden, auch für die Prosaanalyse nutzbar sind und die Kompetenzen, die durch die Untersuchung der Perspektive in der Prosa gewonnen werden, sich auf die Dramenanalyse übertragen lassen, liegt für die Beschäftigung mit den drei Grundgattungen die Reihenfolge Lyrik-, Prosa- und Dramenanalyse nahe. Konsekutiv werden einander ergänzende Kompetenzen erworben, die in ihrer Gesamtheit befähigen, einen jeden literarischen Text zu analysieren.

2.1 Text und Edition

Was ist ein Text?

Wer mit Texten umgeht, muss über die Fähigkeit verfügen, Texte von Nicht-Texten zu unterscheiden. Dies ist schwieriger, als es auf den ersten Blick scheint. Wir gehen zunächst von der Beobachtung aus, dass der Begriff «Text» in der Umgangssprache, obwohl er unterschiedlich gebraucht wird, kaum Missverständnisse auslöst. Ihn genau zu bestimmen, wirft dennoch Schwierigkeiten auf. So trifft man auf die Redensart ‹weiter im Text›, wenn ein unterbrochenes Spiel fortgesetzt werden soll. Wer von «Gesetzestext», «Bibeltext», «Zeitungstext» redet, denkt an schriftlich verfasste Mitteilungen auf Papier als Trägermaterial. Von welcher materiellen Qualität aber ist ein Text, wenn gesagt wird, eine Schauspielerin ‹vergesse ihren Text›? Ein paar Druckseiten, abgelesen und auswendig gelernt, von der Trägerschicht des Papiers gelöst und im Gedächtnis – in welch materieller Form auch immer – gespeichert, sind verschwunden. Sie können wieder zum Vorschein kommen. Wie kommt es zu der Redensart ‹jemanden zutexten›? Sind Tätowierungen Texte, die der Haut eingeschrieben, und Graffiti Texte, die auf Häuserwände gesprayt werden? Welcher Begriff von Text ist im Spiel, wenn davon geredet wird, der genetische Stammbaum lese sich wie ein Roman, und zum Beleg dieser Behauptung im Feuilleton einer großen Tageszeitung 16 000 Kombinationen der Buchstaben A T C G abgedruckt werden?

Der Blick in Handbücher ergibt keine übereinstimmende Definition. Klar scheint nur, dass «Text» aus dem Lateinischen kommt und dort «Gewebe» heißt, abgeleitet vom Verb texere = weben, flechten, kunstvoll zusammenfügen. In *Grimms Wörterbuch* entdecken wir, dass der Begriff sich schon in früheren Jahrhunderten vom engen Sinn der Textur des Geschriebenen löst und in einem weiteren Sinn benutzt wird.

Während in der Literaturwissenschaft die Tendenz herrscht, unter «Text» *schriftlich* fixierte Sprache zu verstehen, definiert ein Kulturwissenschaftler der Gegenwart:

> «In diesem weiten Sinn heißen ‹Text› zunächst alle Äußerungen überhaupt, sie seien in einer natürlichen oder technischen Sprache artikuliert, sie seien gesprochener oder außerverbaler Natur, vorausgesetzt sie dienen einer Mitteilungsabsicht» (Frank 1993, S. 123).

Auch in der Textlinguistik ist der Begriff eher heiß umstritten denn klar definiert. Die ältere Textlinguistik betrachtet Texte als nach außen klar abgegrenzte und nach innen zusammenhängende sprachliche Einheiten, die eine bestimmte Form besitzen. Das entscheidende Kriterium für diese Einheit heißt «Kohärenz». Da diese Kohärenz nicht rein grammatikalisch erfasst werden kann, ging man dazu über, den Text entweder als kommunikativ zu begreifen oder sich lapidar mit der Einsicht zu begnügen, Text sei, was im jeweiligen Zusammenhang *Text* genannt wird.

Allerdings ist die Definition des Textes als kommunikative Einheit so lange vage, wie Kommunikation nach dem Modell vom Sender und Empfänger gedacht wird und man den Text nur als Zeichen-Behälter für Informationen versteht. In der jüngsten Textlinguistik werden Texte auch als «Konstitutionsformen von Wissen» bezeichnet (Antos 1997): Texte repräsentieren nicht einfach Kenntnis, die schon zuvor und textunabhängig vorhanden ist, sondern tragen zur Herstellung von Wissen bei.

Die Voraussetzung für eine Definition wird durch die elektronischen Speichermedien und ihre ‹Textverarbeitung› noch komplizierter. Aus welchem Material besteht ein Bildschirmtext, was hebt ihn ab von der gedruckten Buchseite? Worin unterscheiden sich ihre Lektüren? Ein Buch wird nach der Lektüre zugeschlagen, ins Regal gestellt oder in die Bibliothek gebracht – was ist der Zustand eines Textes, der, gespeichert oder nicht gespeichert, den Bildschirm verlässt? Wie lange bewahren die Festplatte des Computers oder der Server elektromagnetische Zustände?

Die Frage, was für ein Ding der Text ist, führt in Problemfelder, die nicht nur von Linguistik und Literaturwissenschaft, sondern auch von Informatik, Gedächtnisforschung und Medientheorie bearbeitet werden. Dennoch sei eine Begriffsbestimmung versucht:

→ Ein Text ist eine in gewisser Weise abgegrenzte und in gewissem Maße geschlossen rezipierbare, in einer natürlichen oder künstlichen Sprache gefasste mündliche, schriftliche oder in einem elektronischen Medium gespeicherte Äußerung, die gegebene Bedeutung mitteilt und/oder neue Bedeutung erzeugt.

Wenden wir diese Definition an, können wir je nach Bedarf sowohl das Einzelgedicht *Gegen Verführung* als auch den es enthaltenden Gedichtzyklus *Die Hauspostille* und schließlich auch das Gesamtwerk von Brecht als einen Text bestimmen.

Was ist wichtig bei der Wahl einer Text-Edition?

Wer einen Text analysieren will, muss in der Lage sein, die (wissenschaftliche) Zuverlässigkeit der Textgrundlage zu beurteilen, von der er ausgeht. Dazu gilt es, Kriterien zu kennen, die das angemessene Übertragen eines vom Autor hergestellten Textes auf die Buch- oder Bildschirmseiten der Werkausgabe sicherstellen. Dabei ist zu lernen, dass je nach dem Begriff, den Herausgeber sich vom Text machen, aus einer Sprech- oder Schreibhandlung des Autors bei der Edition eine jeweils andere Textgestalt entsteht und wir je nach unserem Erkenntnisinteresse zu derjenigen Text-Edition greifen, die ihr am besten entspricht. Geht es uns mehr um den Einblick in die Dynamik der Textherstellung oder um eine statische Textgröße, die eher eine in sich geschlossene Sinngebung verkörpert? Diese Alternative sei hier an einem jüngeren Fall als Beispiel erläutert.

Das Schwarz-Weiß-Foto zeigt einen links aufgerissenen Briefumschlag, auf dem Kopf stehend. Links unten eine 10-Heller-Briefmarke des Österreichischen Königreichs, Stempelabdruck vom 9.1.1913. Die Anschrift des Adressaten mit schwarzer Tinte, leicht zu entziffern. Am oberen Rand, quer über die Anschrift in der Mitte und den Stempelaufdruck unten, Bleistiftkritzeleien, teils in lateinischen Buchstaben, teils in Sütterlinschrift. Schwer zu lesen. Viele Zeichen sind ein- oder zweimal durchgestrichen, kaum entzifferbar; eine der Unterstreichungen könnte auch eine abgerutschte Streichung sein. Die Anschrift in lateinischen Buchstaben macht keine Mühe. Die Entzifferung der Sütterlinschrift lässt sich rasch lernen. Es fragt sich, was man mit den durchgestrichenen Textteilen machen soll. Die Fotografie dokumentiert heftige oder fahrige Bleistiftstriche, die einzelne Worte wohl unkenntlich machen oder verwerfen sollten, ebenso Reste von Sprachzeichen, die darunter sichtbar blieben.

Warum wurde dieser Briefumschlag fotografiert? Als Sammelobjekt ist er für Philatelisten ohne Wert. Die ohnehin nicht seltene 10-Heller-Briefmarke ist am linken Rand angerissen. Das Stück Papier hätte niemals den Rang eines «Textes» erhalten, wäre nicht archäologisch behandelt, konserviert, reproduziert und entziffert worden, wenn die gut leserliche Anschrift nicht lautete:

Georg Trakl
Innsbruck
Mühlau 102
p. Adrs. Herr von Fiker

Handelte es sich um das Fragment eines Briefes, so hätten wir an diesem Beispiel den Begriff «Text» leicht als schriftliche Form einer kommunikativen Handlung bestimmen können: Die Botschaft ist von einem Sender an einen entfernt wohnenden Empfänger gerichtet, die Post hat das Ding transportiert, die Botschaft wurde als *Text* verstanden.

Der voll gekritzelte Umschlag hat diese Funktion offenbar nicht. Trakl, einmal im Besitz des Briefes, hat seine Zeichen auf den Rücken des kommunikativen Aktes gekritzelt und übermalt.

Besagtes Foto ist ein Faksimile eines handschriftlichen Textes aus der *Innsbrucker Ausgabe* der Werke von Georg Trakl (1998, S. 308). Es dokumentiert eine frühe Stufe der Entstehung des Gedichts *Gestalt die lange …* In der Innsbrucker Edition steht das Foto in einer Serie anderer Reproduktionen, darunter einige hastig aufgerissene Couverts oder das Schreibpapier eines Cafés mit Bleistift-Notizen, Streichungen, Überschreibungen. Auf der gegenüberliegenden Seite findet sich jeweils die Entzifferung durch die Editoren. In dieser *diplomatischen Umschrift* bleiben die durchgestrichenen Worte und Satzteile als durchgestrichene vorhanden. Die Editoren dokumentieren also Momentaufnahmen des Schreibprozesses. Die Ausgabe ist weniger als herkömmliche Editionen am *Endresultat* des Gedichts interessiert als vielmehr an den *Vorgängen in der Schreibwerkstatt*, indem das vom Autor Verworfene als Verworfenes erhalten bleibt und nicht entsorgt wird. Gerade weil heutzutage die elektronische Schreibtechnik des Computers das Weggeworfene in der Regel unwiederbringlich löscht, erhalten die alten Techniken, Schreibinstrumente, Tinten und Unterlagen einen neuen Wissens- und Ausstellungswert.

In der Trakl-Edition wird der Text also nicht in der perfekten Gestalt eines abgeschlossenen Kunstwerks präsentiert, sondern als offener Prozess. An die Stelle eines endgültigen «Werks» als Summe aller Fassungen, das dem juristischen Begriff des Testaments als letzter und verbindlicher Willensäußerung entspricht, tritt eine dynamische Entstehungsgeschichte mit all ihren Überlieferungsvarianten, tritt gleichsam der Prozess der Willensbildung. Ob eine Edition diesem Konzept des prozessualen Schreibens folgt oder ob sie sich an die definitive, eventuell vom Schriftsteller autorisierte Fassung hält – in jedem Fall ist es für den Leser wichtig zu wissen, welche Art Edition er in der Hand hält. Zur Erleichterung der Orientierung im Bereich der Editionen sind drei Typen von Ausgaben zu unterscheiden:

➡ In einer *historisch-kritischen Ausgabe* informiert der Herausgeber über die Fassung, die der Ausgabe zugrunde liegt, und über die Eingriffe, die er selber vorgenommen hat. Neben dem *gesicherten Text* breitet die Ausgabe Material zur Entstehungs- und Überlieferungsgeschichte aus und erleichtert das Verstehen des Textes durch einen *Kommentar*. In einem *Kritischen Apparat* sind die verschiedenen *Lesarten* und *Varianten* verzeichnet.
➡ Die *Studienausgabe* bietet zumeist nur einen *gesicherten Text*, einen Bericht des Herausgebers über die gewählte Textgrundlage sowie ein Verzeichnis aller Herausgebereingriffe (z. B. Modernisierung der Orthographie).
➡ Die *Leseausgabe* verzichtet auf alle Erläuterungen. Sie sollte sich jedoch auf den *gesicherten Text* stützen.

Im Idealfall bauen die verschiedenen Ausgaben aufeinander auf (Bohnenkamp 1996, S. 194). In der Trakl-Edition jedoch sind die Vorstufen und Varianten des Gedichts mit ihren Korrekturen, Unleserlichkeiten und Tilgungen nicht wie in historisch-kritischen Ausgaben am Ende des Bandes in einem Kritischen Apparat versteckt, sondern alle Arbeitsstufen werden gleichrangig präsentiert. Der Begriff vom «Werk» als vollendeter Gestalt der ursprünglichen Intention des Autors wurde hier aufgegeben. Damit ist auch geklärt, warum das fotografierte Ding zum Papier-Fetisch der Trakl-Forschung werden konnte, aber gewiss nicht, warum es ein *Text* sein soll. Nach einer traditionellen Formel der Textlinguistik kann im Fall unseres Fundstücks von Text nicht die Rede sein, da es heißt:

«Der Terminus ‹Text› bezeichnet eine begrenzte Folge von sprachlichen Zeichen, die in sich kohärent ist und die als Ganzes eine erkennbare kommunikative Funktion signalisiert» (Brinker 1992, S. 17).

Woran können die Grenzen des Textes festgemacht werden, wenn Anfangs- und Endsignale der Wortfolge nicht mit Sicherheit auszumachen sind? Was fangen Textlinguisten, für die Texte Medien der Kommunikation sind, mit den durchgestrichenen Passagen an? Fällt nach ihren Kriterien das hier vorgeführte Beispiel nicht in die Rubrik «sinnlose Häufung von Zeichen» = «Nicht-Text» (Brinker 1992, S. 11)?

Es ist aufschlussreich, den Text als «Element in einem Handlungsspiel der Kommunikation» (Brinker 1992) zu begreifen. Dieses Trakl-Ding, vom Staub der Archive gereinigt, für den Fotografen präpariert, figuriert im Handlungsspiel der Philologie, das mit der Edition eröffnet ist. In diesem Fall findet es im Rahmen einer modernen Konzeption von Literatur statt. Es gehorcht Konventionen, die im Alltag der Kommunikation keine Geltung haben:

- Die *Unverständlichkeit* von Zeichenfolgen verweist auf die Arbeit am Wort.
- *Streichungen*, die einige Spuren des Gestrichenen sichtbar lassen, werden als Indizien der Ambivalenz, der Vielstimmigkeit und des Prozesscharakters von Literatur begrüßt.
- In der *Gleichrangigkeit* kommt jeder Notizzettel und jedes Fragment zur gleichen Ehre der Edition wie die Fassung der Erstveröffentlichung oder der Ausgabe letzter Hand.

In solchen modernen Editionen steht der einzelne Text nicht für sich und verweist nicht auf eine Wirklichkeit außerhalb des Textes. Dies erläutert eine Passage aus Roland Barthes' Buch *Die Lust am Text*:

> «*Text* heißt *Gewebe*; aber während man dieses Gewebe bisher immer als ein Produkt, einen fertigen Schleier aufgefaßt hat, hinter dem sich, mehr oder weniger verborgen, der Sinn (die Wahrheit) aufhält, betonen wir jetzt bei dem Gewebe die generative Vorstellung, daß der Text durch ein ständiges Flechten entsteht und sich selbst bearbeitet» (Barthes 1974, S. 94).

Aus dieser Überlegung zu einem Objekt der Trakl-Forschung folgt etwas, was nur im ersten Augenblick paradox klingt: Obwohl der Gegenstand des Fotos weitgehend unverständlich ist, ist er im Rahmen der Text-Edition weitgehend verständlich. Er ist Element des Handlungsspiels, in dem ein Gegenstand der Ästhetik verhandelt wird. Hier dürfen (ja müssen) Zeichen «dunkel» bleiben – ihre Unverständlichkeit wird zum

Signal dafür, dass sich der Leser in einen Raum begibt, in dem Abweichungen von der Alltagsnorm kommunikativer Handlungen erwartet werden. Die Leser empfinden das nicht als Mangel, sondern erfreuen sich des Unterschieds, der sie von der Monotonie und den Automatismen der Zeitungslektüre trennt.

2.2 Verstehen und Bezeichnen: Hermeneutik und Semiotik

Die Auffassung, man benötige als Leser zur Interpretation von Texten lediglich ein Wörterbuch, wird heutzutage von niemandem mehr vertreten. Im Folgenden wird daher in zwei Formen der Textanalyse eingeführt, die in der gegenwärtigen Literaturwissenschaft eine zentrale Rolle spielen. Zu erwerben ist die Fähigkeit, mit zwei wichtigen Modellen umzugehen, die heutzutage dem Zuschreiben von Bedeutung zu Texten zugrunde gelegt werden: Hermeneutik und Semiotik. Sie bilden sozusagen das theoretische Fundament einer jeden Textinterpretation.

Versuch, eine fremde (Text-)Welt zu verstehen

«Liebeswerk; auch das war ein Name für den Grâl; er hatte der Namen viele. Der Gebräuchlichste war: Das Ding. So nannten ihn die Frauen, die ihn auf- und abtrugen. Sie hätten am besten sagen können, was für ein Ding er war: Kessel, Kelch, Stein oder Zaubertisch. Doch gerade sie wußten es nicht. Fast hätte man sagen können, sie sähen ihn nicht einmal.
Er war nicht unsichtbar. Es wollte nur keine Bezeichnung an ihm haften. Er glich nichts anderem. Man könnte ihn ‹unvergleichlich› nennen, der saelden überval oder so ähnlich. Sprach man züchtig von ihm, so hieß er: Das Geheimnis. Da man es nur zu wahren hatte, mußte man es nicht ausplaudern können. Ausgesprochen, wurde er ganz leicht zu einer Dummheit wie ‹Tischlein-deck-dich›. Ein Geheimnis ist verschlossen von Haus aus. Man erträgt es am besten, wenn man auch seine Lippen versiegelt. Die Hauptsache ist seine Wirksamkeit. An der war nicht zu rütteln. Tyturel blieb im Fleisch, die Rehkeulen und der Hasenpfeffer waren genießbar.
Sigûne hatte Das Ding von weitem gesehen, im Achteck beim Großen Akt. Die Devotion, mit der man es umgab, war das Sichtbarste daran gewesen. Dann aber zeigte sich darauf die Schrift. Die Namen der Berufenen erschienen an der Stelle, wo der

Grâl stehen mußte: vor dem Königsthron, auf der Tafel aus Amethyst. Immer, wenn der Name erschienen war, erhob sich ein Seufzen und Stöhnen im Achteck. Denn der Ruf ist ebenso ein Glücks- wie ein Trauerfall; für die, welche er erreicht, und für die anderen, an denen er auch diesmal wieder vorübergegangen war. Ein Kelch, der eitel Bitternis enthält? Ein Stein, der uns vom Herzen gefallen ist? Oder eine Gnade, die uns abermals verschmäht? Eine Beförderung, die uns niemals erreicht, ein Freispruch, der unser Leben bedeutet?»

Wer verstehen will, was das fremde Wort «Grâl» in Adolf Muschgs (1993, 225 f.) Roman *Der Rote Ritter* bedeutet, wird sich kaum mit der obigen, vom Erzähler im 1. Buch gegebenen Deutungshilfe begnügen können, auch nicht mit den späteren Angeboten im 3. und 4. Buch. Der geheimnisvolle Mittelpunkt jener Gralsritterburg Munsalvaesches, die von Tyturel gestiftet ist, dem in ihr aufbewahrten Untoten, erhellt nicht einmal völlig aus dem «Augenzeugnis von Sigûne», der Tochter des Sterndeuters Kyôts und der Gralstochter Schoysîâne. Wie passen die Ausdrücke «Das Ding», «Liebeswerk» und «Das Geheimnis» als Sinngebungen ein und derselben Erscheinung zusammen, die einmal als natürlicher Stein hervortritt, ein andermal als zivilisatorischer Kessel, Kelch sowie Zaubertisch und ein drittes Mal als zeichenhafte Namenschrift auf einem Bildschirm? Wie stehen sie zur mittelalterlichen Minne, und was sagen sie uns über uns selber?

Der Grundfrage des Verstehens von zeichenhaften Erscheinungen widmen sich die «Hermeneutik» als Deutungslehre und die «Semiotik» als Zeichenlehre. Die erste nimmt ihren Ausgang beim Problem der Möglichkeit von Verstehen (wie lässt sich *überhaupt* etwas begreifen, wie lässt sich z. B. verstehen, was mit dem Grâl, was mit der Minne gemeint ist), die andere bei der Frage, ob und wie sich materielle Erscheinungen mit Bedeutungen verknüpfen lassen: Wie stehen das Konzept Grâl, die Ausdrücke «Das Geheimnis», «Ding ohne Namen» und die materiellen Erscheinungen Ding, steinernes Trinkgefäß sowie Namenschrift zueinander? Obwohl miteinander verwandt, wählen die beiden Kulturpraktiken verschiedene Schwerpunkte: im Vermitteln des Fremden mit Eigenem (Hermeneutik) und des Nichtzeichenhaften mit Zeichenhaftem (Semiotik).

Herausgefordert durch die neutestamentliche Sicht auf die jüdische Bibel, entstand die Hermeneutik im christlichen Kulturkreis als Verfahren gelehrter Bibellektüre und Bibelauslegung. Das Wort «Hermeneutik» ist eine gräzisierende Neubildung des 17. Jahrhunderts, das vor allem in der protestantischen Theologie den Ausdruck Interpretationskunst *(ars interpretandi)* ersetzte.

Aus der Geschichte der Hermeneutik

Der Grundmythos der Hermeneutik beruft sich auf Hermes, jenen Götterboten, der die Botschaften der Unsterblichen aus der Sprache der Götter in die der Sterblichen, der Menschen, übersetzte. Hermeneia ist im Griechischen zunächst die Fähigkeit, sich auszudrücken, dann auch die Ausdrucksweise und schließlich die Auslegekunst.

Der Auslegung bedurften bei den Griechen zunächst die Orakelsprüche, in denen die Götter den Menschen Warnungen und Ermahnungen erteilten oder einfach Voraussagen mitteilten. Solche Weissagungen, wie sie Pythia, in Trance über einem Erdspalt sitzend, zu Delphi ausstieß, waren in aller Regel nicht ohne weiteres verständlich. Im göttlichen Orakel waren Rede und Botschaft noch ungetrennt, in der Deutung des Sehers erst wurde der Spruch zum Gegenstand des Verstehens (Buffière 1956).

Als Deutungslehre ist die Hermeneutik in der abendländischen Antike ein Kind der griechischen Philosophie. Im Buch *Über die Hermeneutik* hat Aristoteles zwar eher eine logische Grammatik denn eine Deutungslehre geboten, aber er stellte eingangs auch eine Zeichentheorie, eine Semiotik, auf. Gesprochenes und geschriebenes Wort symbolisieren demnach «seelische Wiederfährnisse», das heißt Gedanken und Eindrücke (Weidemann 1994). Platon dagegen schließt im *Kratylos* von der Struktur der Sprache auf die Bauformen des Denkens. Damit trat ein Gegensatz zutage, der die europäische Kultur von der Antike bis in die jüngste Sprachphilosophie nicht losgelassen hat. Entweder bestimmt das Denken das Sprechen, so Aristoteles, oder es prägt das Sprechen das Denken. So Platon.

Verfahrensweisen der Hermeneutik

Wer Kompetenz im Verstehen erlangen will, muss zwei Verfahrensweisen unterscheiden:

1. Ein nicht (mehr) verständlicher Text wird durch sprachlogische Ana-

lyse mit Hilfe der Wort- und Bedeutungsforschung grammatisch-rhetorisch bestimmt und ausgelegt zu einem verständlichen, mehr oder weniger eindeutigen Text. Aus dem Hildebrandslied werden die Anfangsverse: «Ih gihorta daz sagen / daz sih urheizzun einon muozin, / Hiltibrant enti Hadubrant untar heriun zueim» wiedergegeben mit «Ich hörte erzählen, / dass sich Herausforderer einzeln trafen / Hildebrand und Hadubrand, zwischen zwei Heeren».
In Muschgs Roman *Der Rote Ritter* ist der Ausdruck «saelden überval» dem heutigen Leser nicht ohne weiteres verständlich. Er muss sich das *außergewöhnlich Überraschende* begreiflich machen, indem er die Bedeutung entweder aus dem Kontext oder aber aus einem Wörterbuch erschließt.

2. Allegorische Deutung dagegen verleiht verständlicher buchstäblicher Bedeutung einen übertragenen Sinn. Goethes Gedicht *Sah ein Knab ein Röslein stehn* legt den Ausdruck «Röslein» mit Blick auf die Tradition metaphorischer Redeweise aufgrund des weiblichen Geschlechts des botanischen Ausdrucks ‹Rose› und der Repräsentation von Schönheit durch sie als bildlichen Ersatzausdruck für ‹schöne Frau› nahe. In Muschgs Roman ist so der Ausdruck «Liebeswerk» durch Einbettung in die christliche Tradition als ‹göttliche Liebe durch Selbstopfer› zu verstehen. In der Kulturgeschichte wechseln nun Phasen vorherrschend buchstabengetreuer mit solchen der allegorischen Hermeneutik.

→ Hermeneutik ist die Kunst des Verstehens und Deutens von (sprachlichen) Texten, Semiotik die Lehre vom Herstellen und Gebrauchen von Zeichen. Hermeneutik erschließt entweder den Sinn eines nicht ohne weiteres verständlichen Textes oder legt den verborgenen allegorischen Sinn eines auch anders zu verstehenden Textes bloß.

Nach dem Höhepunkt allegorischer Tradition bei Origines (185–245) hat der Kirchenvater Augustinus beide Traditionen, die buchstabengetreue und die allegorische Deutung, erstmals zu vereinen gesucht und damit dem lateinischen Mittelalter das Modell geliefert. Er setzt in der Schrift *Über die christliche Lehre (De doctrina christiana)* «Vier Sinne der Schrift» gegeneinander ab: (1) wörtlich-buchstäblichen Sinn – historisch gesehene Tatsache; (2) allegorischen Sinn – was in der Heilsgeschichte angelegt ist; (3) moralischen Sinn – wie ethisch richtig zu handeln ist – und (4) anagogischen Sinn – die heilsgeschichtliche Bedeutung selber.

Diese vier Auffassungsweisen verdeutlichte er am Beispiel des Namens «Jerusalem». Der bezeichnet: (1) wörtlich die historisch-geographische Stadt, (2) allegorisch die christliche Kirche, (3) moralisch die zu rettende Seele des Christen und (4) heilsgeschichtlich (anagogisch) die Gottesstadt, das Himmlische Jerusalem. Wenden wir dieses Wissen an auf den Ausdruck «Grâl» im *Roten Ritter*, heben sich als komplementäre Bedeutungen voneinander ab: (1) dinglicher Kelch, in dem Christi Blut gesammelt war, (2) Institution der Ritterschaft (mit der Aufgabe der Gralspflege), (3) Liebeswerk (in der Nachahmung Christi) und (4) «Garten Edens Wurzel zart» (S. 512), das Paradies also.

Die christliche Hermeneutik des Mittelalters speiste sich zwar zunächst aus dem Buch der Bücher, der Bibel, deutete zunehmend aber auch das ‹Buch der Natur›, den Kosmos. So ‹liest› bei Muschg (S. 229 f.) Sigûne die Sternbilder. Wie in der Welt des *Roten Ritters* sind Hermeneutiken oft schichtenspezifisch und nicht selten kulturhistorisch geprägt.

Die moderne Hermeneutik

Hermeneutische Kompetenz hat Hans-Georg Gadamers Grundschrift zur Hermeneutik, dem Buch *Wahrheit und Methode* (1960), zufolge mit drei ‹hermeneutischen Zirkeln› zu rechnen: (1) *Vorverständnis* und *Erwartungshorizont* prägen das Verstehen vor, werden aber durch das Textverstehen selber verändert. So hat der Leser von Muschgs Roman einen Begriff von Rittertum und Minne, der sich aber durch das Verstehen des *Roten Ritters* verändert. (2) Das Verstehen des *Teils* hängt ab vom Verstehen des *Ganzen* und bestimmt es zugleich mit. Die Rolle Parzivâls kann bei Muschg erst verstehen, wer den gesamten Roman erfasst hat, und zugleich wird der Roman nur begreiflich, wenn die Aufgabe Parzivâls begriffen ist. (3) Der *Gegenwartshorizont* des Verstehenden und der *historische Horizont* des zu Verstehenden setzen einander voraus, da es weder einen Gegenwartshorizont noch einen historischen Horizont je für sich gibt: Sie treten nur im Akt des wechselseitigen Bezugs auf. So hat der Germanist Muschg durch seine Neufassung des Parzivalstoffs den historischen Horizont der Artussage dem Gegenwartshorizont des heutigen Lesers zwar angenähert, doch muss sich der Leser dem ihm fernen kulturellen Horizont seinerseits nähern, um durch Verschmelzen von historischem und gegenwärtigem Horizont Begreifen zu ermöglichen. Der Erzähler nennt etwa den Krieg, den der König von Gascone, Hardîz, mit König Kaylet von Spanien angezettelt hat, unzeitgemäß «Weltkrieg» (S. 25); Sache des Lesers ist es, den Sinn der Rückübertragung des modernen Begriffs auf das Geschehen *vor* der Neuzeit sowie heutigen Liebesverständnisses auf mittelalterliche Minne herzustellen oder aber zu verwerfen.

→ Hermeneutik hat es mit drei Zirkeln zu tun: mit dem Zirkel zwischen Vorverständnis, Erwartungshorizont und ihrer Veränderung durch das Textverstehen, zwischen Teil und Ganzem sowie zwischen dem Gegenwartshorizont des Verstehenden und dem historischen Horizont des Textes.

Alle Hermeneutik ist gebunden an drei Grundsätze, die zugleich ihre Bedingtheit bloßlegen: (1) Sie richtet sich auf absichtsvolle Äußerungen sinnstiftender Subjekte; (2) sie setzt Einfühlung (Empathie) voraus zwischen den Subjekten der Äußerung und des Verstehens; (3) sie bestätigt Sinn, Geist und Wahrheit als regulative Prinzipien aller Verständigung. Verfasser und Leser eines literarischen Textes verfügen über je eigenständige Sinnhorizonte. Es kommt jedoch darauf an, diese unterschiedlichen Sinnhorizonte im Rahmen einer einzigen ästhetischen Wahrheit zu verschmelzen.

Grundbegriffe der Semiotik

Vermittelt die Hermeneutik Kompetenzen zum Analysieren des Lesens und Verstehens, liegt hier also der Schwerpunkt auf dem Verständnis des Menschen als Zeichendeuter, so verleiht die Semiotik Fertigkeiten, den Menschen vor allem als Zeichengeber zu erfassen. Von der Semiotik (griech. *Semeiotike*) als Zeichenlehre ist die Zeichentheorie (Semiologie) abzuheben.

→ Die Semiotik fragt danach, wie im Prozess der Zeichenverwendung (Semiose) zeichenfähiges Material mit Bedeutung verknüpft und auf Ausschnitte der realen oder irrealen Wirklichkeit bezogen wird. Die Semiologie dagegen fragt nach den Bedingungen der Möglichkeit von Semiose.

Die gegenwärtig produktivsten Zeichenmodelle stammen von dem amerikanischen Philosophen Charles Peirce (1839–1914) und dem Genfer Linguisten Ferdinand de Saussure (1857–1913). Da sich keine verbindliche Terminologie zur Bezeichnung der Zeichenkomponenten herausgebildet hat, sind neben Peirce' Begriffswörtern auch weitgehend synonyme Termini aus anderen semiotischen Traditionen anzueignen.

1. Das Zeichen nutzt stets ein bestimmtes Zeichenmaterial, das als *Zeichenträger* dient: in mündlicher Dichtung die Lautung (Phonetik), in der Literatur im engeren Sinn die Buchstabenfolge (Graphematik).
2. Der Zeichenträger – bei Muschg etwa die Buchstabenfolge «Grâl» – verweist auf ein *Zeichenobjekt*, eine Erscheinung der aktuellen oder möglichen (imaginativen, fiktionalen oder illusionären) Welt, hier einen Kelch.
3. Durch diese Verknüpfung des Materials mit einem Objekt wird ein *Interpretant* erzeugt, eine Bedeutungszuschreibung, eine Sinngebung (bei Muschg: Liebeswerk). Dieser Interpretant ist in aller Regel selber ein Zeichen (hier die Buchstabenfolge «Liebeswerk»), das wiederum einen Interpretanten enthält, der erneut auf einen Interpretanten verweist. So kommt ein unendlicher Prozess der Semiose in Gang, in den Literaturstudenten als Zeichendeuter eintreten.

→ Materieller Zeichenträger, reales, imaginatives, fiktives oder illusionäres Zeichenobjekt und sinngebende Verknüpfungsregel (der Zeicheninterpretant) bilden als Komponenten des Zeichens das Grundinventar der Semiotik.

Gattungen der Volkskunst wie Märchen, Sprichwort und Volkslied sowie alltägliches, so genanntes natürliches Erzählen gründen in der Mündlichkeit (Oralität) der Zeichenträger. Dagegen ist die Literatur im engeren Sinn auf die Schriftlichkeit, die Literalität der Zeichenträger angewiesen. Schriftkulturen bilden raffinierte Techniken der schriftlichen Wiedergabe mündlicher Kommunikation aus, z.B. des Dialogs in Roman und Drama.

Zeichen sind zudem oft mehrdeutig und mehrwertig: Der Planet Venus erhält als Zeichenobjekt durch Verknüpfung mit den Zeichenträgern «Morgenstern» / «Abendstern» zwei unterschiedliche Interpretanten, zwei Deutungspotenzen: ‹Bote des Morgens› / ‹Bote des Abends›.

Eine jede Zeichenlehre, die das Zeichen aus nur zwei Komponenten zusammensetzt (meist werden sie de Saussure folgend «Signifikant» und «Signifikat» genannt), ist unzulänglich, da entweder das Zeichenobjekt und damit der Bezug auf eine erfundene oder reale Wirklichkeit (Zeichenreferenz) oder aber der Interpretant und damit die Sinngebung übergangen oder aber unzulässig verkürzt und die unmittelbare Verknüpfung von Zeichen(träger) und Bedeutung suggeriert wird.

Der Produzent eines literarischen Textes ist Zeichengeber, der Text bildet eine Zeichenkette, ein Superzeichen, und der Leser tritt auf als Zeichenempfänger und -deuter. Auch Kritiker und Literaturwissenschaftler sind Zeichendeuter.

Da Zeichen in aller Regel nicht isoliert, sondern in kulturellen Zusammenhängen auftreten, versteht sich die moderne Semiotik zumeist als Kultursemiotik, deren Gegenstand, die Semiosphäre, sich in drei Bestandteile gliedert: in Weltsemiotik, Textsemiotik und Verhaltenssemiotik (A. Assmann 1997).

Die *Weltsemiotik* herrscht in mythischen Kulturen vor, die mit allen Erscheinungen im Kosmos auch die Kometen als deutbare Zeichen auffassten (Grübel 1995). Daneben besteht die *Textsemiotik* und mit ihr die Literatursemiotik im engeren Sinn. Die *Verhaltenssemiotik* hat sozialen Charakter und tritt am prägnantesten in Ritus, Etikette und Habitus hervor. Gegenstand der Verhaltenssemiotik sind literarische Institutionen, die Verhaltensweisen von Autoren, literarischen Gruppen und Schriftstellerverbänden, von Verlegern, Buchhändlern, Theatermachern, der Literaturrezitatoren, der Leser, des Theaterpublikums. Klatschen und Pfeifen, Aufstehen und den Theatersaal verlassen, Bravo- und Buhrufe, auch Stillsein und Schweigen sind typische zeichenhafte Verhaltensformen von Theaterbesuchern.

Semiotische Verhaltensweisen im Turnier, im «gebändigten Krieg» (S. 53), so die Frage, ob Gahmurets Diamanthelm regelkonform ist

(S. 64), und das «züchtig[e]» Benennen des Grâls als «Das Geheimnis» gehören ins Betrachtungsfeld der Verhaltenssemiotik. Die Weltsemiotik besteht in Muschgs Roman aus dem zeichenhaft bedeutsamen Kosmos des Mittelalters, aus Abendland und Morgenland; Natur ist hier nichts als Zwischenraum (S. 295). Die Textsemiotik umfasst die Zeichenketten des Romans selber, dann aber auch die Texte, auf die im *Roten Ritter* angespielt wird, allen voran Wolframs *Parzival.* Die Verhaltenssemiotik schließlich ist hier geprägt von der Etikette der Ritter am Artushof («Courtoisie», S. 40) und vom ironischen Spiel mit Verhaltensregeln: «Es [das Turnier] ist eine hohe Schule der Ritterschaft, in der Männer üben, ihren Trieben zu folgen und ihnen die Stirn zu bieten» (S. 54).

Die Zeichentypen

Im Umgang mit der Semiotik ist die Fähigkeit zu erlernen, Zeichentypen voneinander zu unterscheiden. Die Zeichen lassen sich nach ihrer Bildungs-, Gebrauchs- und Funktionsweise in sechs Typen untergliedern: (1) *indexikalische* Zeichen, die manifestieren, (2) *ikonische* Zeichen, die abbilden, (3) *symbolische* Zeichen, die stellvertreten, (4) *asemantische* Zeichen, die sinnentleeren, (5) *referenzlose* Zeichen, die von der Wirklichkeit ablösen, und (6) *magische* Zeichen, die Objekte vergegenwärtigen (Eco 1977, Assmann 1996).

1. Sugûnes Erröten nach Schiônatulanders Kompliment «So schön habe ich Euch noch nie gesehen!» und das Schnurren des Katers Gurzgrî (S. 13, 18) bilden *indexikalische* Zeichen; hier besteht eine reale Kontaktbeziehung zwischen Ausdruck (Gesichtsröte, Schnurrlaut) und Objekt (Gemütsbewegung). Dieser Bezug gründet in Kontiguität, in einem durch Nachbarschaft konstituierten Realzusammenhang.
2. Das «Miau» des Katers, der Katzenname «Maui», das «Keckern» (S. 20, 88) der Elster sind als lautnachahmende (onomatopoetische) Ausdrücke *ikonische* Zeichen der Abbildung ihrer Objekte. Hier besteht tatsächliche Ähnlichkeit zwischen Zeichenträger und -objekt; ihr Bezug gründet in Abbildähnlichkeit (Ikonizität).
3. *Symbolische* Zeichen sind der Trompetenstoß als Signal für den Tagesanbruch oder den Turnierbeginn (S. 18, 55), die Farbe Rot für Liebe («Der *Rote* Ritter»), die Deutung der Frau als Friede (S. 53):

«Denn daß die Frau der Friede sei, ist keine Wahrheit nach der Erfahrung. Es ist eine Wahrheit nach der Idee. Die Frau ist nicht der Friede, sie *bedeutet* ihn.» Hier besteht eine willkürliche, arbiträre oder konventionelle Beziehung zwischen Ausdruck und Sinngebung.

Zur Bildung symbolischer Zeichen stehen zwei Möglichkeiten zu Gebot: (1) Auf dem Weg der Gesetzgebung *(institutio)* legt ein Zeichenmächtiger die Zeichen fest, wie der Gesetzgeber die Straßenverkehrsordnung erlässt; Herrschaften «machen sich» einen Namen (S. 240). (2) Nach dem Prinzip der Gewohnheit *(usus)* bildet sich in einer Zeichengemeinschaft die Gepflogenheit eines Zeichengebrauchs heraus, so das Heben und Senken der Stangen beim Turnier (S. 810).

De Saussure sah die sprachlichen Zeichen in ihrer überwiegenden Mehrzahl durch solche Gewohnheit bestimmt: sie seien konventionell und arbiträr. Symbolische Zeichen in diesem Sinn können auch durch diskrete Einheiten wie Ziffern oder Ketten elektrischer Zustände (digitale Zeichenübertragung) gebildet werden. Der Schwerpunkt wird dabei von der Entstehung der Zeichen auf ihre Funktionsweise verlegt. Die strukturalistische Zeichentheorie hat die Zeichenkraft auf den bedeutungsunterscheidenden Wert der Zeichen im *Zeichensystem* konzentriert. So sind Phoneme – wie die drei Laute *p*, *s*, *t* des Worts «Pst» am Beginn von Muschgs Roman – bestimmt durch ihren Wert im Lautsystem. Symbolische Zeichen grenzen aufgrund ihres distinktiven Charakters das Bedeutungsspektrum ein. Ausschlaggebend ist ihre Wiedererkennbarkeit. Reduktionstyp ist das Zeichen, dessen Bedeutung auf ein einziges Merkmal begrenzt ist: So bezeichnet der Schein eines Lämpchens am PC die Funktion, so fordert das «Pst» am Anfang und Ende des *Roten Ritters* auf zum Schweigen.

4. *Asemantische* Zeichen sind sinnleer. Sie setzen die Gegenwart semantisch-positiver Zeichen voraus, vor deren Hintergrund oder in deren Nachbarschaft sie sich abheben. Bevorzugter Raum asemantischer Zeichen sind Ränder des Zeichengeschehens, Grenzbereiche von Bedeutungs- und Bewusstseinsräumen. Der freie Platz auf Seiten mit Gedichten ist Zeichen der Abwesenheit von Prosa, die ja in der Regel die gesamte Zeile füllt. Gedichte mit weißem Rand zu schreiben und zu drucken, wurde üblich, als es Prosa gab, gegen deren volle Zeile

sich die kurze Gedichtzeile abheben konnte. Die leere Seite 1072 signalisiert uns bei Muschg den Romanschluss.

Die unkonventionelle Einfuhr asemantischer Zeichen zeigt Traditionsbrüche an. Asemantische Zeichen beherrschen so die jüdische Kabbala, durch die Zeichenträger des Alten Testaments ihrer Sinndimension beraubt wurden. Der bekannte Text der Thora wurde zu Zeichenfolgen umgelesen, die unbegreifliche, aber wirkmächtige Gottesnamen ausdrücken. Auf ähnliche Weise verknüpften Verstandesgrenzen sprengende Rede (zaum') im russischen Futurismus und Sinnkonventionen verletzende Wörter im deutschsprachigen Dada (z.B. «Dada») Zeichenobjekt und -träger unvermittelt.

5. *Referenzlose* Zeichen wie weiße Stellen auf der Landkarte und Leerstellen im Text haben Bedeutung und Wert, aber kein Zeichenobjekt. Den Auslassungen in Puschkins Versroman *Eugen Onegin* kommt kompositorischer Sinn, aber kein Objekt zu. Das Loch im Manuskript verweist auf ein fehlendes Textstück, die Pause in der Theateraufführung markiert die Unterbrechung des Spiels.

6. *Magische* Zeichen überspringen wie asemantische die Interpretanten, unterscheiden sich von ihnen aber durch unmittelbares Bezeichnen des Objekts. Die Objekte erlangen hier den Rang wirkmächtiger Handlungsträger, etwa von Geistern und Göttern oder Teufeln und Hexen. Das Zeichen ist Lockmittel, das Objekte in die Gegenwart zwingt. Es verwandelt unsichtbare Potenz in sichtbare Präsenz und macht so die Objekte dem Zeichengeber zugänglich. In den *Merseburger Zaubersprüchen* «Ben zi bene, bluod zi bluode» (Bein zu Bein, Blut zu Blut) wird das Verletzte durch Aufrufen der Gliedmaßen geheilt.

Bei Muschg (S. 89) heilt Gahmurets Handreichung Wunden. Die Zeichenkraft beruht darauf, dass die Objekte im Zeichen selber inkarniert sind. So verkörpern im christlichen Abendmahl Wein und Brot den Gottessohn. Prototypen magischer Zeichen sind in der Sprache der Name und im Bild die Ikone. Sie bilden nicht nach dem Ähnlichkeitsprinzip ab, sondern verkörpern: Die dargestellte Person ist für den Gläubigen im Gottesnamen und in der Ikone selber anwesend.

Aus der Geschichte der Zeichenpraxis

Während *Zeichentypologien* die Semiose systematisch gliedern, vermittelt die *Zeichenhistorie* diachronen Überblick. Die Geschichte der kulturellen Zeichenpraktiken ist durch vier «Zeichen(r)evolutionen» (A. Assmann 1996) periodisiert worden:

1. Die *jüdische* Zeichenrevolution. Das Bilderverbot im ersten Gebot der hebräischen Bibel bekämpfte die Zeichenpraxis der kanaanäischen Umwelt. Es wehrte den Polytheismus ab, der in den Idolen sichtbar war. Bildhaftigkeit und Sichtbarkeit wurden als falsche Formen der Gotteswahrnehmung verworfen. Die jüdische Buchreligion gründet in der Gestaltlosigkeit und Unsichtbarkeit Gottes, die Text und Geschichte zu Quellen der Offenbarung machen. Der Bund zwischen Gott und Mensch beruht auf einem Zeichencode, der menschliche Körper ebenso beschriftet wie Häuser. Der jüdische Gott ist anders als der christliche nicht im Fleisch inkarniert, sondern in der Schrift. Die Thora bietet sich statt als in Zeichen kodierte Botschaft als zeichenhafte Selbstoffenbarung Gottes dar.
2. Die *christliche* Zeichenkultur setzte sich gegen die jüdische dadurch ab, dass sie die Zeichen ihrer eigenen Heiligen Schrift, des Neuen Testaments, mit denen des Alten Testaments in ihrem Wert gleichsetzte. Dieses Gleichrangigmachen der Zeichen war vom griechischen Denken inspiriert, das strikt zwischen äußerem, materiellem Zeichen und innerer, immaterieller Idee unterschied. Dabei kam der inneren Zeichenhaftigkeit der höhere Wert zu. Die griechische Trennung von Außen und Innen ist bei Paulus als Scheidung von Buchstabe und Geist wirkmächtig geworden. Die Gleichwertigkeit der Texte ermöglichte das Nebeneinander von Varianten der neuen Heiligen Texte, den vier Evangelien, die zunächst ein und dieselbe Geschichte erzählen und dann in mehreren Sprachen nebeneinander kodifiziert wurden: zuerst Hebräisch und Griechisch, dann Latein und schließlich Kirchenslavisch. Erst die Reformation hat auch den mittel- und westeuropäischen Kulturen die Heilige Schrift in ihren eigenen Sprachen beschert.
3. Die Zeichenrevolutionen der *Neuzeit* stärkten den arbiträren Charakter der Zeichen und drängten indexikalische und ikonische Zeichen mehr und mehr an den Rand. Gleichzeitig wurde die Materialität der

Zeichen zunehmend gleichgültig. Im Mittelalter war Gold noch als wertvolle Farbe auch beim Schreiben in Gebrauch. Die Gegenständlichkeit, Ortsgebundenheit oder immanente Ästhetik des Zeichenträgers wurde nun immer mehr zugunsten des Ideals einer eindeutig codierten Nachricht geschwächt. Zunehmend differenzierten sich Zeichensysteme aus, die in getrennten Kulturbereichen unabhängig voneinander bestehen: Die Zeichensprache der Astronomie trennt sich vom semiotischen System der Astrologie, und das Symbolsystem der Chemie vom Zeicheninventar der Alchimie. Die Drucktechnik zerstörte die Einmaligkeit der Zeichenexemplare und schuf ihre mechanische Reproduktion, die im Zeitalter der Elektronik nachgerade explodiert.

Der Protestantismus entfaltete die Einstellung auf das Wort, jenen Logozentrismus, der dem Heiligen Text gegenüber der rituellen Handlung Übergewicht verlieh. Der Laie konnte seine Glaubensentscheidung nun auch ohne Teilnahme am Gottesdienst festlegen.

4. In der *Moderne* werden die neuzeitlichen Zeichenkonzeptionen geschwächt, die noch immer von einer Metaphysik bestimmt waren, da sie Gott, den Weltgeist oder die Geschichte (z.B. der Klassenkämpfe) als Vermittler zwischen Erscheinung und Ideen voraussetzten. Die moderne Semiotik hat diesen sinngarantierenden Hintergrund aufgegeben. Die moderne Sprachphilosophie geht von der sprachlichen Verfasstheit des menschlichen Wahrnehmens und Denkens aus. Die strukturalistische Linguistik trennte sich von Etymologie und Ähnlichkeitsforschung, die noch die Sprachwissenschaft des 19. Jahrhunderts beherrschten, und zielte auf die Rekonstruktion der semiotischen Ordnung selber.

   Die Semiotik des 20. Jahrhunderts konzentrierte sich im Gefolge von Peirce auf eine Logik der Zeichen und ihrer Verwendung und blendete die Bezugnahme auf Sachen zunehmend aus; sie lässt sich vergleichen mit dem Verzicht kubistischer Malerei auf die perspektivische Festlegung eines einzigen Blickpunkts und der abstrakten Malerei auf Abbildobjekte. Peirce zufolge grenzen Symbole nicht an Dinge, sondern an Symbole. Die Frage der Seinsweise der Zeichen wurde zurückgedrängt zugunsten von Pragmatik (Weltbezug), Paradigmatik (Zeichenordnung) und Syntaxtheorie (Theorie der Zeichenverknüpfung).

→ Die Pragmatik fasst den Bezug des Zeichens zu seinem Verwendungszusammenhang, die Paradigmatik das Verhältnis zwischen Zeichen in Zeichenregistern wie Alphabet, Wörterbuch, Liste der Verkehrszeichen, die Syntax das Folgeverhältnis von Zeichen in Zeichenketten wie Syntagma, Satz, Text.

Im 20. Jahrhundert gewann die Überzeugung an Boden, dass Zeichen stets durch Zeichen erläutert werden, nie durch Dinge. In der Sprachwissenschaft verdrängte die Syntaxtheorie die Bedeutungslehre (Semantik) vom ersten Platz. Die Techniken der neuen Medien gewannen an Bedeutung. Die moderne Semiotik ist selber Zeugnis des heutigen ‹zeichenhaften› Zeichenverständnisses bei Sprachwissenschaftlern, Literatur- und Kultursemiotikern. Zeichen verweisen nur mehr auf Zeichen, und sinnverweigernde Semiosen geraten mehr und mehr in den Mittelpunkt des literarischen Interesses.

Muschgs Roman verschränkt mittelalterlich-christliche, neuzeitliche und zeitgenössische Semiose miteinander. Er setzt und attackiert die Trennung von Innen und Außen in der christlich-religiösen Zeichenpraxis (von der er sich schon durch die historisierende Schreibweise «kristlich» absetzt). Zugleich nutzt er die christliche Tradition des Relativierens alternativer Diskurse. Und er bettet sie ein in moderne, ja postmoderne Zeichenpraxis: Indem er einsetzt und endet mit dem Schweigegebot «Pst!», spielt er mit der postmodernen These vom Ende der Geschichte und des Romans.

Haben wir in den vorigen Abschnitten Einblick genommen in theoretische Grundlagen der Textanalyse, so vermitteln die folgenden Abschnitte zur Lyrik-, Prosa- und Dramenanalyse die Fähigkeit, literarische Texte je nach der Textsorte differenziert zu analysieren.

2.3 Wie Unlesbares gelesen wird: Lyrikanalyse

Zur Einführung in die Lyrikanalyse wählen wir zwei Gedichte Paul Celans.

UND KRAFT UND SCHMERZ
und was mich stieß
und trieb und hielt:

Hall-Schalt-
Jahre,

Fichtenrausch, einmal,

die wildernde Überzeugung,
daß dies anders zu sagen sei als
so.

(Celan 1983, S. 398)

UNLESBARKEIT dieser
Welt. Alles doppelt.

Die starken Uhren
geben der Spaltstunde recht,
heiser,

Du, in dein Tiefstes geklemmt,
entsteigst dir
für immer.

(Celan 1983, S. 338)

Erstes Lesen von Celans Gedichten kann irritieren. Die von der Welt behauptete Unlesbarkeit scheint gerade für diese Texte zu gelten. Die «wildernde Überzeugung, / daß dies anders zu sagen sei als / so», greift über auf Leser und Hörer. Sie wünschen sich das Wahrgenommene weniger schwierig, weniger verschlüsselt, leichter zugänglich. Nicht selten scheitert Gedichtlektüre sogar völlig. Was sind «Hall-Schalt- / Jahre», die den Sprecher als Kraft und Schmerz trieben, stießen, hielten, was «Fichtenrausch», was «Spaltstunde», der die «starken Uhren» Recht geben? Wovon ist in den Gedichten überhaupt die Rede?

Paul Celans späte Gedichte *UND KRAFT UND SCHMERZ* sowie *UNLESBARKEIT*, deren Anfang, in Versalien gesetzt, zugleich ihre Überschrift bildet, fordern durch ihren Widerstand die Lyrikanalyse heraus. Sie bieten aber just dadurch einen attraktiven Einstieg in ihren Erwerb. Die Schwierigkeit rührt daher: Gedichte, wie Celan sie geschrieben hat, führen eine archaischer Kultur nahe Sprache. Sie, diese «Selbstsprache» (Novalis) der Gedichte, ist uns durch Einübung in die Begriffsrede fremd geworden.

Lyrikanalyse soll Gedichte nicht wegerklären, nicht an ihre Stelle treten. Zu bieten hat sie Einblick in deren Arbeitsweise. Die Vorstellung, Lyrik gründe in Sprachbildern, greift dabei zu kurz. Es gilt vielmehr, alle Strategien zu erfassen, die Gedichte mit sprachlichen Mitteln verfolgen. Erfahrene Gedichtleser vollziehen sie intuitiv, doch lassen sie sich auch beschreiben.

Das Äquivalenzprinzip der Wortkunst: poetische Rede

Eine gute Grundlage für die Lyrikanalyse bietet die These des russisch-amerikanischen Sprach- und Literaturwissenschaftlers Roman Jakobson, die Funktionsweise poetischer Rede nutze ein Prinzip, das wir bei Äußerungen in der Prosasprache des Alltags nicht in der *Abfolge* der Laute, Silben, Wörter, Sätze und Absätze, also in der Syntax finden, sondern in ihren Paradigmen, d.h. in den Inventaren, aus denen wir schöpfen, wenn wir Wörter, Sätze und (Teil-)Texte verwenden und/oder bilden. Es ist dies das Prinzip der Äquivalenz, also einer gewissen Gleichwertigkeit – hier von Elementen, die wir Paradigmen, d.h. Laut- und Buchstabeninventaren, Wörterbüchern oder Grammatiken und anderen Registern sprachlicher Bauformen entnehmen. Zwischen den Buchstaben des Alphabets, den Phonemen des Lautinventars einer Sprache, ihren Wörtern sowie deren Flexionsformen besteht in diesen Inventaren auf der rein sprachlichen Ebene Gleichwertigkeit. Geraten diese Elemente jedoch in eine syntagmatische Struktur, nehmen sie unterschiedlichen Wert an, konstituieren sie eine hierarchische Struktur. Dies kommt mit Blick auf die Laute im Satzakzent sowie in der Intonation zum Ausdruck, mit Blick auf die Flexion durch die Dominanz des Subjekts über das Prädikat resp. die Verbalphrase, des Hauptsatzes über den Nebensatz. Das Subjekt «Anna» bestimmt, verbinden wir es mit dem Verb «gehen» im Präsens, die Flexionsform des Verbs: «Anna geh*t*.» statt ungrammatikalisch: «Anna geh*st*.» / «Anna geh*en*.». Im Inventar der Deklinationsformen des Verbs «gehen» stehen die genannten Formen dagegen gleichwertig nebeneinander. Diese Gleichwertigkeit oder Äquivalenz überträgt die poetische Sprache nun aus dem Bauprinzip der Paradigmen auf das Bauprinzip der Syntagmen.

Stellen wir uns die Elemente eines Paradigmas in vertikaler Staffelung vor, d.h. angeordnet längs einer vertikalen Achse, und die eines Syntagmas längs einer horizontalen, so lässt sich der Unterschied von äquivalenten Elementen im Paradigma und ihrer hierarchischen Fügung im Syntagma graphisch darstellen:

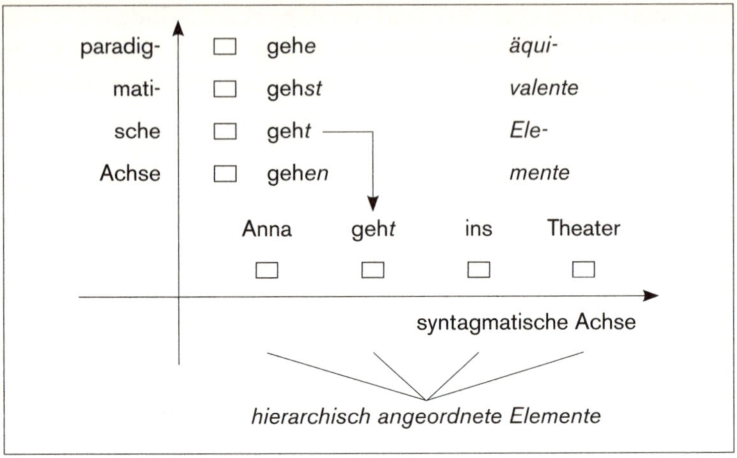

Äußerungen in poetischer Sprache übertragen nun das Prinzip der Gleichrangigkeit, der Äquivalenz von der Paradigmatik auch auf die Syntagmatik der Rede. Hier dominiert keine grammatische Syntagmatik mittels Hierarchien das Nebeneinander der Laute, Silben, Zeilen und Zeilengruppen, hier behauptet sich paradigmatische Gleichwertigkeit erfolgreich gegen syntagmatische Hierarchisierung.

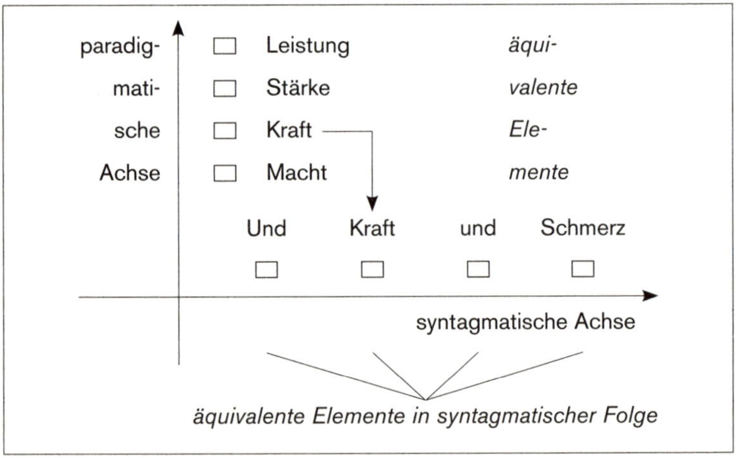

Als Roman Jakobson (1972, S. 111) die Einsicht in den Zusammenhang von Ausdruck und Bedeutung poetischer Rede formulierte, hat er die Strukturwiederholung als Spezifikum lyrischer Rede auf das Stiften von Äquivalenz, von Gleichwertigkeit, zurückgeführt:

«Die poetische Funktion projiziert das Prinzip der Äquivalenz von der Achse der Paradigmatik auf die Achse der Syntagmatik.»

Diese Gleichrangigkeit entspricht, räumlich gesehen, dem Parallelismus, zeitlich gesehen, der Wiederholung gleichartiger Elemente. Anhand der Lyrikanalyse lassen sich daher vor allem Kompetenzen im Erfassen von Wiederholungsstrukturen, durch sie begründeter Gleichrangigkeit und der von ihr erzeugten Bedeutungsdimension erwerben. In *nicht* ästhetisch erfasster Sprache bestimmt solche Gleichwertigkeit nur die Paradigmatik der Rede; allein in der ästhetisch erfassten Rede prägt sie auch deren Syntagmatik.

Zunächst sind Paradigmen auf der Ebene der *Lautung* zu beobachten. So können wir bei Celan ein Paradigma der Wörter mit betontem «á» aufstellen; es enthält neben «Kráft», «ánders», «ságen» auch die Substantive «Háll», «Schált», «Jáhre». Sie alle erlangen durch die Gleichheit des betonten Vokals eine semantische Ähnlichkeit, die ihnen im Wörterbuch der deutschen Sprache nicht zukommt. Nun hat Celan die genannten Wörter ja nicht in eine Wörterliste eingetragen, in der sie in unserem Schema paradigmatisch untereinander stünden, er hat sie vielmehr in ein Gedicht eingefügt, in dem sie als Teile von Sätzen syntagmatische Beziehungen zueinander eingehen. Wir unterscheiden so im Gedicht *UND KRAFT UND SCHMERZ* einen recht verwickelten Hauptsatz, dem ein mit «daß» eingeleiteter Nebensatz folgt. «Kraft», «was», «Hall-Schalt-Jahre» nehmen die Position des Subjekts ein und stehen einem Inventar von Wörtern gegenüber, die den Tonvokal «i» haben und in Gestalt von «stieß», «trieb», «hielt» die Position des Prädikats besetzen. Durch den gleichartigen Vokalklang werden also einerseits die Wörter mit betontem Vokal «a» einander gleichgestellt und wirken somit wechselseitig auf ihre Bedeutung ein. Analog werden die Wörter mit betontem Vokal «i» einander äquivalent und übertragen wechselseitig ihre Bedeutung aufeinander. Dies ist im Fall der Verben «stieß», «trieb», «hielt» besonders offensichtlich, weil hier die Gleichartigkeit durch das beiordnende «und» zusätzlich syntaktisch hervorgehoben wird. Treiben und Halten werden als Bedeutungen der Verbform «stieß» einverleibt, Stoßen und Halten der Verbform «trieb» sowie Stoßen und Treiben der Verbform «hielt». Celan hat die Syntax des Hauptsatzes zwar verdunkelt und hindert uns so daran, das Gedicht einfach wie einen Prosatext mit seiner alles bestimmenden Hierarchie zu lesen, er hat aber zugleich die paradigmatische Äquivalenz der durch Klangähnlichkeit verbundenen, syntagmatisch angeordneten Wörter kraft der beiordnenden Konjunktion «und» durchsichtig gemacht. Sein Gedicht stellt so sein Bauprinzip aus, es teilt uns seine auf Äquivalenzen gründende Wiederholungsstruktur mit.

Wie wir am Beispiel der Verbformen «hielt», «stieß», «trieb» sehen, erzeugt die sprachliche Ordnung der Wörter in der poetischen Rede – hier durch Vokalgleichheit – Bedeutung. Dabei bestimmt nicht (wie in der Prosarede) die Bedeutung der Wörter oder ihr Wirklichkeitsbezug die sprachliche Ordnung, sondern umgekehrt prägt die sprachliche Ordnung die Bedeutung und den möglichen Wirklichkeitsbezug. Sprachvorstellungen (hier das Lautbild i – i – i) rufen in der Wortkunst Sachvorstellungen hervor (hier den Zusammenhang von Stoßen, Treiben und Halten), während in der Prosa Sachvorstellungen die Sprachvorstellungen bestimmen. Wo die Prosa dazu neigt, diese Sachvorstellungen zu explizieren, sie zu «entfalten», sie in ‹epischer Breite› darzulegen, tendiert die Wortkunst dazu, sie zu verdichten, sie «einzufalten» (Hansen-Löve 1982). Dieser Vorgang des Einfaltens wird bei Celan im Syntagma «Hall-Schalt- / Jahre» augenfällig. Der Satz «Halljahre sind Schaltjahre» ist extrem verkürzt, das Paradigma von Substantiven mit betontem Vokal «a» («Halljahre», «Schaltjahre») auf das Syntagma, die Wortfolge also, übertragen. Die Gleichbedeutung von alttestamentlichen Halljahren mit neuzeitlichen Schaltjahren entspringt nicht ihrer Semantik, sondern ihrem Gleichklang.

→ Die Rede der Wortkunst zeigt im Vergleich mit der Sprache der Prosa, dem Diskurs der Rhetorik sowie allem bewussten Kommunizieren außerhalb der Kunst eine grundsätzliche Umkehrung der Bestimmung der Bezeichnung: Hier regieren nicht Sachvorstellungen die Wortvorstellungen, sondern die Zeichenträger erzeugen durch Äquivalenzen selber Sach- und Sinnzusammenhänge.

Ursprüngliche Wortkunst realisiert ihre Ausdrucksfunktion oft in magischen Zeichen. Anders als Prosa und Drama lässt sie sich leichter in Musik als in Film umsetzen. Das Kunstlied ist ihre intermediale Hochstufe, Schlager, Popsong und Videoclip bilden ihre gängige populäre Variante.

Entsprechungen zwischen Einheiten auf der Ausdrucksebene erzeugen in der Wortkunst durch Äquivalenzbildungen Analogien zwischen Einheiten der Welt bzw. solchen der Sinngebung. Wie unbewusstes, archaisch-mythisches, naives und pathologisches Sprachdenken zieht die Wortkunst Analogie-Bezüge raumzeitlichen, logischen, psychologischen, soziologischen Verknüpfungen vor. Unversehens gebärden sich Wörter als Dinge, führen eine übertragene Bedeutung wie «Fichtenrausch» zurück auf die konkrete, sinnlich wahrnehmbare, hier: Fichtenrauschen. So befreien sie von den Fesseln herkömmlicher Semantik. In Celans Neuwort «Fichtenrausch» erklingt das im Laut «sch» hörbar gemachte Rauschen der Fichten und der davon ausgelöste Rausch des lyrischen Ich: der Dichterwahn. Der Ausdruck ist darin Beispiel übertragener Rede. In Prosa übersetzt lautete der Vers: «Damals hörte er einmal die Fichten rauschen und wurde davon berauscht». Prosarede entwirft Standpunkte, von denen aus das Besprochene raumzeitlich erfasst und logisch, psychologisch usw. plausibel gemacht wird. Genuin lyrisches Sprechen bedarf solcher Standpunkte nicht.

In der Gebrauchsprosa überträgt der Vorgang des Bezeichnens das natürliche Ding in Redeweisen (Codes) der Kultur und fügt es so in den Kontext kultureller Gegenstände ein, macht es zum ‹übertragenen› Ding. Die primären Wortkunstakte (1) *Verschiebung*, (2) *Verdichtung* und (3) *Symbolisierung* verzichten auf Perspektivierung und Plausibilisierung, wirken ihnen oft sogar entgegen.

1. *Verdichtung* ist im Ausdruck «Fichtenrausch» gegeben. «Fichtenrausch» meint zugleich Rauschen, *Naturklang*, und Berauschtsein, *Kulturzustand*. «Einmalig» genannt, kennt er keine Wiederkehr. Da die Wörter «Rausch» und «Rauschen» im Deutschen etymologisch verwandt sind, ist das Einfalten von Rausch und Rauschen sprachge-

schichtlich motiviert. Gleichklang von Natur und Kultur, das Erklingen von Natur aus dem Gedicht, ist exzeptionell; er ist nicht durch Wiederholung herbeizuzwingen. Und mit diesem Fall, mit dem Ausschluss von Wiederkehr, fällt die Wortkunst im ursprünglichen Sinn des Worts, kommt sie zu ihrem Ende: Sie lebt ja strukturell von Wiederholung.

In Prosa entfaltet lautete die Verszeile aus der Perspektive der Einmaligkeit: «Ein einziges Mal nur geschah es, dass die Fichten rauschten und ihn in Rausch versetzten». Oder aus der Perspektive eines erzählenden Ich: «Ein einziges Mal nur widerfuhr es mir, dass die Fichten rauschten und mich berauschten.» Während Celans «Fichtenrausch» zwar einmalig, doch perspektivenfrei ist, bettet jede Prosaübersetzung das erzählte Geschehen in eine je spezifische Perspektive ein. Nur das Wort «einmal» beschränkt die All-Gültigkeit des Fichtenrausche(n)s, bringt es/ihn auf den Weg zur Prosa.

2. *Verschiebung* vollzieht der Eingangsvers «UND KRAFT UND SCHMERZ»; die psychologische Motivation (Freude erzeugt Kraft) des nationalsozialistischen Slogans «Kraft durch Freude» ist in ausdrückliche Nachbarschaft «*UND* KRAFT *UND* SCHMERZ» verschoben, Lust in ihr Gegenteil verkehrt: in Schmerz. Und schon ist die Kraft, um die es geht, eine ganz andere.

   Einen ähnlichen Schub vollführt der Ausdruck «wildernde Überzeugung»: Ein Abstraktum ist mit dem konkretisierenden Partizip «wildernd» verknüpft und so selber ins Konkrete versetzt. Dieses Überzeugen bricht die Regeln der Rhetorik wie der Wilderer die der Jagd, es setzt im Nomen «Überzeugung» die symbolische Doppelebene von Zeugen *und* Überzeugen frei: Poetische Rede «überzeugt», indem sie von Fremdbestimmung frei «zeugt»; außer den «wilden» (natürlichen) Eigenschaften der Sprache setzt sie nichts voraus. «Wildernde Überzeugung» ist bildlicher *und* unbildlicher Ausdruck für das lyrische Verfahren.

3. *Symbolisierung* beobachten wir im Ausdruck «Unlesbarkeit». Er ist nicht, wie gewohnt, auf einen Text oder einen Teil davon bezogen, sondern auf die Welt. «Unlesbarkeit» steht hier wohl für das Ende der traditionellen metaphysischen Sinngebung der Welt. Der Ausdruck symbolisiert durch die Vorsilbe «un-» negativ, er widerruft den alten

Topos von der «Lesbarkeit» der Welt, den auch noch die Präsentation des menschlichen genetischen Codes in Form von Buchstabenketten aufrechtzuerhalten sucht.

Metrik und Reim

Weitere Verfahren der Äquivalenzbildung in poetischer Rede bilden Metrik und Reim. Die Metrik gebundener Rede erzeugt durch rhythmischen Aufbau Folgen äquivalenter silbischer Einheiten. In den meisten modernen europäischen Literaturen nutzt sie dazu die geregelte Folge von betonten und unbetonten Silben. Je nachdem, ob Verse durch Zählen der Silben (Lieder der Meistersänger), der Hebungsstellen (Volkslied) oder beider (Rilke-Gedichte) gebildet werden, gehören sie der syllabischen, der tonischen oder der sie kombinierenden syllabotonischen Metrik an. Man hat von einem weiteren, «vierten Verssystem» der freien Verse gesprochen, das durch die Wirkung des Kirchenlateins in die europäische Literatur gekommen sei.

→ Metrik erfasst die regelmäßige Folge von Silben und/oder Hebungen in versifizierter Sprache. Dem Metrum als abstraktem Maß steht seine konkrete Realisierung gegenüber: der Rhythmus. Wir unterscheiden die zweiteiligen Metren *Jambus* (⏑ –) und *Trochäus* (– ⏑) von den dreiteiligen *Daktylus* (– ⏑ ⏑), *Amphibrach* (⏑ – ⏑) und *Anapäst* (⏑ ⏑ –).

In der ersten Strophe seines Gedichts *Erinnerung an die Marie A.* hat Bertolt Brecht (1961, S. 98) in der *Hauspostille* zum regelmäßigen jambischen Vers mit fünf Hebungen gegriffen (⏑ –, ⏑ –, ⏑ –, ⏑ –, ⏑ – (⏑)):

An jénem Tág im bláuen Mónd Septémber
Still unter einem jungen Pflaumenbaum
Da hielt ich sie, die stille bleiche Liebe
In meinem Arm wie einen holden Traum.
Und über uns im schönen Sommerhimmel
War eine Wolke, die ich lange sah
Sie war sehr weiß und ungeheuer oben
Und als ich aufsah, war sie nimmer da.

Sein Gedicht *Gegen Verführung* (S. 141) setzt dagegen mit einem dreihebigen trochäischen Vers ein: «Láßt euch nícht verfǘhren!» Diese metrische Bindung der Verse, die in der Dichtung bis hinein ins 20. Jahrhundert akustisches Erkennungssignal für Gedichte war, hat Celan in der Tradition der ‹freien Verse› aufgegeben.

So beginnt das Gedicht *UND KRAFT UND SCHMERZ* zwar mit drei syllabotonischen Versen, die aus zweihebigen Jamben konfiguriert sind: «und Kráft und Schmérz» (⏑ –, ⏑ –), gibt in den nächsten Strophen dieses Versmaß aber auf. Auch Rilke und Brecht zogen unter den zweiteiligen Metren die Jamben den Trochäen vor. Ingeborg Bachmann eröffnet ihr Gedicht *Nebelland* mit Amphibrachien, die, im zweiten Vers von Daktylen abgelöst, uns einen geschmeidigen Rhythmus bieten:

Im Wínter ist méine Gelíebte
únter den Tíeren des Wáldes.

Reime erzeugen gleichfalls Äquivalenz benachbarter Elemente gebundener Rede, diesmal freilich durch den Gleichklang, seltener graphisch durch Buchstabenreim.

➡ Beim klassischen Reim stimmen die Laute am Versende ab dem letzten betonten Vokal überein. Ist der Gleichklang nicht vollkommen, sprechen wir von *unreinem* Reim, reicht er über den letzten betonten Vokal zurück, vom *reichen* Reim. Nur näherungsweise Lautübereinstimmung heißt *Assonanz.*

Rilke (1966, S. 487) etwa erzeugt im *Sonett* mit dem Kreuzreim (aBaB) Überst*éigung* – Verschw*éigung* und *Óhr* – *vór* ein lautlich stimmiges Gedicht, das kraft der wortkünstlerischen Basisanalogie zwischen Ausdrucks- und Objektstruktur auch eine stimmige Welt suggeriert:

Da stieg ein Baum. O reine Übersteigung,
O Orpheus singt! O hoher Baum im Ohr!
Und alles schwieg. Doch selbst in der Verschweigung
ging neuer Anfang, Wink und Wandlung vor.

Außer dem Kreuzreim unterscheiden wir mit Blick auf die strophenbildende Konfiguration umarmenden Reim (abba) und Paarreim (aabb). Paar-Reim (aa, bb, CC) nutzt Robert Gernhardt (1994, S. 194) bedeutungsvoll im folgenden *Liebesgedicht*, um ein menschliches Paar («So du, so ich») in fataler Bindung und Ungewissheit vorzuführen – wer ist Jäger, wer Gejagter? Dabei spielt er ironisch an auf Nietzsches (1965, II, S. 456, 623) Thesen vom Menschen, dem «besten Raubtier» und dem «noch nicht festgestellten Tier»:

Kröten sitzen gern vor M*auern*,
wo sie auf die Falter l*auern*.

Falter sitzen gern an W*änden*,
wo sie dann in Kröten *enden*.

So du, so ich, so w*ir*.
Nur – wer ist welches T*ier*?

Zum bei ihm durchaus seltenen umarmenden Reim greift Gernhardt im frühen Gedicht *Im Trakl-Ton (Herbst)*:

Die Pendel brauner Uhren nicken l*eise*.
Der Abendmond verläßt sein bleiches B*ett*.
Ein Jäger einsam bei dem Hasel st*eht*.
Die schwarzen Vögel ziehen leichte Kr*eise*.

Wie der umarmende Reim dient der durch den Gegensatz von Kurz- und Langvokal «e» geprägte unreine Reim «B*ett* – st*eht*» neben dem fünffüßigen Jambus als Signal fürs intertextuelle Anspielen, das hier noch unentschieden zwischen Nachahmung von und Parodie auf Trakls (1972, S. 133) *Herbst* schwankt.

Vor dem Hintergrund eingebürgerter Vers- und Reimschemata kann die moderne Lyrik diese Muster virtuos umspielen, zu spezifischen Sinnzerstörungen sowie erneuten Sinnstiftungen nutzen. Versuchen wir zunächst, die Reimkonfiguration eines im Zyklus *Ariel* erschienenen Gedichtes von Sylvia Plath (1961, S. 69) zu bestimmen:

THE HANGING MAN

By the roots of my hair some god got hold of me.
I sizzled in his blue volts like a desert prophet.

The nights snapped out of sight like a lizard's eyelid:
A world of bald white days in a shadeless socket.

A vulturous boredom pinned me in this tree.
If he were I, he would do what I did.

Es mag zunächst scheinen, hier liege *kein* Reim vor. Nähere Betrachtung erweist jedoch, dass die drei Zweizeiler ihre Versenden durch das nicht sofort erkennbare, weil ungewohnte Schema aB CB aC aneinander binden. Gleichsam *wider* Erwarten «reimt» das von einem Gott bei den Haaren gepackte lyrische «Ich» *(me)* auf den «Baum» *(tree)*, in den es durch «geiergleiche Langeweile» *(vulturous boredom)* geheftet ist, und der «Wüstenprophet» *(desert prophet)*, mit dem sich das in Gottes blauer elektrischer Spannung (und/oder Volten: *volts*) zischende Ich vergleicht, mit dem schattenlosen «Sockel» *(socket)* einer aus klaren weißen Tagen bestehenden Welt sowie das «Augenlid» *(eyelid)* einer Eidechse, dem gleich die Nacht dem Blick entschwunden ist, mit dem «ich tat» *(I did)* des lyrischen Ich, dem gleich der Gott gehandelt hätte, vorausgesetzt, *er* wäre *es*!

Die Reimkonfiguration nimmt jene Gleichsetzung des «hängenden Mannes» mit dem ihn in diese Lage bringenden Gott vorweg und verleiht ihr sinnliche Gewissheit, die erst der Schlussvers in konventioneller Semantik ausspricht und doch durch den Konditional in seiner Geltung bedeutsam einschränkt.

Analysieren wir nun die metrische Struktur des Plath-Gedichts, so bemerken wir, wie das anfänglich anapästische Metrum (◡ ◡ –, ◡ ◡ –) bald gestört ist, Fünfhebigkeit dagegen den Versrhythmus aller drei Zweizeiler durchgängig prägt. Der letzte Vers legt durch die Wort- und Silbenverteilung einen fünfhebigen Jambus nahe (◡ –, ◡ –, ◡ –, ◡ –, ◡ –), der jedoch dadurch konterkariert wird, dass gegen dieses metrische Muster das zweite «he» den Ton ebenso auf sich zieht wie das zweite «I».

Und erst dank dieser Verteilung der Hebungen auf die von austauschbaren Pronomina vertretenen Instanzen Schöpfer und Geschöpf stellt sich auch der oben beobachtete Reim ein. Reimstruktur und rhythmisches Profil wirken in einer freien Versen zwar nahe kommenden, doch traditionelle Vers- und Reimschemata noch als unverzichtbaren Hintergrund nutzenden Gestalt zusammen und unterminieren den Gegensatz von Täter und Opfer.

Im Titel «*Hanging man*» ist «hangman», der Henker, zur Einheit von Täter und Opfer ebenso eingefaltet, wie Ariel jüdischer Dämonologie zufolge ein Engel ist, in hebräischer Tradition aber der Opferherd, in mittelalterlichen Zauberbüchern gar der Höllenfürst, in Shakespeares *The tempest* Luftgeist und in Popes *The rape of the lock* der Anführer der Sylphen. Einem Gott, der den Menschen durch die Schöpfung in den Baum (wohl Weltenbaum *und* Baum der Erkenntnis zugleich) platziert hat, bliebe nichts übrig, so die poetische Logik des Gedichts, als an des Geschöpfs Stelle ebenso ein Gedicht zu erfinden wie das lyrische Ich.

«Was bleibet aber, stiften die Dichter», heißt es selbstbewusst bei Hölderlin. Rilke zufolge vollendet Wortkunst Gottes unvollkommene Schöpfung. Celans Lyrik erhebt solchen Anspruch nicht, sie spricht die Unhaltbarkeit dieser Welt aus. Seine Gedichte sind reimlos; ihnen eignet vor dem Hintergrund der metrischen Tradition eine Negativstruktur, die keinen Einklang mehr behauptet. Dennoch sind sie ästhetisch, nur bemisst sich ihr Begriff des Ästhetischen nicht mehr an der Schönheit des Einklangs, sondern an der wahrnehmbar gemachten Inkommensurabilität von Wort und Welt.

Metrik und Reim verleihen der gebundenen Rede durch den Parallelismus äquivalenter lautlicher Elemente kraft der Folge betonter und unbetonter Silben bzw. ähnlicher Laute die Grundlage für eine in der Materialität begründete Semantik. Diese Semantik kann auch Sinnverweigerung betreiben.

Vers und Strophen als Konstituenten von Äquivalenz

«Vers» kommt von lateinisch *vertere*, vom Wenden des Pflugs beim Pflügen. Parallel wie die Furchen im Acker liegen die Verse im Gedicht. Anders als die oben zitierten Gedichte von Plath und Gernhardt, die den

Vers mit der syntaktischen Struktur zur Deckung bringen, indem sie den Satz am Versschluss beenden, umspielt Ingeborg Bachmanns (1978, S. 46) Gedicht *Alle Tage* das Versende durch *Enjambement*. Die voraussehbare Struktur des Verses wird durch Inkongruenz von Syntax und metrischer Struktur durchbrochen; in diesem Bruch wird das Außerordentliche, das Ungesetzliche, das «Unerhörte» des unerklärten Krieges hörbar:

Der Krieg wird nicht mehr erklärt,
sondern fortgesetzt. Das Unerhörte
ist alltäglich geworden. Der Held
bleibt den Kämpfen fern. Der Schwache
ist in die Feuerzonen gerückt.
Die Uniform des Tages ist die Geduld,
die Auszeichnung der armselige Stern
der Hoffnung über dem Herzen.

Ingeborg Bachmanns (1978, S. 23) Gedicht *Reigen* bildet die Strophe – anders als das oben zitierte Rilke-Gedicht – nicht so sehr kraft des Parallelismus reimender Verse wie durch die vom Titelwort «Reigen» angekündigte Kreisform. Das Regelmaß des Reims ist vom Schlusswort «manchmal» des ersten Verses erschüttert. Mit seiner zwischen Einmaligkeit und stetiger Wiederkehr fluktuierenden Bedeutung versagt es sich dem Regelmaß des Verses und – der Liebe. Der Ersatzreim «Reigen – eignen» kann den Kreistanz nur notdürftig flicken; das Endwort «hinein» reimt gerade nicht mit dem Anfangswort «Reigen» und stellt so dem semantisch evozierten visuellen Verlöschen wahrnehmbares akustisches Verklingen zur Seite:

Reigen – die Liebe hält manchmal
im Löschen der Augen ein,
und wir sehen in ihre eignen
erloschenen Augen hinein.

In ihrer *Anrufung des großen Bären* hat Ingeborg Bachmann (1978, S. 95) den Strophenkanon durch wechselnde Verszahl (11, 7, 5, 5) dann ebenso durchlöchert wie in den eingangs zitierten Gedichten Paul Celan.

Stoff, Thema, Struktur und Motiv

Haben wir einen konkreten Text vor uns, macht die Vielfalt der beobachtbaren Erscheinungen oft ratlos. Um sie zu bändigen und Textstrategien nachzuvollziehen, entwickelt die Literaturwissenschaft Ordnungsbegriffe. Die Termini «Stoff» und «Thema», «Struktur» und «Motiv» lassen sich aber nicht nur auf Lyrik, sondern auf alle Arten literarischer Texte anwenden.

Der Stoff

Stoff ist das allgemeine Material, aus dem sprachliche Kunstwerke gefertigt sind. Im Fall des Gedichts *UND KRAFT UND SCHMERZ* von Paul Celan ist der Stoff zunächst das Leben, dann, enger gefasst, das Leben in seiner zeitlichen Ausdehnung und in seiner möglichen klanglichen und allgemeiner: sprachlichen Verkörperung und Gestalt. Im Gedicht *UNLESBARKEIT* ist der Stoff des Gedichts die Welt in ihrer sachlichen (Un-)Fasslichkeit, zeitlichen Befristung und personalen (Un-)Erreichbarkeit.

Dieser Stoff erstreckt sich zum einen auf den Bezug zur (realen und/ oder vorgestellten) Wirklichkeit außerhalb des Textes und seines Seins, auf die Textreferenz also. So dienen die «Schaltjahre» der Zeitmessung dazu, den Unterschied zwischen jährlicher Sonnenumlaufzeit und der Anzahl von Tagen im Jahr durch Einfuhr eines zusätzlichen Tages am Ende des Monats Februar (fast alle vier Jahre) auszugleichen. Das Schaltjahr enthält, ja es ‹gewährt› einen weiteren Tag und gehört als Regelungsverfahren der Weltkalenderzeit zum referentiellen Stoff des Gedichts.

Zum anderen ist das *kulturelle Sinnfeld* Stoff des Gedichts. «Halljahr» ist eine auf fremde Texte verweisende, eine *intertextuelle* Erscheinung der Sinndimension im Celan-Gedicht; es bezeichnet biblischer Überlieferung gemäß das 50. Jahr als Jubiläum, das 49 Jahren der Mühsal folgt. «Das fünfzigste Jahr ist euer Halljahr», heißt es in Mose III, 25,11. In der Feier des Halljahrs hallen die Arbeitsjahre nach, und dies verleiht dem 50. Jahr seinen Sinn, indem der hebräischen Bibel zufolge alles zu sich selbst, «zum Seinen» kommt, die überkommene Bezugsordnung bekräftigt wird. Solche für Celan und für viele andere Dichter bedeutsamen intertextuellen Bezüge auf das Alte und Neue Testament lassen sich mit Hilfe einer Konkordanz-CD recherchieren, die alle oder die wichtigsten Wörter der Bibel in alphabetischer Ordnung mit Fundstellen nachweist.

Die dritte Art von Stoff bildet die Ausdrucksschicht. Bei Celan sind in Strophe drei die Laut- und Buchstabenfolgen H-a-l-l–S-c-h-a-l-t–J-a-h-r-e Material der Verszeile. Dieser Stoff ist im Bereich der Selbstlaute fast ausschließlich und im Inventar der betonten Vokale ganz auf den Vokal «a» beschränkt, und er enthält außer anlautendem «h» und «sch» sowie auslautendem «t» in «Schalt-» nur stimmhafte Konsonanten. Wie das Schaltjahr die Jahresfolge, kippen stimmloses «sch» und «t» die Reihe des Lautmaterials: Ihnen gehen voraus und ihnen folgen nur klangreiche, stimmhafte, ‹hallende› Laute.

→ Der *Stoff* ist das weltbezogene, bedeutungshaltige und zeichenhaft ausgedrückte Material, aus dem sprachliche Kunstwerke gefertigt sind.

Das Thema

Das *Thema* ist die Bedeutungs- und Sinneinheit des literarischen Textes oder auch eines Teils dieses Textes: des Kapitels in einem Roman, der Strophe in einem Gedicht. Anders als bei nicht ästhetisch aufgefassten Texten, die vor allem auf die zu übermittelnde Nachricht orientieren, erzeugt der als Wortkunst aufgefasste Text diese Einheit durch die drei Bezüge auf Ausdruck, (Wort-)Bedeutung und Sinn. So besteht das Thema im Gedicht *UND KRAFT UND SCHMERZ* aus der durch Verweis gestifteten Einheit von Weltreferenz («UND KRAFT UND SCHMERZ/und was mich stieß/und trieb und hielt»), Zeitdimension («Hall-Schalt-/Jahre»), Lautdarbietung und Ichbefinden («Fichtenrausch, einmal») sowie sprachlicher Verkörperung («die wildernde Überzeugung,/daß dies anders zu sagen sei als/so»). Die «Unlesbarkeit» in Celans zweitem Gedicht deutet bereits an, dass die Welt sich der Sinnerschließung und dem Sinnausdruck auch verweigern kann. Dies ist in zeitgenössischen Gedichten nicht selten der Fall.

→ Das *Thema* ist die den Teilen übergeordnete Bedeutungs- und Sinneinheit des literarischen Textes oder auch eines Textteils.

Die Struktur

Die *Struktur* ist das aus Ausdruckssequenz, Folge der gemeinten Objekte und Sinnbewegung gestiftete Gefüge eines literarischen Textes. Die Abfolge von vier Strophen mit den Versmengen drei, zwei, eins, drei (von «UND KRAFT UND SCHMERZ» bis «so») bestimmt im erstzitierten Celan-Gedicht diese Ausdrucksfolge. Dabei prägt fünffaches Auftreten der Konjunktion «und» die erste Strophe, indem es das schlichte Erzählgefüge zeitlichen Nacheinanders begründet, wie es das Erzählen von Kindern kennzeichnet. Als Strukturzitat verweist die einleitende Konjunktion «und» dagegen auf Erzählweisen des Alten Testaments («Und die Erde war wüst und leer, und es war finster auf der Tiefe, und der Geist Gottes schwebete auf dem Wasser»; Mose I, 1, 2). Solches Bezugnehmen eines Textes auf andere Texte heißt seit dem späten Strukturalismus «Intertextualität» (vgl. Teil 1.2). Sie sprengt die Vorstellung, das sprachliche Kunstwerk sei hermetisch geschlossen.

Die Ausdrucksstruktur der ersten Strophe erzeugt kraft der Berufung auf die Erzähltechnik der Bibel eine Zeitperspektive. Sie unterwirft die referentiellen Einheiten des Stoffs, «Kraft», «Schmerz», «stoßen», «treiben» und «halten», einer zeitlichen Ordnung. Am Anfang steht die Kraft, am Ende das Halten. Auf Kraft folgt Schmerz, auf Stoß Trieb, erst danach kommt Halt. Die Technik perspektivischer Entfaltung überformt so die poetische Gleichzeitigkeit. Prosa (*oratio pro(r)sa*: vorwärts gerichtete Rede) präsentiert thematisches Material zeit- und raumorientiert.

Celans Gedicht führt ein sprechendes Ich ein, das im Referenz-, im Bedeutungs- und im Ausdrucksbereich spürbar ist. In «m-*ich*» eingefaltet, ist es auf der Lautebene durch die Folge von betontem kurzem hellem Vokal «i» und dem vorderen Reibelaut «ch» geprägt. Gemeinsam mit dem betonten «i» im nachfolgenden «st*i*eß», in «tr*i*eb», «h*i*elt», «F*i*chtenrausch» und «w*i*ldernder» steht es den Wörtern des Gedichts gegenüber, die das betonte «a» färbt. Im Referenzfeld hat das Ich als Objekt an sich die Handlung eines Ungenannten erfahren: Stoßen, Treiben und Halten. Im Sinnfeld stehen das lyrische Ich, das Kraft und Schmerz erlebt und aussagt, und der Ich-Erzähler, der über die vergangene Erfahrung des Gestoßen-, Getrieben- und (An-)Gehaltenwerdens spricht.

Lyrik kann sich mit ihren Strategien der Propaganda widersetzen. Die Struktur des ersten Verses kehrt mit der Folge der Sinneinheiten *Kraft und Schmerz* mehr noch als die alternative Folge *Kraft und Freude* die zitierte Parole «Kraft *durch* Freude» um, die zwischen Physischem und Psychischem ein instrumentelles Verhältnis herstellte: Freude sollte Kraft erzeugen – gemeint war Arbeitskraft zur Erhöhung der Produktivität. Bei Celan entsteht zwischen dem Physischen der Kraft und dem Psychischen des Schmerzes das Verhältnis der Beiordnung: Das Seelische ist dem Physischen oder Ökonomischen nicht (funktional) über- oder unter-, sondern gleichgeordnet. Seele und Leib sind einander äquivalent.

In der Wortkunst enthüllt der Blick auf syntaktische Beziehungen Sachbeziehungen. Celans erste Strophe zeigt eine nicht zu steigernde parataktische Struktur: Alle durch «und» verbundenen Wörter sind einander gleichgestellt. Anders wäre das Verhältnis zwischen diesen Wörtern in der metrisch gleichartigen Folge «Statt Kráft nur Schmérz/weil, wás mich stíeß,/zwar tríeb, nie híelt».

Lyrik kann alle Textstrategien nutzen. Wird in Celans erster Strophe das thematische Material durch chronologische Perspektivierung überformt, so verharrt die zweite ganz in der Wortkunst. Hier entsteht Bedeutung durch verdichtende Einfaltung: In das Kompositum «Hall-Jahre» ist der erste Teil des Substantivs «Schalt-Jahre» so eingefügt, dass biblische Halljahre heutigen Schaltjahren gleichen. Während Halljahre als Echojahre nachklingen, in denen 49 vorherige Jahre widerhallen, kehrt der Klang «Hall» im Folgewort «Schall-t» nur als *unerfüllter* Binnenreim wieder. Durch Wiederholung der Struktur erzeugter Parallelismus ist aber das syntagmatische Bauprinzip der Wortkunst. Celan bricht die Wiederholung im Klang: «Schalt» reimt nicht auf «Hall», sondern auf «Halt». «Halt» aber fehlt im Gedicht, ist gegeben nur in der Vergangenheitsform «hielt». Gerade die Folge der a-Vokale erzeugt jene Grundlage, auf welcher der Bedeutungsgegensatz der sie enthaltenden Wörter hervorgetrieben wird.

Wortkunst wird begründet durch Äquivalenz von aufeinander folgenden Elementen, die sinnlich erfahrbar gemacht ist und diesen Elementen durch ihre Vergleichbarkeit besondere Bedeutung verleiht. Während aber das lange «i» in «hielt», «stieß», «trieb» die unterschiedlichen Bedeutungen der entsprechenden Verben einander annähert, «treiben», «stoßen», «halten» als gleichwertig herausstellt, profiliert die Lautdifferenz im Auslaut von «Ha*ll*-» und «Scha*lt*-/Jahre» bei aller syntaktischen

Übereinstimmung der parallel gesetzten, ja ineinander geschobenen Komposita «Halljahre» und «Schaltjahre» auch deren Unterschied. Das Halljahr ist eine Erscheinung des Klangs, es ist ein kosmisches Ereignis in einer Weltauffassung, das den Menschen im möglichen Einklang mit dem Universum widerfährt. Das Schaltjahr ist dagegen Ergebnis eines Akts zivilisatorischer Regulation, mit dem der Mensch die wissenschaftlich berechnete astronomische Differenz zwischen Erdentag und Sonnenjahr abmildert.

Celan hat das eingefaltete Syntagma «Hall-Schalt-/Jahre» durch Zeilensprung (Enjambement) zwischen den beiden vorderen Elementen und dem hinteren Element der Komposita auf zwei Verse verteilt. Solcher Zeilensprung macht das Trennen syntaktisch zusammengehöriger Wörter durch ihre Verteilung auf zwei Verszeilen besonders spürbar. Dadurch wird der Vers sinnfällig.

In Celans Mittelstrophen wird über Zeit zwar gesprochen, doch bildet sie nicht das Gliederungsprinzip der Bedeutungseinheiten. Es gibt hier, wie in aller idealtypischen Poesie, kein Zuvor und kein Danach. Hall folgt nicht dem Schall; das alttestamentliche Halljahr geht in der Rede der Dichtung dem modernen Schaltjahr nicht historisch voraus. «Hall/t», «Schall/t» und «Jahre» sind vielmehr gleichzeitig. Moses Zeit ist unsere Gegenwart. So widerstreitet Wortkunst dem historisch-prosaischen Denken. Und dieser Widerstreit irritiert.

Es ist nur folgerichtig, dass die vierte Strophe mit diskursiver Prosa aufwartet, wie wir sie aus der Alltagsrede und aus Diskursen der Wissenschaften kennen. Signal dafür ist die Konjunktion «daß», die ein Objektverhältnis des nachfolgenden Teilsatzes zum vorausgehenden Teilsatz anzeigt. Celans Satz nutzt eine besondere logische Verweisstruktur. Sie ist aus Sätzen wie dem des Kreters geläufig, der sagt, «Alle Kreter lügen», und von dem wir wissen, dass er logisch nicht aufgeht: Er sagt, wenn er wahr ist, dass er die Unwahrheit mitteilt. Umgekehrt kann er nicht unwahr sein, weil er sonst mitteilte, dass nicht gilt, dass die Kreter die Unwahrheit sprechen. Soll kein logischer Widerspruch entstehen, darf das «Alle», das über die Kreter spricht, kein Element der Menge sein, über die es seine Aussage trifft. Diese Trennung von übergeordneter Meta- und untergeordneter Objektsprache durchbricht der Sprecher des Gedichts: Seine Rede widersetzt sich der logischen Regel, indem sich das «so» auf sich selber bezieht. Solche Selbstbezüglichkeit ist ein Kennzeichen poetischen Sprechens.

Bei Celan wird die im «so» verkörperte Aussageform durch «anders» negiert. Der ambivalente Satz «Ich weiß, dass ich das anders sagen kann/ muss als so» widerruft den Bauplan der eigenen Aussage. Damit verneint am Gedichtende auch die prosaische Diskursform ihre eigene Struktur. Tatsächlich sagt das Gedicht, was es sagt, ja anders als «so», spricht und schweigt es durch Wortkunst, nicht durch logisches Argumentieren.

Die vier Strophen bilden zusammen die sprachlogische Struktur der *Demonstratio*, des Zeigens. Wie die vorangehenden Strophen das «anders als so», die Alternative zur Prosa des Diskursiven also, vorführen, zeigen die Strophen zwei bis vier Kraft und Schmerz sowie das, was das lyrische Ich stieß, trieb und hielt. Signal für die Zeigebeziehung ist der Doppelpunkt. Das Gedicht zeigt, was es sagt, und es sagt, was es zeigt. Genau das ist gemeint, wenn von der ‹autopoetischen Funktion› der Wortkunst die Rede geht. Das Gedicht sagt und zeigt aber auch, dass es verschweigt und nicht zeigt: Indem Kraft und Schmerz in die Vergangenheitsform versetzt sind, also von einem gegenüber dem Geschehen jenseitigen Standpunkt besprochen werden, ist die Wirklichkeit und somit auch die Wirksamkeit von Kraft und Schmerz getilgt: Nichts stößt, nichts treibt, aber auch nichts hält mehr (vgl. Weinrich 1994).

Auch das Band zwischen poetischer Demonstration und logischer Argumentation ist einmalig. Vom lyrischen Ich hier und jetzt realisiert, ist es bereits zerschlissen. Der Weg zurück von gedanklich entfaltender Argumentation in poetisches Reden durch Einfaltung ist versperrt. Das Einmalige ist durch logisch diskursives Bereden zerstört; die kulturelle Unschuld, die Zeit naiven poetischen Redens, ist nicht wiederherzustellen. Das Halljahr, das Feierjahr ist das 50. Jahr. Es ist hier als Schaltjahr bezeichnet, als jenes also, das die übliche Zeitordnung außer Kraft setzt. Genau im 50. Jahr seines Lebens, in dem Celan dieses Gedicht geschrieben hat, hat er seinem Leben durch Freitod ein Ende gesetzt.

→ Die *Struktur* ist das aus Ausdruckssequenz, Folge der gemeinten Objekte und Sinnbewegung gestiftete Gefüge eines literarischen Textes.

Das Motiv

Das *Motiv* ist ein Element, das den literarischen Text in seiner Bauform durch Wiederholung bedeutungs- und werthaft prägt; es hat eine strukturierende Funktion für die Ausdrucks-, Bedeutungs- und Sinnschicht des Kunstwerks, aber auch für sein Wertgefüge (Grübel 1995). Man hat in der Prosa für den Geschehensfortgang notwendige, «gebundene» von «freien», für ihn verzichtbaren Motiven unterschieden. Motive bilden prägnante Elemente des intertextuellen Bezugs zwischen Texten. In Celans Gedicht *UND KRAFT UND SCHMERZ* ist das Motiv des Haltens negiert. Das zeigt der verborgene, im Gedicht nicht verwirklichte Reim «Halt – Schalt». Rilkes (1966, S. 156) Gedicht *Herbst* spricht vom Halten noch im Präsens, fängt das Fallen durch den Reim «fällt – hält» auf, stellt den semantischen und lautlichen Ausgleich her zwischen Abstieg und Aufstieg. Die lyrische Sprache Celans bezieht sich vielfältig auf die poetische Rede in Rilkes Lyrik:

> DIE Blätter fallen, fallen wie von weit,
> als welkten in den Himmeln ferne Gärten,
> sie fallen mit verneinender Gebärde.
>
> Und in den Nächten fällt die schwarze Erde
> aus allen Sternen in die Einsamkeit.
>
> Wir alle fallen. Diese Hand da fällt,
> Und sieh dir andre an: es ist in allen.
>
> Und doch ist einer, welcher dieses Fallen
> unendlich sanft in seinen Händen hält.

Das im «Entsteigen» variierte Motiv des Steigens verweist im Gedicht *UNLESBARKEIT* auf alte jüdisch-christliche Traditionen, auf eine lange Zivilisationsgeschichte. Der Aszendenz, dem Aufsteigen, ging Deszendenz, der Abstieg, voraus. Das Motiv begegnet in der Höllenfahrt Christi des Neuen Testaments, in Dantes *Divina Commedia* und in Goethes *Faust*. Bei Celan scheint ein anderer intertextueller Bezug von noch größerer Bedeutung auf, der Verweis auf Rilkes (1966, S. 487) oben bereits zitiertes *Sonett*: «Da stieg ein Baum. [...]» Das dort an Nietzsches Ausdruck «Übermensch» angelehnte Neuwort «Übersteigung» zeigt jenes extreme Aufsteigen an, dem sich Celans «Du» verweigert. Es geht in keine Höhe, sondern es kommt aus eigener Tiefe. Dieser Ausstieg aus äußerster Tiefe, in die das lyrische Ich geklemmt ist, kennt keine Rückkehr. Dem Versteigen entgegengesetzt, ist Entsteigen Abschied vom eigenen Inneren für immer. Alles ist doppelt, doch bleibt das Tiefste, dem das Du entsteigt, unlesbar, undeutbar, es ist aus dem Untiefen, in das es geraten ist, nicht sinnfähig. Untiefe verdoppelt zwar das Tiefe, ist ihm aber nicht zeichenhaft verbunden. Es gibt kein Bedeutungs- oder Sinnband zu dem Anderen, welches das Ich verlässt, in jener Spaltstunde, die das Unten vom Nicht-mehr-Unten unwiederbringlich trennt. Das Motiv des Steigens ist seines ursprünglich zyklischen Charakters beraubt, der es noch mit dem Auf- und Untergehen der Sonne und mit dem Kommen und Gehen der Jahreszeiten verknüpfte. Wie die jüdische, heilsgeschichtliche Kultur der zyklischen heidnischen, erteilt das Gedicht dem Entwurf des Kreislaufs eine Absage. Hier ist, wie die starken, wahre Zeit weisenden Uhren heiser ansagen, jeder Tag der letzte. Wie die Rauheit des «heiseren» Klangs der Uhren lenkt die aufgeraute Klanglichkeit lyrischer Rede die Aufmerksamkeit auf die Hörbarkeit der Stimme des Sprechenden. Durch die Orientierung auf den Ausdruck extremer Steigerung verknüpft Rilkes «Übersteigung» Celans Gedicht *UNLESBARKEIT* auch mit der «Überzeugung» in *UND KRAFT UND SCHMERZ*.

Das im Topos ‹Buch der Welt› gefestigte Motiv der Lesbarkeit der Welt wird von Celans Gedichteingang und -überschrift verneint. Die Schöpfung ist keine verständliche Schrift, gerade weil sie verdoppelt. Hier gibt es keinen Code, der zwischen Welt und Text vermittelt. Indem das Gedicht die Lesbarkeit dieser Welt bestreitet, widerlegt es die These der Dekonstruktivisten (De Man 1984) vom Trug bildlichen Sprechens: Celans Gedichte enthüllen Verborgenheit, sie sind apokalyptisch, ohne metaphysischen Trost zu spenden.

→ Das *Motiv* ist ein Element des literarischen Textes, das ihn durch Wiederholung in seiner bedeutungs- und werthaften Bauform prägt; es strukturiert die Ausdrucks-, Bedeutungs- und Sinnschicht des Kunstwerks sowie sein Wertgefüge. Es dient oft der Bildung von Intertextualität.

Bildliche Rede und (Un-)Zulässigkeit der Wortkunst?

Michail Bachtin (1979) hat die Wortkunst abgewertet, weil sie nur eine einzige sprechende Instanz – das lyrische Ich – voraussetze und daher monologisch spreche. Dagegen hat Renate Lachmann (1990, S. 171–185) die These vom dialogischen Charakter übertragenen Sprechens gesetzt: Er begründe Mehrdeutigkeit. Ist nicht aber das unterschiedliche Standpunkte konfrontierende Dialogische der Prosarede (vgl. Teil 2.4) etwas grundlegend anderes als die Mehrdeutigkeit sprachlicher Bilder? Der wortkünstlerische Ausdruck «Fichtenrausch» bringt die physische Welt mit der seelischen durch *Metonymie* zum Schnitt: Rauschen erzeugt Rausch. Die rhetorische Figur der Metonymie gründet in der Verschiebung der Bedeutung innerhalb eines Feldes der Wirklichkeit, z. B. des Werks auf den Autor («Celan lesen»), des Inhalts auf das Gefäß («einen Becher trinken»), von Teilen aufs Ganze («mit Feuer und Schwert» = Krieg), hier: vom Motivierenden aufs Motivierte.

Die «Spaltstunde» markiert als *Metapher* durch den Sprung aus der einen Bedeutungseinheit in die nicht benachbarte andere das Gebrochene und Brechende vermeintlich dauerhafter Zeit. Während die Metapher als Bildfigur eine semantische Einheit nach dem Prinzip der Ähnlichkeit (genauer: einer Merkmalsübereinstimmung) ersetzt, ersetzt die Metonymie Bedeutungseinheiten aufgrund einer Realbeziehung. Aber setzen die sprachlichen Bilder die eine Wahrheit gegen die andere, spielen sie eine Weltsicht gegen eine alternative aus, lassen sie als Teile der Wahrheit erst zusammen die ganze Wahrheit ahnen? Sie bringen das Metonymische und das Metaphorische vom Grund her zur Geltung: das eine, das im anderen nur zum Teil enthalten, und das eine, das zugleich das ganz andere ist.

Als Paul de Man (1988), einer der wichtigsten Vertreter der Postmoderne in der Literaturwissenschaft, den Verdacht aussprach, bildliches, figuratives Sprechen verstelle die Wahrheit, indem es das eine für das andere nehme, zog ein Metonymiker in den Streit gegen die Metapher. Soll nicht aber auch das Sprechen in der Kultur seinen Bestand haben, das im Sagen bereits dem Gesagten zugesteht, dass es immer schon ein anderes ist, ehe es der Gesprächspartner, Zuhörer oder Leser von seinem Standpunkt her zu einem anderen macht?

Der deutsch-jüdische Philosoph Theodor W. Adorno hat nach dem

Zweiten Weltkrieg die Frage aufgeworfen, ob angesichts der Schrecken von Auschwitz Lyrik überhaupt noch möglich sei. An diesem Zweifel kann nicht vorübergehen, wer sich der Lyrikanalyse zuwenden will. Die deutschen Gedichte des jüdischen Lyrikers Paul Celan geben Antwort auf diese Frage in der Sprache der Lyrik. Paul Celan pariert Adornos Skepsis mit Gedichten, die bekunden: Leid dieses Ausmaßes ist nicht zu erzählen, Wortkunst aber kann diese Unerzählbarkeit ebenso bezeugen wie die Un(be)greiflichkeit der Welt.

Gernhardt (1994, S. 17) hat Adornos Zweifel im Gedicht *Die Frage* ebenso entschieden *im leichten Ton* pariert. Sein Text widerruft das im dreimaligen (vom «sein» als Reim geforderten) «Nein» scheinbar definitive, durchs Ausrufungszeichen rigorose Verbot gerade vermöge seiner sinnlich wahrnehmbaren Gestalt:

> Kann man nach zwei verlorenen Kriegen,
> Nach blutigen Schlachten, schrecklichen Siegen,
>
> Nach all dem Morden, all dem Vernichten,
> Kann man nach diesen Zeiten noch dichten?
>
> Die Antwort kann nur folgende sein:
> Dreimal NEIN!

Poetische Rede hat sich dergestalt wiederholt gegen aus der Sicht der Prosa vorgetragene Thesen ihrer Unstatthaftigkeit mit Erfolg zur Wehr gesetzt. Beide, Verdacht *und* Gegenwehr, entspringen dem agonalen Charakter literarischer Medien.

2.4 Fiktion oder Realität: die Prosaanalyse

Das Problem der Fiktionalität

Grundlage der literarischen Prosaanalyse ist das Erfassen der Konstruktion fiktionaler Erzählwelten durch räumliches, zeitliches und personales Perspektivieren. Hier ein Beispiel:

«‹Es ist ein eigentümlicher Apparat›, sagte der Offizier zu dem Forschungsreisenden und überblickte mit einem gewissermaßen bewundernden Blick den ihm wohlbekannten Apparat. Der Reisende schien nur aus Höflichkeit der Einladung des Kommandanten gefolgt zu sein, der ihn aufgefordert hatte, der Exekution eines Soldaten beizuwohnen, der wegen Ungehorsam und Beleidigung des Vorgesetzten verurteilt worden war. Das Interesse war auch in der Strafkolonie nicht sehr groß. Wenigstens war hier in dem tiefen, sandigen, von kahlen Abhängen ringsum abgeschlossenen Tal außer dem Offizier und dem Reisenden nur der Verurteilte, ein stumpfsinniger, breitmäuliger Mensch mit verwahrlostem Haar und Gesicht und ein Soldat zugegen, der die schwere Kette hielt, in welche die kleinen Ketten ausliefen, mit denen der Verurteilte an den Fuß- und Handknöcheln sowie am Hals gefesselt war und die auch untereinander durch Verbindungsketten zusammenhingen. Übrigens sah der Verurteilte so hündisch ergeben aus, daß es den Anschein hatte, als könnte man ihn frei auf den Abhängen herumlaufen lassen und müsse bei Beginn der Exekution nur pfeifen, damit er käme.»

Wer den Eingang von Kafkas (1996, S. 164) bizarrer Erzählung *In der Strafkolonie* liest, mag sich fragen, ob das erzählte Geschehen sich tatsächlich ereignet hat. Lesen wir die kurz nach Beginn des Ersten Weltkriegs niedergeschriebene Dokumentation einer militärischen Strafaktion, oder ist der Gegenstand der Erzählung frei erfunden?

Einen Hinweis auf, doch keinen zureichenden Nachweis für die Fiktionalität des erzählten Geschehens bildet der Umstand, dass Neben- wie Hauptpersonen anstelle biographisch verifizierbarer Eigennamen nur klassifizierende Bezeichnungen tragen: «der Offizier», «der Reisende», «der Verurteilte» und «der Soldat». Das Gleiche gilt für den Handlungsort, der zwar gleichfalls mit dem bestimmten Artikel eingeleitet, aber nie durch einen geographischen Namen überprüfbar gemacht wird. Ebenso ungewiss bleibt der Zeitpunkt des Geschehens. Selbst das Vorkommen geschichtlich und geographisch verifizierbarer Namen wäre indes kein ausreichender Beleg für den historischen, wirklichkeitsbezogenen Charakter des Erzählens.

Weiteres Indiz für die sich auch von der Alltagserzählung abhebende fiktionale Prosa der *Strafkolonie* ist der Umstand, dass Kafka bei der Arbeit an der Erzählung eher fiktionale Texte herangezogen hat denn historische Quellen, nämlich *Le jardin de supplices (Der Garten der Qualen)* des Belgiers Octave Mirbeau. Selbst das in Kafkas *Strafkolonie* eingeführte Dokument (S. 169), die «Handzeichnungen des Kommandanten», ist keine Tatsache, sondern scheint Teil der Fiktion. Und sogar das Anwenden von Verben der inneren Wahrnehmung auf Dritte, auf eine Figur, von der in der dritten Person erzählt wird – «Der Reisende wunderte sich nicht darüber [...]» (S. 169) –, ist nur Indiz der Fiktionalität.

Der Text selber bietet keinen sicheren Anhaltspunkt für die Antwort auf die gestellte Frage; nur die Wirklichkeit außerhalb des Textes könnte Sicherheit geben. Wir schließen aus Kafkas Biographie, dass der Schriftsteller nie Zeuge des Besuchs eines Forschungsreisenden in einer Strafkolonie gewesen ist.

Das Verhältnis von Tatsache und Fiktion berührt nicht nur eine Grundfrage literaturwissenschaftlicher Erzählforschung, sondern ein Grundproblem der Wirklichkeitsauffassung überhaupt. Keinesfalls ist es geeignet, Literatur von Nichtliteratur zu scheiden, wie die angloamerikanische Literaturwissenschaft lange glauben machte. Nachrichtenagenturen binden bisweilen ihren Kunden Bären auf, ohne deshalb «Literatur» zu verbreiten. Mit Blick auf künstlich erzeugte visuelle Erscheinungen auf Bildschirmen sprechen wir sogar von «virtuellen Welten».

Ein Faktum, etwas tatsächlich Geschehenes von einem Fiktum, von etwas als Tatsache Ausgegebenem, zu unterscheiden, diese Aufgabe beschäftigt Wissenstheoretiker, Ethiker der Wissenschaft (manipulierte Experimentaldaten), Juristen (‹falsch Zeugnis›) und Historiker (gefälschte Quellen). Sie berührt mit dem Blick auf Wahrheit und Lüge eine Grundfrage der Kultur.

Mit dem kulturellen Wandel ändern sich die Ansichten vom Verhältnis zwischen Wirklichkeit und Schein. Bis in die 1970er und 80er Jahre waren viele Literaturwissenschaftler überzeugt, die Literatur ahme den Status von Wirklichkeitsaussagen nach und ihr Wert bemesse sich am Grad, mit dem sie die außerkünstlerische (in ihrem Kern oft gesellschaftlich verstandene) Wirklichkeit wiederzugeben vermöge.

Seit kurzem fassen wiederum nicht wenige Vertreter dieser Wissenschaft angesichts einer Wirklichkeit, die für sie mehr und mehr selber den Charakter des Fiktiven, ja der «Fiktur» annimmt, die Literatur als etwas, das gerade *nicht* vorgibt, Wirklichkeit zu präsentieren, als etwas in dieser Hinsicht Fiktionsfreies oder gar als «Antifiktion» (Marquard 1983). Literatur wird so zum Mittel, das gegen das auch aus dem Medium des «Dokumentar»-Films geläufige Vortäuschen von Realität immun machen kann. Galt zuvor die außerkünstlerische Realität als der künstlerischen vorgeordnet, bildet umgekehrt für manche nun wieder das Literarische die Voraussetzung für Reales: «Reines, absolutes, umfassendes Sein [wie es die Literatur ausspricht] muß dem bestimmten Sein realer Vorgänge, Dinge, Erscheinungen vorausgehen [...]» So Petersen (1995, S. 160), der zwar dem literarischen Sprechen einen eigenen Redestatus zubilligt, aber nicht zwischen der Wortkunst (siehe Teil 2.3) und einer Prosarede unterscheidet, die eben doch, wie im Realismus, dem Kriterium der Wahrscheinlichkeit unterworfen sein kann. Die Tragweite der Unterscheidung zwischen Fiktion und Realität zeigte sich im Frühsommer 2000, als ein leitender Redakteur des Magazins der *Süddeutschen Zeitung* seinen Hut nehmen musste, da er wissentlich fingierte, doch als echt ausgegebene Interviews aus Hollywood veröffentlichte.

Fiktionale Prosa nutzt die Chance, die erzählte Welt ohne Verlust an Glaubwürdigkeit als mögliche Welt zu entwerfen. Der unser praktisches Leben bestimmende Unterschied zwischen möglicher und aktueller Welt wird nämlich im prototypischen fiktiven Erzählen durch Einvernehmen zwischen Autor und Rezipient relativiert. Nur wenn Leser und Erzähler sich einig sind, dem Erzählten ebenso viel Realität zuzubilligen wie dem Erlebten, kann das Erzählen erlebte Welt zum Einsturz bringen.

Bei der *Strafkolonie* handelt es sich um solches fiktionales Erzählen, das an die Zustimmung des Adressaten appelliert, das Erzählte als zugleich fiktiv *und* wirklich geschehen zu nehmen. Der Pakt des Prosaautors mit seinen Lesern gründet in der Überzeugung, das Erzählte hätte tatsächlich geschehen können, es sei im Grunde möglich.

Von der Prosa-Fiktionalität, die solchermaßen auf dehnbare und widerrufbare Glaubwürdigkeit angelegt ist, unterscheidet sich die der Wortkunst zugrunde liegende Imagination grundsätzlich. Die Imagination eröffnet, etwa in den biblischen Träumen Josephs (Mose I, 37), einen Raum des Vorgestellten, der anders als die Fiktion auf den perspektivierenden Anschein des Als-ob nicht angewiesen ist. Sie positioniert ihr Material nicht nach Raum, Zeit und Person.

Reine Vorstellung spekuliert weder auf Glaubwürdigkeit noch, wie die offenkundigen Lügengeschichten Münchhausens, auf ihre augenzwinkernde Durchbrechung. Wo Platon die Dichter in Verkennung dieses Einvernehmens der Lüge zieh, lobte Aristoteles (Poetik, 1451b) die Darstellung dessen, «was geschehen könnte, das heißt das nach den Regeln der Wahrscheinlichkeit oder Notwendigkeit Mögliche», und erkannte Kant fiktive als «gedichtete und zugleich für möglich genommene Gegenstände» an. Anders als fiktionale Prosa gründen Märchen auf Imagination und Legenden auf (zunächst) geglaubter Wahrheit.

Im Roman *Der Rote Ritter* von Adolf Muschg (1993, S. 544) schlägt das Erzählte vom Glaubhaften ins Märchenhafte um. Das Alltagserzählen erhebt dagegen den (oft nicht eingelösten) Anspruch auf Tatsächlichkeit des geschilderten Geschehens (Seemannsgarn, Jägerlatein, Urlaubsmärchen).

→ Fiktionale Prosa gründet in einem Pakt zwischen Autor und Leser, mit einer möglichen Geschichte aufgrund eines Spiels mit erzählerischen Beglaubigungsstrategien wie mit einer real geschehenen umzugehen. Diese Strategien beruhen auf Techniken der Perspektivierung.

Schichten des Prosatextes

Bei der Untersuchung von Erzähltexten ist es hilfreich, sie zu Untersuchungszwecken in Schichten zu gliedern. Die russischen Formalisten unterschieden bereits *Fabel* und *Sujet* (vgl. Hansen-Löve 1978), d. h. chronologisch geordneten Geschehensablauf und von ihm abweichende künstlerische Geschehensordnung. (So setzt der Kriminalroman oft mit der Auffindung des ermordeten Opfers ein, um dann rückwärts schreitend den Tathergang und schließlich die ihm vorausliegende Entstehung des Tatmotivs zu erzählen.) Analog trennte Genette (1972) die *Geschichte* auf der Grundlage von Zeitdarstellung und Modus, der Perspektive also, von der *Erzählung*. Von ihr wiederum hob er die *erzählerische Darstellung* durch die Stimme ab, durch die Position des Erzählers gegenüber den Rezipienten also.

Iser (1976) hat dieses Erzählschema mit den Schichten «Geschehen», «Geschichte» und «Erzählung» präzisiert, und Wolf Schmid (1982) hat es zu einem Vierschichtenmodell der Narration fortentwickelt, indem er ihm die «Präsentation der Erzählung» anfügte, d. h. die Rücksicht auf die sprachlich-mediale Ausformung des Erzähltextes.

Schema zunehmender Differenzierung der Erzähltextebenen

Formalismus	Genette	Iser	Schmid
Fabel	histoire	Geschehen	Geschehen
	récit	Geschichte	Geschichte
Sujet	narration	Erzählung	Erzählung
			Präsentation der Erzählung

Schmids Vierschichtenmodell stuft die Ebenen des Erzähltextes schrittweise nach fallender Nähe zur erzählten Welt bzw. steigender Nähe zum darstellenden Medium: (1) Geschehen, (2) Geschichte, (3) Erzählung und (4) Präsentation der Erzählung. Diese vier Schichten sind weder Substanzen der Erzählung noch Stadien ihrer Entstehung, sondern narratologische Gliederungsebenen, deren Unterscheidung das Beschreiben, Deuten und Werten von Erzähltexten erleichtert.

1. Das *Geschehen* im Prosatext: Auf der Ebene der erzählten Welt liegt die Schicht des Geschehens, die von der Gesamtheit der Erscheinungen und Vorkommnisse, Personen und ihren Handlungen samt ihren ungenannten raumzeitlichen und personalen Kontexten erfüllt ist. In Kafkas Text finden wir unter diesem Aspekt: das ungenannte Herkunftsland des Reisenden mit seinen Bewohnern, das gleichfalls unbestimmt bleibende Gewässer sowie das Verkehrssystem, mit dem er an- und abreist; das Land, in dem die Strafkolonie gelegen ist; das Militär mit seiner sozialen Ordnung, von dem der Offizier, der Soldat und der Verurteilte nur einen Teil ausmachen; das Leben des früheren Kommandanten mitsamt der Erfindung und Erprobung der Exekutionsmaschine, sein Tod und seine Ersetzung durch den Nachfolger; das Leben des Forschungsreisenden und seiner Familie, seine Anreise und sein weiterer Lebensweg nach der Abreise; das weitere Schicksal des freigelassenen Verurteilten und des Soldaten. Das anzunehmende Gesamtgeschehen können wir uns als in unendlich kleine Geschehensteilchen zerlegt vorstellen, in jeden einzelnen Schritt, jede Wahrnehmung, jedes Gefühl und jeden Gedanken aller dieses Universum bewohnenden Menschen.

2. Die *Geschichte* im Prosatext: Aus der potenziell unendlichen und in unendlich viele Teile zerlegbaren Welt des von der Erzählung vorausgesetzten und nur zum geringeren Teil ausdrücklich gemachten Geschehens bildet die Geschichte eine Auswahl an Personal, Zeit und Raum sowie an Zuständen, Geschehnissen und Handlung. Die Geschichte ist der zeitlich und räumlich, kausal, psychologisch und soziologisch geordnete Zusammenhang von Zuständen, Geschehnis- und Handlungsmomenten. Geschehnis und Handlung (z. B. Ankunft des Reisenden) führen Zustandsänderungen herbei und versetzen eine Figur im Ereignis über eine «semantische Grenze», d.h. aus dem einen Bedeutungsraum in einen anderen (Lotman 1973). Kafkas Strafkolonie bildet einen solchen vom Herkunftsort des Reisenden abgehobenen Bedeutungsraum. Das Geschehnis hat anders als die Handlung keinen Handlungsträger, es unterliegt modernem Verständnis gemäß keiner Willensmacht (vgl. ‹es regnete›, ‹der Apfel fiel vom Baum›).
Das besondere Verhältnis, in dem Zustände, Geschehnisse und Handlungen zueinander stehen, charakterisiert den jeweiligen Prosatext. In der *Strafkolonie* begegnen kaum Geschehnisse, alles ist – wie in der archaischen Welt – von Handlungsmächtigen bestimmt und verleiht so der erzählten Welt einen epischen Charakter. Zugleich zielt alles auf Situationsänderung, auf geschehnishaftes Ablösen des bisherigen Zustandes durch eine neue Art der Strafausübung.
Wenn wir die Auswahl von Zeitabschnitten (hier: Vorgeschichte und Tag der Exekution), von begrenzten Räumen (hier im Wesentlichen die Strafkolonie mit dem Tal der Exekution und dem Teehaus), von Geschehens- und Handlungsteilen (hier zunächst die Exekution und das Verhalten des Reisenden) sowie von Personal (hier in der Hauptsache: Reisender, Offizier, Verurteilter und Soldat) rekonstruieren, erhalten wir aus dem potenziell unendlichen Geschehen (in dem hier die Strafkolonie steht) die endliche Geschichte. Die Geschichte blendet Kontexte gezielt aus, in die das Geschehen eingebettet ist. So erfährt der Leser bei Kafka nichts über die familiären Zusammenhänge der Figuren. Durch unumgängliche Auswahl von Anteilen aus dem Geschehen verhält sich die endliche Geschichte zum unendlichen Geschehen wie begrenztes Leben zum unbegrenzten Kosmos.

3. Die *Erzählung* des Prosatextes: Die Erzählung können wir von der Geschichte im erzähltechnischen Sinn durch die spezifische Anordnung des Geschehensmaterials abheben. Sie erlangt so nicht nur, wie Thomas Mann im *Zauberberg* notierte, «zweierlei Zeit», die Zeit der erzählten Welt und die Erzählzeit, sondern auch zweierlei Raum. Bei Kafka finden wir den impliziten geographischen Ort der fiktiven Strafkolonie, der erst durch die Erzählung zum fiktionalen Raum der Exekution wird. Die Kolonie in den Tropen könnte auch als Ort der Erfindung humaner Bestrafungsverfahren erzählt werden, als Raum der Abschaffung der zu Tode zeichnenden Gerechtigkeit, als Platz der Gnade etwa, auch als Lebenswelt der Hafenarbeiter oder gar als weiblicher Lebensraum der den neuen Kommandanten umgebenden Frauen und ihrer (ungenannten) Dienerinnen, ja als Ort des Aufstands der Frauen gegen die männliche Rachewelt.
Das Verhältnis zwischen Erzählzeit und erzählter Zeit ist mit seinen Abweichungen von Reihenfolge und mittlerer Dauer das augenfälligste und daher am besten untersuchte (Lämmert 1991). In Kafkas *Strafkolonie* mit ihrer strikt chronologisch und in weitgehend gleichmäßiger Zeitraffung erzählten Haupthandlung folgen wir nicht einmal einem ganzen Tag. Die Vorgeschichte, die Erfindung der Exekutionsmaschine, der Bericht von der Verfehlung und Verurteilung des Delinquenten, sein letztes Essen (S. 166, 171f., 179), der Ablauf früherer Exekutionen (S. 181) sind in die Haupthandlung durch Rückblicke und Rückgriffe eingegliedert. Die geraffte Nachgeschichte wird als Anhang der Kernerzählung beigefügt (S. 196f.). So überdeckt der gleichmäßige, unaufhaltsame analoge Gang von erzählter Zeit und Erzählzeit hin zum Umschlagspunkt und über ihn hinaus die nachgetragene frühere Zeit der stabilen alten Ordnung und die erhoffte künftige Zeit ihrer Wiederherstellung.
Eingebettet in das chronologische Erzählen finden sich Vorausdeutungen aus dem Mund des Offiziers auf den Strafablauf (S. 176) sowie auf den von ihm erwarteten Einspruch des Reisenden gegen das Abschaffen der bisherigen Strafprozedur (S. 182–188). Diese ausgedehnten Voraussagen gehen jedoch nicht in Erfüllung. Die gleichfalls zukunftsgerichtete Überzeugung von der Unveränderlichkeit der Kolonie und ihrer Strafprozedur (S. 166) erweist sich als Irrtum. Mit der

Macht der alten Herrschaft ist auch ihre Kompetenz zukunftsgewisser Vorhersage verfallen. Hier zerbricht die alte Herrschaft mit dem Scheitern ihres Erzählvermögens.

Literarische Prosa erzeugt einen je spezifischen Typus des Zusammenhangs von Zeit und Raum, den Michail Bachtin (1986) in metaphorischer Anlehnung an die Auffassung von Zeit als vierter Dimension des Raums in Einsteins Relativitätstheorie «Chronotop» (Raumzeit) genannt hat. Kafkas Erzählung erzeugt den Chronotop der ethnographischen Reise eines Forschenden mit unvorhergesehenem Eingriff in die Lebensverhältnisse der besuchten Welt; er führt zum Ende des bisherigen Bestrafungssystems und seines Exekutionsleiters.

4. Die *Präsentation der Erzählung* im Prosatext: Während der Prosatext in der Schicht der Erzählung sprachenfrei (medial also unrealisiert) zu denken ist, wird der Prosatext in der Schicht der Präsentation der Erzählung in seiner konkreten sprachlichen Gestalt fassbar. Die gelungene Übersetzung von Prosa in eine andere Sprache greift in die Erzählung kaum ein, verändert ihre Präsentation dagegen grundlegend. Im gesungenen Epos gehört jener musikalische Vortrag zur Präsentation, der in stiller Lektüre zumeist außer Kraft gesetzt wird. Beim Druck oder bei der Darstellung im Internet variiert die Präsentation der Erzählung durch Layout, Format, Wahl der Drucktypen und Illustrationen.

Kafkas Text rückt die Sprache ins Gesichtsfeld des Lesers: Der Offizier spricht mit dem Forschungsreisenden *Französisch*, der Verurteilte verständigt sich mit dem Soldaten in einer anderen, ungenannten Sprache, ohne dass dies im darstellenden *deutschen* Text Ausdruck fände. Wir stoßen auf einen manifesten Unterschied zwischen erzählter Sprache und Erzählsprache.

Für die Redeweise des Offiziers ist der Ausdruck «natürlich» (S. 167) charakteristisch, er bringt das aus seiner Sicht Naturgegebene der Strafprozedur zum Ausdruck. Die im alten Regime todeswürdige Sprechweise des Verurteilten «Wirf die Peitsche weg, oder ich fresse dich» (S. 171) verrät: Er ist mit der Kultur der Kolonialherren nicht vertraut. Unverkennbar verkörpert und konfrontiert die Präsentation der Erzählung die einander widerstreitenden Teilkulturen der erzählten Welt.

Ein jeder Prosatext ist in die Schichten Geschehen, Geschichte, Erzählung und Präsentation der Erzählung zu gliedern; es sind dies weder Etappen der Entstehung noch solche der Rezeption des Textes, sondern heuristische Ebenen der Erzähltextanalyse.

Die Instanzen Erzähler und abstrakter Autor

Bei der Analyse des Gleichsetzens von möglicher und aktueller Welt ist es hilfreich, im fiktionalen Erzählen nicht nur den *Erzähler* vom Verfasser der Prosa zu unterscheiden, sondern auch den *impliziten* (in anderer Terminologie: abstrakten) *Autor*. Dieser generiert die erzählte Welt mitsamt dem Erzähler. Der Erzähler deckt sich demnach nie völlig mit dem realen Autor. In klassischen Erzähltexten ist er in gewissem Maß fixiert, während der Autor im Leben über die Offenheit seiner Zukunft verfügt. Der Autor kann dort seinen Erzähler vernichten (den Text verbrennen, die Datei löschen), während der Erzähler keinen Zugriff auf den Verfasser hat.

Der implizite Autor entspricht dem impliziten Leser, also der vom literarischen Prosatext entworfenen Rezeptionsinstanz. In der *Strafkolonie* steuert der implizite Autor den Erzählvorgang und damit auch den Erzähler souverän. Er ist auch für die Überschrift verantwortlich: Der Titel *In der Strafkolonie* entwirft einen Binnenraum des Strafvollzugs und beschränkt fast die gesamte Erzählung auf diesen fiktionalen Strafraum. Nur die letzten beiden Absätze überschreiten die Grenze dieses Orts, bleiben aber, in zunehmend fluchtartiger Bewegung, auf ihn bezogen. Der abstrakte Autor verantwortet gleichfalls die Beschränkung der Zeit der Haupthandlung auf kaum einen Tag.

Stanzels (1989) hilfreiche Typologie des Narrators unterscheidet einen auktorialen Erzähler, der (wie in Goethes *Wahlverwandtschaften*) das Geschehen von außen betrachtet und den Erzählvorgang strukturiert, von einer personalen Erzählhaltung, die (z.B. in Kleists *Findling*) den Eindruck erzeugt, der Leser erlange direkten Einblick in Gestalt und Geschehen. Dem tritt der in der ersten Person sprechende Ich-Erzähler zur Seite, bei dem Genette (1994) zufolge wiederum eine personale (z.B. Goethes *Werther*) von der selteneren auktorialen Form (Goethes *Dichtung und Wahrheit*) zu unterscheiden ist.

Beim Ich-Erzähler ist das in der erzählten Welt erlebende Ich vom erzählenden Ich abzuheben. Wo der Erzähler von sich selber spricht, thematisiert er zumeist sein erlebendes Ich. Bei Kafka (S. 181) wird der Offizier zum *sekundären* Ich-Erzähler und bringt dem Leser die alte Welt brutalen Strafens auf zynische Weise nahe: «[...] ich erstattete die Meldung [...]. [...] oft hockte ich dort, zwei kleine Kinder rechts und links in meinen Armen.» In Anlehnung an Genette wird für «Sehen» auch der Begriff «Fokus» verwendet, um bei der Erzähltextanalyse die Beschränkung auf visuelle Wahrnehmung zu meiden. Oft ist in diesem Sinn auch von der «Stimme» des Erzählers die Rede.

→ Die Erzähltextanalyse unterscheidet den abstrakten (oder impliziten) Autor als für die gesamte Erzählung verantwortliche Instanz sowohl vom konkreten (realen) Autor, der außerhalb des Textes steht, als auch vom Erzähler, der, selbst vom abstrakten Autor geschaffen, in den Text und die Welt des Erzählens integriert ist.

Der Standpunkt in der Prosa

Während genuine Lyrik standpunktfrei ist (siehe Teil 2.3), setzt klassische Prosa im Unterschied auch zur ursprünglichen Epik immer einen Fokus voraus, von dem aus wahrgenommen, geurteilt und gesprochen wird. Schon der erste Satz von Kafkas Erzählung entwirft in der sprachlichen Formulierung «überblickte mit einem gewissermaßen bewundernden Blick» einen solchen Standpunkt. Einen Blick nicht «bewundernd», sondern «*gewissermaßen* bewundernd» zu nennen, heißt, in die Darstellung des Geschehens von einem Fokus aus relativierend einzugreifen. Dieser Erzähler-Standpunkt steht der Vergötterung der Strafmaschine durch den Offizier bedeutsam fern.

Im zweiten Satz ist der Blickpunkt des Erzählers gegenüber dem Reisenden als Außenperspektive zu fassen: «Der Reisende *schien* nur aus Höflichkeit der Einladung des Kommandanten gefolgt zu sein.» Kafkas Erzähler kann der Figur nicht ins Herz schauen; dem Adverb «wohl» ist die Rücknahme des geringen Interesses der Strafkolonisten für die Exekution zur Vermutung abzulesen. Und am Absatzende erschließt er das Innere des Delinquenten ausdrücklich aus dessen äußerer Erscheinung:

«Übrigens *sah* der Verurteilte so hündisch ergeben aus, dass es den *Anschein* hatte, als *könnte* man ihn frei auf den Abhängen herumlaufen lassen und *müsse* bei Beginn der Exekution nur pfeifen, damit er *käme.*»

Die nähere Betrachtung ergibt: Kafkas Erzähler verschmilzt und vertauscht Standpunkte. So zeigt der Offizier durch unpassende Umarmung übermäßige Empathie mit dem Reisenden, und der Reisende erliegt der Versuchung, sich mit ihm zu identifizieren (S. 181, 192). Dann wieder unterwirft sich der Offizier dem Standpunkt seines Gegners, des neuen Kommandanten (S. 183), enthüllt durch diese erzähltechnische Unterordnung die Machtschwäche der alten Ordnung und nimmt ihr Zerbrechen vorweg.

Redeformen in der Prosa

Bei der Analyse von Redeformen der Prosa ist auf das Wechselspiel zwischen Erzähler- und Personenrede zu achten, die oft gegensätzliche Sprecherstandpunkte verkörpern. Die Rede des Erzählers kann sich zu ihrem Gegenstand verschieden verhalten, indem sie beschreibt, schildert oder kommentiert. Anders als beim Erzählen mit personalem Fokus kann sich der Ich-Erzähler in direkter Rede auf das eigene erlebende Ich beziehen. Die Wahl der Er-Erzählung stärkt in der *Strafkolonie* die dialogische Wirkung des Bestreitens der alten (Straf-)Ordnung. Was sonst Ich-Kommentar wäre, ist Gegenrede des Forschungsreisenden.

Bei der Personenrede ist ihre gestufte Nähe zum Fokus der Figur in direkter, indirekter und erlebter Rede zu gewärtigen. Der erste Satz von Kafkas Erzählung verbindet direkte Rede des Offiziers mit Erzählerkommentar. Stumme direkte Rede des Besuchers zeigt der Satz: «Der Reisende überlegte: Es ist immer bedenklich, in fremde Verhältnisse entscheidend einzugreifen.» Dann aber fährt der Text mit erlebter Rede fort, wobei die Standpunkte von Figur und Erzähler interferieren:

«Er war weder Bürger der Strafkolonie noch Bürger des Staates, dem sie angehörte. Wenn er diese Exekution verurteilen oder gar hintertreiben wollte, konnte man ihm sagen: Du bist ein Fremder, sei still.»

Ähnliche Überschneidungen zwischen Erzähler- und Personenstandpunkt ist in der indirekten Rede des Besuchers in der Reaktion auf die Darlegung der Strafprozedur zu beobachten: «Immerhin musste er sich sagen, dass es sich hier um eine Strafkolonie handelte [...]» Der Erzähler begleitet erzählend den Reisenden.

→ In Erzähltexten ist in der Regel neben der Rede des personalen, auktorialen oder Ich-Erzählers die Rede der Personen zu unterscheiden. Während direkte und indirekte Rede den Fokus von Erzähler und Figur trennen, erzeugt die erlebte Rede einen hybriden Standpunkt, in dem der Fokus der erzählten Person mit dem des Erzählers interferiert.

Intertextualität in der Prosa

Wie jede andere Form von Literatur bezieht sich die Prosa stets auf andere Texte. Diese Intertextualität bei der Prosa zu rekonstruieren, lehrt, den Bezug des Erzählens nicht auf fiktive Wirklichkeit, sondern auf reale Texte zu erfassen. Prototypen der Intertextualität sind Zitate und Namen, doch kann sich auch der Erzählmodus selber auf Erzählhaltungen, Verfahren und Motive früherer Prosa beziehen. Intertextualität deutet und wertet in aller Regel um und erzeugt oft Ambivalenz.

Als Franz Kafka, Jurist und Kenner der Prager Versicherungsbürokratie, 1914, Jahre vor der Entstehung des russischen Gulag und deutscher Konzentrationslager, die Perfektion des Tötens von Menschen darstellte, trat er in Widerstreit zu allen eindimensionalen Denkformen, vor allem auch zum Entwerfen des Tötens als perfekter Handlung, als präzisem Vorgang, der unter Preisgabe von einfühlendem Mitleid im Ästhetizismus der Frühmoderne mit kaltem Blick festgestellt wurde. Die Erzählung *In der Strafkolonie* widerruft die Vollendung des Bösen als Feier erzählter Qual in Octave Mirbeaus Roman *Le jardin de supplices* und seine Trivialisierung in Heindls *Reise nach den Strafkolonien.* Wo bei Mirbeau ein Ich-Erzähler die in der Rahmenhandlung erhobene These, vor allem Mord beschäftige die Menschen, durch voyeuristische Schilderung sadistischer Praktiken illustriert, gibt Kafkas abstrakter Autor einem Erzähler mit personalem Fokus das Wort, schlagen sadistische Praktiken um in Masochismus, kommt der Strafexzess zum Ende (vgl. Müller-Seidel

1986). Der seit Homers *Odyssee* produktive Chronotop der Reise nimmt die Gestalt eines erkundenden Besuchs an, der die besuchte Welt zum Einsturz bringt.

Kafkas Erzählung zerstört den frühmodernen Entwurf des ästhetisch Vollkommenen der Zeit um 1900. Marc Anderson (1992) hat gezeigt, wie das Ornamentale der frühen Moderne Kafka abstieß. Der Strafvollzieher ist hier ein Künstler, dessen Sprung aus dem Sadismus in den Masochismus die Wende von der Fremd- auf die Selbstbezüglichkeit künstlerischen Handelns anzeigt. Er schreibt sich selber das Urteil in den Leib. Die Schreib-Maschine (vgl. Kittler 1990) der *Strafkolonie* ist eine erzählte Todesmaschine.

Führen wir alle Schichten der Erzählanalyse zusammen, weist die Erzählung *In der Strafkolonie* jenen strengen und grausam strafenden Gott des Alten Testaments zurück, den auch Kafkas Vaterbild verkörperte. Neue Formen der Gerechtigkeit setzt die Erzählung aber nicht einmal als Utopie ein: Die Fiktion scheitert an der Wirklichkeit, doch bringt sie diese kraft kunstvoller Perspektivierung zugleich zum Einsturz. Vom abstrakten Autor getragen, bricht der Erzähler das dem Forschungsreisenden von der erzählten Kultur auferlegte Schweigegebot.

Die Komposition von Prosatexten

Wie bei allen anderen umfangreicheren Texten macht es auch für Prosatexte Sinn, auf eine Dreiergliederung in Anfang, Mitte und Ende zu achten. Die Binnengliederung lässt sich bei großen Texten wie den Romanen oft durch Kapitel und Abschnitte erfassen, die auch eigene Überschriften tragen können. Der Verzicht auf eine durchsichtige innere Gliederung ist indes nicht selten Merkmal moderner Prosa wie im Fall des *Ulysses* von James Joyce und des *Mannes ohne Eigenschaften* von Robert Musil. Allerdings kann auch die Zyklisierung von aufeinander folgenden Teilromanen Kennzeichen moderner Schreibweise sein wie in Prousts *Auf der Suche nach der verlorenen Zeit*.

Um die Komposition von Prosatexten analysierbar zu machen und eine Typologie der Kompositionsformen zu erarbeiten, hat Boris Uspenskij (1975) vier Ebenen unterschieden, auf denen in Erzähltexten Standpunkte (oder Fokusse) entworfen werden:

1. Der Standpunkt auf der Ebene der *Ideologie* und der *Wertung*. Hier kommen die Weltmodelle und Wertsysteme ins Spiel, die den Autor, den Erzähler und die erzählten Figuren charakterisieren. Treten in einem Erzähltext wie in den großen Romanen Dostojewskis mehrere von den Figuren verkörperte oder ausgesprochene Ideologien respektive Wertsysteme nebeneinander auf, ohne dass der Erzähler einen erkennbaren eigenen Standpunkt einnimmt und so eine herrschende Position einführt, spricht Michail Bachtin (1985) von einem polyphonen (mehrstimmigen) Text. In der Folklore werden nicht selten konstante Epitheta gebraucht, um die Positionen der Figuren voneinander abzuheben.
2. Auf der Ebene der *Phraseologie*. Erzähler und erzählte Figuren lassen sich durch die von ihnen geführte Rede mit Blick auf die Aussprache (Muttersprachler vs. Ausländer, Dialekt vs. Hochsprache usw.), die Lexik und die Idiomatik (z.B. Argot vs. Hochsprache, Fachsprachen), die Syntax (z.B. Parataxe vs. Hypotaxe) und überhaupt durch die von ihnen gewählte Sprache charakterisieren. Hier kann auch die Weise, wie die Figuren einander und der Erzähler die Figuren nennt, ein Mittel der Profilierung von Standpunkten sein.
3. Auf der Ebene der *Raumzeitcharakteristik*. Einerseits kann der Erzähler den raumzeitlichen Standort, von dem her erzählt wird, genau angeben oder eingrenzen; eine solche Position kann starr oder auch beweglich sein. Und er kann hierdurch seine wechselnde oder auch stabile Nähe oder Ferne zu den erzählten Figuren erkennbar machen. Sie kann aus der Vogel- oder der Froschperspektive erfolgen und dadurch den Einblick des Erzählers in die erzählte Welt unterschiedlich gestalten. Andererseits wird die raumzeitliche Position der Figuren durch die Erzähler- und die Personenrede bestimmt. Hier sind oft die Zeit- und Aspektformen der Verben bestimmend (z.B. historisches Präsens).
4. Der Standpunkt auf der Ebene der *Psychologie*. Hier ist ein erzählerischer Außen- von einem Innenstandpunkt zu unterscheiden. Der Außenstandpunkt wird in der Regel als nah durch Wendungen wie «er machte / sagte / erklärte» angezeigt und als distanziert (wie oben bei Kafka) durch Ausdrücke wie «er *schien* anzunehmen / wusste *offenbar*», «*als ob* er sich schämte». Den Innenstandpunkt signalisieren

Ausdrücke wie «er dachte / fühlte / wusste / schämte sich». Auch hier kann der Standort des Erzählers zu den Figuren fest oder beweglich, homogen oder heterogen sein. Eine solche heterogene Haltung ist in moderner Prosa wie Musils *Mann ohne Eigenschaften* geradezu programmatisch.

In ihrem Zusammenspiel können Standpunkte auf den verschiedenen Ebenen Übereinstimmung oder Inkongruenz zeigen. Solche Inkongruenz begegnet schon in Tolstois Roman *Krieg und Frieden* (Uspenskij 1975, S. 126–136), gewinnt aber erst im Erzählen der Moderne die Vorherrschaft.

Die Komposition des Prosatextes wird bestimmt durch Standpunktbildung auf den Ebenen von Ideologie und Wertung, von Phraseologie, Raumzeitcharakteristik und Psychologie sowie vom Wechselverhältnis dieser Fokussierungen.

Die Kompetenz, Erzählstrukturen zu erfassen, eröffnet Einblicke in Kultur- und Weltzeitmodelle seines Verfassers und seiner Kultur sowie in den historischen Gang des Mediums Erzählen. Wie es sich von dem des Theaters unterscheidet, zeigt der folgende Abschnitt.

2.5 Drama und Theater

Was ist dramatisch?

Als das Schauspiel Bonn im Januar 2000 *Jeff Koons* von Rainald Goetz aufgeführt hatte, las man in der Zeitung:

«Aber ist es überhaupt ein Stück, was Goetz da zu Papier gebracht, aus Splittern und Schnipseln, Alltagsbeobachtungen und Reflexionen, Abgelauschtem und Aufgeschnapptem, Stammel- und Stummelsätzen, Sprüchen und Sprechakten, Parolen und Plattheiten zusammengestückelt hat? Keine ‹dramatis personae› werden genannt, keine Rollen bezeichnet. Prosablöcke wechseln mit Dialogen, indirekte Rede mit direkter Rede. Am Anfang steht der dritte Akt, dann folgt der zweite, dann ein weiterer, der keine Ziffer, dafür aber einen Titel (‹Draußen›) trägt, dann erst der erste – sieben sind es insgesamt, jeder ist teils arabisch, teils römisch unternummeriert. Und die Handlung? Fehlanzeige! Ein Chaos, dessen Kalkül nicht ohne weiteres erkennbar wird. Die Frage, die sich dem Leser stellt, wird für den Regisseur zur Aufgabe: Wie lässt sich das szenisch umsetzen?» (Rossmann 2000)

Da die Lektüre des Textes den Kritiker ratlos zurückgelassen hat, freut ihn, dass die Bonner Inszenierung die «Struktur einer Geschichte» sichtbar werden ließ. Der Regisseur habe die verschiedenen Punkte wie Zahlen in einem Malbuch für Kinder mit Linien so verbunden, dass Zusammenhänge hergestellt, Situationen umrissen und Figuren herausgeschält worden seien. Aus chaotischem Text wurde fast ein richtiges «Künstlerdrama».

Der Fall ist aufschlussreich: Es gibt offenkundig eine Vorstellung von ehernen Gesetzen des Dramatischen. Was als «Drama» gelten darf, muss bestimmten Regeln folgen, nur bedienen zeitgenössische Schriftsteller diese Erwartung nicht mehr. Neue Textbücher stoßen auf einen Theaterbetrieb, der einem traditionellen Modell vom «Drama» die Treue hält.

Die Dramenanalyse nutzt die Kenntnis der Regeln des klassischen Dramas, und zwar gerade auch deshalb, weil sich erst vor ihrem Hintergrund die andersartige Spezifik des modernen Dramas und des ihm entsprechenden modernen Theaters erkennen lässt. Zu ihr zählt auch die Fähigkeit, das Verhältnis zwischen Dramentext und Theateraufführung zu unterscheiden, sowie das Vermögen, die Binnengliederung eines Dramentextes zu erfassen.

Von der die Lyrik bestimmenden *Imagination* und der die Prosa prägenden *Fiktion* lässt sich die im Theater erzeugte *Illusion* dadurch abheben, dass hier alles auf der Bühne Gespielte als reale, und das heißt materielle Sprech- und Körperhandlung stattfindet und in einen gleichfalls realen Raum sowie eine aktuelle Zeit platziert ist, in Ort und Zeit der Aufführung. Zwar sind alle verbalen und nichtverbalen Handlungen der Schauspieler, alle Geräusche und alle eingespielte Musik wie auch die auf der Bühne befindlichen Gegenstände samt dem Bühnenbild Zeichen, stehen also für etwas anderes, als sie selbst sind, doch hebt ihre weitgehende Materialität die theatralische Performanz grundsätzlich ab von der nur stimmlichen Konkretheit, die ein Prosa- oder Gedichttext in öffentlicher Lesung erlangt. Zudem hat diese Materialität seit dem Shakespeare-Theater, in dem ein Wald auf der Bühne noch mit dem Schild «forest» vorgestellt werden konnte, durch Bühnenbild sowie Projektionen auf Leinwände und Bildschirme erheblich zugenommen.

Der dramatische Code unterscheidet sich vom Diskurs der Prosa wie von der poetischen Rede durch das Nutzen mehrerer Medien: akustischer – Sprache, Geräusch, Musik – und optischer – Bühnenbild, Mimik, Choreographie, Beleuchtung. Jeder dramatische Text ist auf seine Aufführung angelegt. Dies gilt sogar für das unaufführbare Lesedrama, bei dem eine vorgestellte Inszenierung die reale ersetzt. Die Aufführung heißt auch Performation, die Einstellung des Dramentextes auf seine Aufführung dessen performativer Charakter. Da die Gegenwartskultur stark auf solche Performanz gerichtet ist, hat die Theaterwissenschaftlerin Erika Fischer-Lichte (2004) unserer Zeit eine «Ästhetik des Performativen» zuerkannt. Sie kommt auch darin zum Ausdruck, dass zeitgenössische Regisseure sogar traditionelle Dramentexte oft wie solche inszenieren, die nach dem Abschied von den klassischen Einheiten verfasst worden sind.

Dass dem Drama als Textvorlage für die Aufführung in der Institution Theater ein hoher Grad an Einstellung auf Performation eignet, tritt im Dramentext selber als Gegensatz zwischen gesprochenem Bühnentext, dem «Haupttext», und den für Regie und Inszenierung bestimmten Bühnenanweisungen, dem «Nebentext» (Pfister 1994), sowie im Theater als Unterschied zwischen Maske und Gesicht des Schauspielers zutage. Die Vorstellung, was «dramatisch» sei und welche Rolle die dramatische Illusion sowie die Inszenierung spiele, ist in hohem Maß kultur- und zeitabhängig.

Die auf der Bühne zu sprechenden Teile des Dramas heißen Haupttext, die für die Regie bestimmten Anweisungen werden Nebentext genannt. Spricht eine der Personen des Dramas allein eine längere und relativ zusammenhängende Textpassage, so handelt es sich um einen Monolog, reden mehrere Personen im Wechsel, so liegt ein Dialog vor.

Das Verhältnis zwischen dem aus Dialogen und Monologen bestehenden Bühnentext und den Bühnenanweisungen, zu denen auch der Titel, das Personenverzeichnis, die Hinweise auf das Bühnenbild sowie die Anzeige der jeweils redenden Figur und die Weise ihres Sprechens und Körperverhaltens gehören, unterliegt historischem Wandel. Ihr zunehmender Umfang und ihre größere Detailliertheit zeigen die steigende Bedeutung der Inszenierung gegenüber der Textvorlage an.

Die Sensationen, die das Theater zu bieten hat, sind nicht an das «Drama» gebunden. Doch die Mehrzahl des Publikums fordert, dass das Theater klassische Texte mit Bildern, Stimmen und Kostümen versieht. Im Schillerjahr verurteilte Gerhard Stadelmaier (2005) die Textferne vieler Drameninszenierungen. Die Erwartung des Dramatischen ist so mächtig, weil sie bis in unsere Wahrnehmung von Handlungen im Alltag eingedrungen ist. Ein trauriges Ereignis wird als «Familientragödie» wahrgenommen, Historiker sprechen von den «Fünf Akten der politischen Wende 1989», und Zeitungen berichten vom «Geiseldrama» beim Banküberfall. Das Fernsehen präsentiert Ereignisse in der Regel in Formen, die den Erwartungen einer dramatischen Struktur entsprechen. Diese Vorstellung vom Drama wird von einem Prototyp gesteuert, dessen Grundstrukturen sich in sieben Punkten festhalten lassen.

Traditionelle Regeln des Dramas

1. Im Gegensatz zum außereuropäischen und frühgriechischen Theater, das Tanz, Chor und Musik, hochstilisierte zeremonielle Abläufe, erzählende und lyrische Texte verband, verkörperte Theater im Europa der Neuzeit Reden und Taten auf der Bühne durch *dramatisches Spiel*, das unter der *Vorherrschaft des Textes* stand. Trotz zunehmender Prägung der Figuren durch das nichtverbale Repertoire von Körpergesten im 19. Jahrhundert definierten sich Bühnenfiguren vor allem durch ihre Reden (Lehmann 1999, S. 20ff.).
2. Die *nacherzählbare Fabel* blieb bis ins 20. Jahrhundert hinein das A und O des Theaters. Von einer dramatischen Erzählung erwartet man einen Spannungsbogen, der mit der *Exposition* des Konflikts einsetzt, auf dessen *Steigerung* und *Umschlag* die *Katastrophe* oder aber ein *Happy End* folgt.
3. Das traditionelle Drama verlangt *Handlung*. Es konstruiert einen Ort, an dem der Mensch im Akt des Sich-Entschließens zu seiner Verwirklichung gelangt (Szondi 1959, S. 14). Wenn statische Zustände dargestellt werden, wenn – wie in Stücken Tschechows – sich die At-

mosphäre des Stillstands, ewiger Wiederkehr oder der Handlungslähmung verbreitet oder – wie in Becketts *Endspiel* – die Handlung auf eine Schwundstufe reduziert ist, folgt der Zuschauer gespannt einer «inneren» Handlung. Diese läuft unvermeidlich auf ein finales Ereignis zu – das Duell, den Tod, Abschied für immer, das Wegdämmern der Figuren (Lehmann 1999, S. 114) oder Glück, das so problemlos scheint, dass nichts Dramatisches herausspringt.

4. Zur klassischen, von Shakespeare, Racine, Schiller, Lenz, Büchner, Hebbel, Ibsen, Strindberg und Hauptmann in verschiedenen Spielarten geprägten Form des Dramas gehört die *dramatische Kollision*. Im Drama prallen von Menschen repräsentierte Haltungen aufeinander. Leidenschaftlich und unter Einsatz ihres Lebens suchen die dramatischen Personen, Normen und Werten Geltung zu verschaffen.
5. Das Drama sucht die Illusion von Realität mittels des *Bühnendialogs* zu erzeugen. Spannungsgeladene, riskante, auf Entscheidungen zielende Dialoge sind sein Kennzeichen. Die «Alleinherrschaft des Dialogs» spiegelt die Tatsache, dass im Drama aufleuchtet, was einen zwischenmenschlichen Bezug manifestiert (Szondi 1959, S. 15).
6. Anders als die Geste des Epikers, der Nebensächliches in zeitraubender Umständlichkeit ausmalt, um den Eindruck von Wahrscheinlichkeit zu wecken, zielt der Dramatiker auf Abstraktionsleistungen. Er entwirft eine *Modellwelt*, in der menschliches Verhalten als Experiment inszeniert wird (Lehmann 1999, S. 66).
7. Schon Aristoteles' Poetik nennt das Drama ein Gebilde, das in das verwirrende Chaos und die Fülle des Seins eine logische, nämlich die *dramatische Ordnung* hineinträgt. Die von ihm geforderte Einheit der Handlung, aus der später auch die der Zeit und des Raums abgeleitet wurden, hat den Zufall ausgeschaltet. «Das Zufällige fällt dem Drama von außen zu. Indem es aber motiviert wird, wird es begründet» (Szondi 1959, S. 18). Wenn vom Theater in seiner vordramatischen Gestalt behauptet wurde, es sei rhythmische Bewegung im Raum, so setzt das «Drama» diesen Raum unter Spannung. In ihm durchqueren verschiedene Figuren einen mit extremen Widersprüchen geladenen Raum (C. Asman 1992): Risiken von Feindschaft oder Lächerlichkeit müssen gemeistert, unverständliche Gebote enträtselt, zweideutige Vorschriften befolgt, Punkte der Entscheidungsfreiheit gefunden wer-

den. Das Drama schottet sich als lückenlose Einheit von Ort, Zeit und Handlung nach außen ab gegen die Welt des Zufalls, der Langeweile und der Unübersichtlichkeit. «Drama heißt beherrschter, übersehbar gemachter Zeitstrom» (Lehmann 1999, S. 61).

In seiner Entwicklungsgeschichte hat das Drama die oben genannten Regelmäßigkeiten mit bemerkenswerten Abweichungen durchgespielt. Gegen Ende der Renaissance wurde jene Dialektik von Wahrheit und Lüge der Maske diskutiert, die Machiavelli dann zur Theorie politischen Handelns entfaltet hat. Vom 17. und 18. zum 19. und 20. Jahrhundert hatte das Gewicht der Orientierung des Bühnengeschehens auf den Zuschauer ab- und die Bedeutung der gespielten Handlung zugenommen: Hatten die Schauspieler zunächst frontal zum Publikum zu stehen, waren sie, vom Zuschauer aus gesehen, je nach ihrer Bedeutung von rechts nach links aufgestellt, und agierten sie demgemäß vor allem mit der rechten Körperhälfte, so konnten sie nun dem Zuschauer auch den Rücken zuwenden und von der Regie frei im Bühnenraum postiert werden. Dies sollte die Illusion stärken, die gespielte Handlung sei eine reale.

Schon im deutschen Trauerspiel des Barock wurden indes einige der elementaren Regeln außer Kraft gesetzt. Puschkins historisches Drama «Boris Godunov» (1825) zeichnet dann in 23 lockeren, fast symmetrisch angeordneten Szenen ohne Akteinteilung den Kampf um den russischen Thron von 1598 bis 1605 bei Verzicht auf die Einheiten von Zeit, Raum und Handlung nach. Im 20. Jahrhundert stritten die Theaterfachleute darüber, ob die Regeln noch Geltung beanspruchen können oder ob sie ein antiquarischer Gegenstand sind, den man im Theater wie in einem Museum besichtigen sollte.

Das hier skizzierte Grundmuster des Dramatischen wird gegenwärtig mit jedem großen Dramentext und seiner Inszenierung in Frage gestellt. Der Zerfall des geschlossenen Handlungsdramas führte im 19. Jahrhundert zu neuen Formen; der Einbruch karnevalistischer Elemente im Volkstheater zerstörte Grundpfeiler des klassischen Modells. Im 20. Jahrhundert war zu besichtigen, welche Energien der Zerfall der klassischen Dramenform freisetzt. Schon in ihrer Blütezeit wird die Alleinherrschaft des Dialogs, wie die beiden folgenden Beispiele zeigen, in ein merkwürdiges Zwielicht gerückt.

Die klassische Dramenform ist geprägt von der Vorherrschaft des Textes, einer nacherzählbaren Fabel mit spannungsreicher Handlung und dramatischer Kollision; das Drama sucht die gespielte Modellwirklichkeit mittels einer dramatischen Ordnung vor allem im Bühnendialog aufzurufen. Das Theater des 20. Jahrhunderts stärkt die nichtsprachlichen Momente der Aufführung und führt sie mit den verbalen zum Konflikt.

Leidenschaft, Sprachspiel und Körperpräsenz auf der Bühne: Shakespeares *Romeo und Julia*, Schillers *Kabale und Liebe*

Theaterleute behaupten hin und wieder, der gedruckte Dramentext sei nur eine Spielvorlage für die Choreographie, nach deren Muster Körper über die Bühne bewegt werden. Diese Bemerkung weist auf das Spannungsverhältnis zwischen Textbuch und Inszenierung hin. Die traditionelle Form des Theaters bestimmt die Form der «Arena», in der Schauspieler uralte oder moderne Texte sprechen. Neben Aufführungen, die sich vollkommen dem Wortlaut des alten Textbuchs zu unterwerfen suchen, stehen Inszenierungen, die den Text in Bruchstücken auf Transparente malen, durch Lautsprecher auf die Agierenden einsprechen oder in unverständlichem Gemurmel versinken lassen.

Bei jeder Inszenierung haben wir zu beachten, in welchem Spannungsverhältnis die Sprachspiele der Rollentexte zu den dargestellten Leidenschaften und der körperlichen Präsenz der Schauspieler auf der Bühne stehen. Der Text hat elementares Gewicht, wenn das Drama die Diskrepanz von Sprachspiel, Körpergestik und Leidenschaft zur Erscheinung bringen soll. Das ist bereits der Fall in Shakespeares *Romeo und Julia*.

Im Gegensatz zur Beliebtheit dieses Dramas beim Publikum gibt es bis heute eine Tradition, dem Stück gravierende Mängel anzukreiden. Die Kritiker unterstellen die Schicksalsmächtigkeit des Menschen, die aber erst im bürgerlichen Trauerspiel des 18. Jahrhunderts eingeführt worden ist. An diesem Kriterium gemessen, scheint Shakespeares Drama zu versagen:

- Entweder finden die Kritiker den Einfluss der Konstellation der Sterne und Planeten auf das Handeln der Figuren so gewichtig, dass kein «echter» Konflikt entstehen könne, sondern nur der Vollzug eines vorbestimmten Schicksals zu verzeichnen sei.

- Oder sie bemängeln, dass purer Zufall die tödliche Wendung herbeiführe. So gehorche die Handlung keiner «Dialektik», sondern rolle in der zufälligen Verkettung von Aktionen ab, die – von keiner Figur zu beeinflussen – sich gleichsam automatisch einem fatalen Ende zubewege.
- Andere meinen, Shakespeare habe aus einer fatalen Geschichte ein moralisches Lehrstück gemacht. Es lehre, dass überstürzte Reaktionen der Leidenschaft notwendig destruktiv wirken. Romeo, der nicht über die Tugend der Mäßigung verfügt, werde als abschreckendes Beispiel vorgeführt.

Einhellig sind alle diese Kritiker der Meinung, von einer «echten» Tragödie könne nicht die Rede sein. Gegen diese Einschätzungen wies der Shakespeare-Forscher Kiernan Ryan (1988) auf eine Dimension des Dramas hin, die fast unbeachtet geblieben war. Shakespeare zeige uns die tödliche Verstrickung von Sprachspielen der Gewalt und Leidenschaft.

Verona, der Schauplatz der Tragödie, ist ein Treibhaus patriarchalischer Konflikte. Die Atmosphäre männlicher Gewalt durchtränkt bereits den Eingangsdialog der kriegerischen Diener der Familie Capulet:

> Sampson: I will show myself a tyrant: when I have fought
> with the men I will be civil with the maids, I will cut off
> their heads.
> Gregory: The heads of the maids?
> Sampson: Ay, the heads of the maids, or their maidenheads,
> take it in what sense thou wilt. (I.1.20–25)

Die Sprache der Aggression ist in Vorstellungen sexueller Gewalt verstrickt. Auch Romeo steckt in den Fallstricken des kriegerischen Liebesspiels, wenn er eingangs seine Liebe zu Rosalinde ausspricht:

> … She'll not be hit
> With Cupid's arrow, she hath Dian's wit,
> And in strong proof of chastity well arm'd
> From love's weak childish bow she lives uncharm'd
> She will not stay the siege of loving terms
> Nor bide th'encounter of assailing eyes. (I.1.205–10)

Romeos Metaphern sind auf sublimerem Niveau angesiedelt als die groben Eroberungsbilder von Sampson und Gregory. Ihm steht ein Sprachregister zur Verfügung, das stürmische Liebesbezeugungen – nach der Mode der Zeit dem Muster der Lieder des italienischen Dichters Petrarca folgend (1304–1374) – in komplizierte rhetorische Figuren und dunkle Paradoxe kleidet. An diese Vorschrift hält er sich, wenn er deklamiert:

> She is too fair, too wise, wisely too fair,
> to merit bliss by making me despair.
> She hath forsworn to love, and in that vow
> Do I live dead, that live to tell it now. (I.1.218–21)

Romeo zeichnet das Bewusstsein aus, in einem Textbuch zu blättern, in dem er die Vorschrift findet, die Frau sei als unerreichbare Göttin zu stilisieren, die den sich unterwerfenden Mann nicht ohne sadistische Züge von sich fern hält. Romeo befolgt sie in seiner Werbung um Rosalinde, weiß aber: «I have lost myself, I am not here./This is not Romeo, he's some other where» (I.1.194–6).

In welcher literarischen Form ließ sich derzeit Leidenschaft artikulieren? Die obszöne Art, von Leidenschaft zu reden, die Romeo bei seinem Gefährten Mercutio hört, bietet keine Alternative, da sie nur die Kehrseite des zeremoniellen Liebesdiskurses der Zeit ist. Das Sprachspiel der Leidenschaft trifft auf eng gesteckte Grenzen. Der Verlauf des Dramas zeigt, dass die Überschreitung der Sprachgrenzen keine Privatangelegenheit ist. Die Grenzverletzung der Liebenden droht die Veronas Freund- und Feindschaft regelnde öffentliche Ordnung außer Kraft zu setzen.

Die erste Begegnung Romeos mit Julia verletzt indes die markierten Grenzen keineswegs. Der Austausch der Liebesbeteuerungen findet in hochstilisierter Form und im Vokabular des Liebessonetts statt. Aber schon im zweiten Anlauf durchkreuzt Julia das galante Sprachspiel:

> Romeo: Thus from my lips, by thine, my sin is purg'd.
> Juliet: Then have my lips the sin that they have took.
> Romeo: Sin from my lips? O tresspass sweetly urg'd.
> Give me my sin again. (He kisses Her)
> Juliet: You kiss by th'book. (I.5.106–9)

Julias Kommentar wirkt wie ein Störmanöver. Der leidenschaftliche Austausch der Liebenden wird unterbrochen durch ihre Rede über die Konventionen, an die sich Romeos formvollendetes Vorgehen hält. Julias Intervention reißt eine Lücke in den literarischen Diskurs der Liebe, mehr nicht. Denn im selben Augenblick, da sie ihre Familiennamen «Capulet» und «Montague» erfahren, wissen sie, dass sie als Angehörige verfeindeter Familien in Zukunft gezwungen sein werden, «to steal love's sweet bait from fearful hooks» (II.0.8).

«What's in a name?» heißt es in der berühmten Balkonszene. Ihren Namen ist die Feindschaft ihrer Familien eingeschrieben, die zur Verkettung von Rache und Selbstmord führt. Unterhalb dieses Diskurses der Macht spielt sich der verzweifelte Versuch der Liebenden ab, ein Vokabular zu finden, das die obszönen Bilder der Dienerschaft vermeidet, die kriegerischen Metaphern verbannt und die Geschraubtheit des Modejargons umgeht. Julia weist die in den Textbüchern vorgeschriebene Rolle der unantastbaren Frau ab und bittet Romeo, seine Rolle als unerhörter Liebhaber aufzugeben. Beide sind entschlossen, die Textbücher wegzuwerfen, um ihre Leidenschaft zu leben, das «prisonhouse of language» zu verlassen: «Love goes toward love,» sagt Romeo, «as schoolboys from their books» (II.2.165).

Kaum hat Romeo durch das Töten von Tybald als Rache für die Tötung Mercutios die Arena der Feindschaft betreten, da fällt schon der Schrecken der Trennung auf die Liebenden.

Shakespeare zeigt, wie die rebellischen Liebenden, die sich halbwegs von den ihrer Leidenschaft Grenzen setzenden Konventionen gelöst haben, durch Konventionen der Feindschaft zugrunde gerichtet werden. Dass Zufall und Missverständnis dazu beigetragen haben, unterstreicht nur die schauerliche Automatik, mit der die tragische Lösung eintritt. An die Stelle des durch die Götter verhängten Schicksals der antiken Tragödie ist das Zwangskleid der Verhaltenskonvention getreten. Die Versöhnung der verfeindeten Familien über den Leichen der Liebenden ist ein schreckliches Happy End. Walter Benjamin (1963) hat gezeigt, wie sich das bürgerliche Trauerspiel mit seinem vom Menschen zu verantwortenden Geschichtsentwurf abhebt von der im Mythos verankerten antiken Tragödie mit der vom Menschen unabhängigen Schicksalsvorstellung.

Die Bühne ist ein Ort, an dem aufgeführt werden kann, wie Leidenschaften und Körper in Texte verwoben sind. Das Theater braucht Körpersprache nicht umständlich zu beschreiben, es kann sie stumm präsentieren. Wer Schrift und Rhetorik als Medien der «Herzenssprache» misstraut, sucht Zuflucht in nichtverbalen Gesten. Aber auch die «Körpersprache» verfügt über ein Repertoire vorgestanzter Ausdrucksformen. Die *eloquentia corporis* kennt ebenfalls ihre zeitgemäßen Schulbücher, in denen Zorn und Trauer, Demut und Heiterkeit, Arroganz und Höflichkeit, Zerknirschung und stoische Kälte als erlernbare Haltungen studiert werden können. Dies vermittelten in Fortsetzung der Anleitungen zur Rhetorik von Quintilian verschiedene Conduct Books, Handorakel, Benimmbücher und Verhaltenslehren. Das Lehrbuch für Schauspieler, das Johann Jakob Engel Ende des 18. Jahrhunderts unter dem Titel *Ideen zu einer Mimik* (1785/86) herausgab, gewährt tiefe Einblicke in die Bedeutung von Gesten und Mimik zu dieser Zeit. Man wusste: Tränen rühren nicht notwendig von Trauer her, Trauer kann auch Ergebnis willentlich inszenierten Weinens sein. Die Bühne ist ein Ort, an dem die Frage, wie «authentisch» Körpergesten sind, durchgespielt werden kann, denn das Theater zehrt vom Nebeneinander von Schauspieler und dargestellter Figur: Rede, Stimme, Mimik und Bewegung der Figur sind immer auch Rede, Stimme, Mimik und Bewegung des Schauspielers. Das Theater kann so die in kulturellen Konventionen erstarrte Theatralität der Etikette gesellschaftlichen Alltags als «So-Tun-Als-Ob» bloßstellen.

Friedrich Schillers Drama *Kabale und Liebe* (1784 in Frankfurt uraufgeführt) spielt im Grenzbereich zwischen Adel und Bürgertum, wo jeder leidenschaftliche Ausdruck dem Verdacht ausgesetzt ist, virtuoses Täuschungsmanöver zu sein. Das Drama zeigt, wie der Verdacht, der die Körpersprache nutzt, zum tragischen Missverständnis zwischen den Liebenden Luise und Ferdinand führt (Košenina 1995).

Von der Seite des Bürgertums scheint das Misstrauen zunächst gerechtfertigt. Es richtet sich gegen die rhetorische Gebärdensprache und die Verstellungskünste an den feudalen Höfen. Luise flüchtet, um ihre Liebe zu Ferdinand zu bezeugen, immer wieder in stumme Gesten. Ihre Sprachnot findet Ausdruck in leisen, kaum sichtbaren Körperregungen: Sie wird «blaß» oder «zittert». Die feindlich gesonnene Umwelt veranlasst ihren Liebhaber Ferdinand, ihre Gesten im Zeichen des Verdachts zu entziffern. Während Luise sich darauf zu verlassen scheint, dass ihr Antlitz mimischer Spiegel ihrer Leidenschaften ist, entdeckt Ferdinand in ihrer Unschuldsmiene nur «himmlische Schminke». Er legt Luises Erblassen ebenso wie ihre Ohnmacht als raffinierte Täuschungsmanöver aus. Er verhält sich als Bürger, der aus Misstrauen gegen feudale Umgangsformen gelernt hat, in allen auffälligen Formen des Gefühls Verstellung zu wittern. Darum ist er außerstande, in der «Sanftmut» des Mienenspiels seiner Geliebten die Sprache des Herzens zu lesen. In der Sphäre des Verdachts wird stets mehr zugrunde gerichtet, als sich rechtfertigen lässt.

Schillers Drama geht einen Schritt über *Romeo und Julia* hinaus. Sein Liebespaar muss sich nicht nur von herrschenden Sprachspielen und vom Kontext der Feindschaft lösen. Die Disharmonien greifen auf die Körpersprache über, die – gemessen an der lügnerischen Sprache – als heil gelten konnte. Ist die Sprache des Herzens selbst den Gesichtszügen nicht mehr abzulesen, so verbürgt nichts mehr «Echtheit».

Man versteht in diesem Zusammenhang, warum Johann Caspar Lavaters Schrift *Von der Physiognomik* (1772) von den Zeitgenossen so begeistert aufgenommen wurde. Hier schien ein Heilmittel gegen verbale Täuschungsmanöver gefunden. Der Wunsch nach mehr Transparenz des mitmenschlichen Austauschs von Zeichen und Leidenschaften richtete sich gegen das Verhaltensideal der feudalen Höfe, deren galantes Maskenspiel die «reine» Sprache des Herzens verbarg. Für den Physiognomiker Lavater ist der Mund der Ort der «falschen» Zeichen. Er glaubt, dass auch die bewegten Züge des Gesichts, das Mienenspiel und die Gesten mehr verbergen als enthüllen. Sein Ausweg klingt heute makaber: Er hielt das «Knochensystem» des Schädels für das einzig sichere Indiz, das Rückschlüsse auf den Charakter zulässt. Mit Hilfe von Schattenrissen und den Maßen von Stirn, Nasenbein, Wangenknochen, Schläfen und Kinnpartien finde man, so hoffte er, zum Wesenskern des Menschen. Wenn die bewegliche Muskulatur des Antlitzes, wenn Hände und Haltungen, Tränen und Grinsen in die Irre führen, könnten dann nicht Messdaten die Rettung sein?

Schillers Drama demonstriert die Ausweglosigkeit der Orientierung an den Zeichen der Körpersprache, wenn nicht wie bei Lavater im Knochenbau der letzte Rettungsanker göttlicher Vernunft erblickt wird.

Kabale und Liebe setzt die Sphäre des Verdachts in Szene, rechnet auf eine Bühne, die Körperzustände wie «leichenblaß» und «zitternd» in ein spannungsreiches Verhältnis zu den Wortblasen der Figuren bringt.

Die Geschichte des neuzeitlichen Dramas zeigt die Verwobenheit von Text, Handlung und Figurenentwurf mit den Normen kultur- und zeittypischer Verhaltensmuster. Sprach- und Körperverhalten geraten nicht selten in ein gespanntes Verhältnis zur überkommenen Etikette von Redeweise und Habitus.

Der Zerfall der dramatischen Struktur im 19. und 20. Jahrhundert

Die Schauspiele des 19. Jahrhunderts radikalisieren die Spannung von Sprache und Körper. Heinrich von Kleists Penthesilea (1808) will sich weder von der Wortgewandtheit Achills noch von seiner anmutigen und zugleich brutalen Haltung täuschen lassen. Mit Lippen, Zähnen und Zunge, den Werkzeugen des Sprechens und der Liebe, zerfleischt sie den Geliebten. «Küsse, Bisse./Das reimt sich, und wer recht von Herzen liebt,/ kann schon das eine für das andre greifen». Georg Büchner unterwandert die radikale politische Rhetorik der französischen Revolution, indem er in *Dantons Tod* (1835) das Schicksal der Körper im gesellschaftlichen Umbruch vorführt. «Geht einmal euren Phrasen nach bis zu dem Punkt, wo sie verkörpert werden», ruft der schon länger inhaftierte Mercier Danton zu, der gerade ins Gefängnis eingeliefert wird. Schon in diesem Drama begreifen sich die dramatischen Personen kaum noch als Täter ihrer Taten. «Was ist das, was in uns hurt, lügt, stiehlt und mordet?» klagt Danton. «Puppen sind wir von unbekannten Gewalten am Draht gezogen; nichts, nichts wir selbst.» Die Entdeckung unbewusster Triebmächte im Innern des Menschen untergräbt das Wunschbild des selbstmächtigen Subjekts. Und sie unterminiert einen der Pfeiler des klassischen Dramas. Das Quellenstudium der Französischen Revolution bestärkte Büchner in der Auffassung von der Macht äußerer Determinanten. Diese Sicht bahnt eine Entwicklung der sozialen Dramen von Hebbels *Maria Magdalena* (1844) bis zu den Trauerspielen Gerhart Hauptmanns, Hendrik Ibsens, Herman Heijermans u. a. im Naturalismus an, in denen der soziale Hintergrund die Menschen regiert. Die bestimmenden Kräfte des menschlichen Lebens werden aus der Sphäre *zwischen* den Subjekten in eine entfremdete Objektivität verlagert (Szondi 1959, S. 64). Dabei raubt das Untergraben der Selbstmächtigkeit des Einzelnen den dramatischen Dialogen ihr Gewicht.

Auch die hohe Komödie ist über Jahrhunderte den skizzierten Grundregeln des Dramatischen verpflichtet. Sie wird aber stets von Gestalten der Posse, des Schwanks und des Volksstücks umlagert, die Vorschriften keineswegs unbedingt befolgen.

Die Krise des ernsten Dramas erhellt die Vorzüge der Komödie: Das Scheitern des Dialogs ist ein gefundenes Fressen für ein Theater, das misslingende Kommunikation als Quelle des Komischen inszeniert. Die Gewalt der feindlichen Umwelt tritt als Tücke des Objekts auf den Plan. Ohnmacht ist nicht tragisch, sondern wird im Verstolpern der Realität und als Hineintappen in Fallen Gegenstand des Gelächters. Die Komödie lässt erfahren, dass der Verlust der Selbstmächtigkeit der Person kein trauriges Ereignis ist. Im Lachen steckt die Ahnung, dass wir als Person keine Einheit sind, sondern widersprüchliche Triebkräfte und Wünsche in uns bergen. Die Wiener Volksstücke Johann Nepomuk Nestroys und die Pariser Operetten von Jacques Offenbach entfalten diese Dimension des Dramatischen.

Diese Tendenz charakterisiert aber nicht die Hauptlinie der Entwicklung des Dramatischen. Auch in seiner Krise bleibt das Drama hauptsächlich sehr ernst, entwirft es sich als «seriös».

In Tschechows Dramen bleiben die Dialoge oft im Missverstehen stecken, gehen in Selbstgespräche über, die in die Nähe des Verstummens treiben. Auf der Bühne vollzieht sich der «Übergang der Konversation in die Lyrik der Einsamkeit» (Szondi 1959, S. 36). Allerdings gewinnt Tschechow den Kommunikationsstörungen Komik ab, wenn er sie in Gestalt eines Schwerhörigen auf die Bühne schickt. Er nannte zum Erstaunen seiner Zeitgenossen *Die Möwe* eine Komödie, obgleich sie mit dem Selbstmord eines Protagonisten endet.

1919 liest man in einem der späten Manifeste des Expressionismus:

«Jeder Mensch ist nicht mehr Individuum, gebunden an Pflicht, Moral, Gesellschaft, Familie. Er wird in dieser Kunst nichts als das Erhebendste und Kläglichste: *er wird Mensch.* Hier liegt das Neue und Unerhörte gegen die Epochen vorher. Hier wird der bürgerliche Weltgedanke endlich nicht mehr gedacht. Hier gibt es keine Zusammenhänge mehr, die das Bild des Menschlichen verschleiern. Keine Ehegeschichten, keine Tragödien, die aus dem Zusammenprall von Konventionen und Freiheitsbedürfnis entstehen, keine Milieustücke, keine gestrengen Chefs, lebenslustigen Offiziere, keine Puppen, die, an den Drähten psychologischer Weltanschauungen hängend, mit Gesetzen, Standpunkten, Irrungen und Lastern dieses von Menschen gemachten und konstruierten Gesellschaftsdaseins spielen, lachen und leiden» (Edschmid 1989).

Schließlich wird gar die Fragwürdigkeit, überhaupt miteinander zu sprechen, in Szene gesetzt (Hugo von Hofmannsthal: *Der Schwierige*, 1919). Die Figuren der *Geschichten aus dem Wienerwald* von Ödön von Horváth leiden an ihrer Mundart. «Der Tonfall fordert Tote», und der Jargon, der gesprochen wird, «bietet ein Wissen, das es gestattet, den Dingen ihren Lauf zu lassen» (Nolting 1983, S. 121). Das Stück zeigt Figuren, die, vom «musikalischen Gemeinschaftslärm» der Walzerklänge *An der schönen blauen Donau* und *Geschichten aus dem Wienerwald* umhüllt, ein Dasein voll Müdigkeit, Gereiztheit und Resignation fristen, wie es DAS LEBEN zu fordern scheint.

Im 20. Jahrhundert setzt sich der Zerfall der Regeln des Dramatischen fort. In Frankreich unterhöhlt das Theater Alfred Jarrys die Zeit-, Raum- und Handlungsstruktur des Dramas, und Antonin Artaud formuliert Grundsätze eines körperbetonten *Theaters der Grausamkeit*, in dem das kultische Ereignis die alten Formen des Dramas verdrängt. Der russische Absurdist Daniil Charms (1997) bringt neben den Einheiten von Zeit, Raum und Handlung auch die der Person ins Wanken: Sein absurdistisches Stück *Elisabeth Bam* aus dem Jahr 1927 stellt eine Titelfigur auf die Bühne, die zugleich Verfolgte und Verfolgende, Wiederverkörperung einer historischen Person und Regisseurin des Spiels ist. In Charms (1997, S. 186) Drama *Puschkin und Gogol* erschöpft sich die Handlung des Stücks darin, dass die beiden russischen Autoren wieder und wieder übereinander stolpern, zu Boden gehen und sich erneut erheben, bis sie in den Kulissen verschwinden. Der minimalistische Dialog beschränkt sich auf Ausdrücke des Erstaunens, der Verärgerung und Empörung über dieses absurde Geschehen: «Schon wieder über Puškin!», «Wieder über Gogol!». Dem einen Autor liegt der andere in der Quere ... Der literarische Selbstbezug dieser komischen Szene ist mit Händen zu greifen.

Im deutschsprachigen Raum ist der Prozess des produktiven Zerfalls im 20. Jahrhundert an den Dramen von Georg Kaiser, Arnolt Bronnen, Bertolt Brecht, Peter Handke, Heiner Müller, Elfriede Jelinek und Rainald Goetz zu verfolgen. In den Stücken Bertolt Brechts tritt das Auseinanderbrechen der Dramenstruktur klar zutage. Schon ins naturalistische Drama waren Elemente des Epischen eingedrungen, da nicht mehr die Interaktionen der Einzelnen, sondern der soziale Hintergrund zum anonymen Hauptakteur geworden war. Der epische Gestus unterbrach die Einheit der Handlung. Das *Epische Theater* gründet auf dem szenisch performierten Abstand des Schauspielers zur Figur. Es trat der Theaterkunst Stanislawskis entgegen, der im Zeitalter des Naturalismus die Einheit von Schauspieler und Rolle gelehrt und praktiziert hatte.

Wie ein Fremder zeigt Brecht die denkwürdige Landschaft der Kämpfe. Andere Strukturen reduzieren die Tragödie sogar auf Elemente des Spiels, die man von der «Reise nach Jerusalem» kennt. Eine Grundstruktur des frühen Werks von Brecht trifft der Satz «EINER IST ZUVIEL!» (vgl. Höningh 1999, S. 216 ff.). Dies ist ein so abstraktes wie spielerisches Handlungsmuster: Mehrere treten auf den Plan, einer muss weichen. Der eine hat zu viel Glück im Pokerspiel und wird von seinen Freunden vom Schiff gestoßen. Ist der Überzählige fortgeschafft, beginnen die Probleme erst: Er ist zwar entfernt, aber nicht verschwunden. Entweder ist er ungeheuer schwer zu begraben, wie in der Geschichte von *Gaumer und Irk*, oder er ist ausgelöscht, und zwar, um sicherzugehen, in ungelöschtem Kalk, wie im Stück *Die Maßnahme* (1930–1936): Aber auch dieser Entfernte lässt die, die ihn hingerichtet haben, nicht los. Er zwingt sie vielmehr, seine Stimme zu simulieren, seine Denkfiguren schematisch zu wiederholen, seine Spontaneität zu karikieren, damit die Moskauer Zentrale seine Tötung billigen kann. Der, um den sich das ganze Stück dreht, ist abwesend, die Täter simulieren wie später in den Schauprozessen als Akteure die Haltungen ihres Opfers. Vorgeführt wird ein Apparat, der seine tödlichen Maßnahmen in Abwesenheit des Opfers legitimiert.

Die traditionell strenge Komposition des Dramas durch eine Folge von fünf Akten, die jeweils in durch das Hinzukommen oder das Abtreten von Figuren markierte Auftritte gegliedert waren, ist im 20. Jahrhundert überwiegend abgelöst worden von einer lockeren Szenenfolge. Dabei hat nicht selten die vom Film übernommene Technik der Montage die Vorherrschaft des herkömmlichen Handlungsaufbaus ersetzt.

Der Zerfall der Formen des klassischen Dramas und die Entwicklung des Theaters im 19. und 20. Jahrhundert profilieren das Spannungsverhältnis zwischen Schauspieler und dargestellter Figur sowie zwischen Dramentext und Inszenierung. Sie gehen mit dem Abschied vom klassischen, fünfaktigen Kompositionsschema einher, das oft durch eine montageartige Szenenfolge ersetzt wird.

Tatsächlich können wir im letzten Drittel des 20. Jahrhunderts einen neuen Theaterkontinent entdecken: Im «Tanztheater» trat das Ballett auf den Plan, das «Theater der Bilder» verbannte die Handlung von der Bühne, «Mixed Media Performances» warfen alle Regeln traditioneller Dramatik über Bord. Der Theaterabend wurde zu einem kultischen Ereignis ohne dramatischen Text. Tragende Gestalten des Bühnenereignisses verschwanden in Chören. Statt auf Handlung treffen wir auf Collagen von Bildern. Risikofreudige Theatergruppen geben die Parole aus: «ES GIBT THEATER OHNE DRAMA» (Lehmann 1999, S. 44). Diese Wende zum «postdramatischen» Theater wird nicht ohne Pathos verkündet. Seine Wortführer berufen sich auf Formen des Theaters in Japan und China sowie auf vergessene Traditionen vor der Entstehung des Dramas: «Das Drama in seiner einfachsten Gestalt ist rhythmische Bewegung des Körpers im Raum» (Fuchs 1992). Alles, was im Varieté begegnet, Tanz und Akrobatik, Jonglieren, Seiltanz, Taschenspielerei, Ring- und Faustkampf, Spiel mit dressierten Tieren, Singspiel, Maskenreigen, sind einfache Formen des Dramas.

Das neue Theater greift zurück auf Gestaltungen, die es bereits vor der Erfindung des Dramas gab, sowie auf außereuropäische Spielpraktiken: Chöre in der Arena, stummen, körperlichen Wettkampf, Akrobatik, Pantomime.

Der Zerfall der dramatischen Ordnung in ein Theater der Bilder oder Mixed Media Performances wird im 21. Jahrhundert mit Heiterkeit registriert. Den Hunger nach traditionellen Formen des Dramas stillen einstweilen die Medien Film und Fernsehen.

2.6 Der mediale Charakter literarischer Texte und die Reichweite literaturwissenschaftlicher Textanalyse

Wer literarische Texte untersucht, tut gut daran zu beachten, dass bei genauer Betrachtung in der Literatur wie in der bildenden Kunst im Grunde nicht ein einziges Medium, sondern mehrere Medien Verwendung finden. Diese grundlegende Vielfalt ihrer Ausdrucksmittel entspringt zunächst dem Unterschied zwischen der *Mündlichkeit* von Texten der Volkskultur und der *Schriftlichkeit* der übrigen Sprachkunst. Darüber hinaus stellt sich die Frage, ob innerhalb der Literatur *Lyrik*, *Prosa* und *Drama* nicht als drei sehr unterschiedliche, in mancherlei Hinsicht sogar gegensätzliche *Medien* zu fassen sind, die einander ebenso ergänzen und miteinander ebenso konkurrieren wie Musik, bildende Kunst, Literatur usw. in der Kultur. Oft werden diese Gestaltungsweisen vor dem Hintergrund ihrer Alternativen wahrgenommen, nicht selten übernehmen sie Kommunikationsstrategien von ihren Konkurrenten, und oft überlagern sie einander zu hybriden Mischformen. Analoges gilt für das Verhältnis zu benachbarten Künsten sowie zu angrenzenden kulturellen Feldern wie der Philosophie, der Wissenschaft und dem Journalismus. Wie die innerliterarischen Medien Lyrik, Prosa und Drama konkurrieren auch Lyrik-, Dramen- und Prosaanalyse miteinander. Während in den 1960er bis 80er Jahren Verse und Theaterstücke nicht selten wie Prosatexte gelesen und interpretiert wurden, macht sich heutzutage die Neigung bemerkbar, alle Texte entweder wie Lyrik oder aber wie Dramen zu lesen.

Während die Untersuchung der Lyrik als Wortkunst im engeren Sinn wie die Analyse der Musik die Aufmerksamkeit besonders auf die sinnliche Wahrnehmung ihres materiellen Substrats, hier den Laut und die Buchstaben sowie ihre Kombinationen, richten muss, während sie zudem das lyrische Ich als den oft einzigen Wahrnehmungs-, Denk- und Redehorizont des Textes fassen kann, konzentriert sich die Prosaanalyse auf die Perspektivierung des Erzählten zumal mit Blick auf Raum, Zeit und Person sowie auf die im Fokussieren greifbare Instanz des Erzählers im Verhältnis zu den Figuren sowie zum abstrakten Autor. Anders als beim lyrischen Gedicht ist bei der Analyse des Erzählens der Vorgang des

Sprechens (hier: des Erzählens) vom Besprochenen (hier: dem Erzählten) in aller Regel klar zu trennen. Nicht selten finden wir ein vielstimmiges Geflecht alternativer Standpunkte.

Untersuchen wir die Rede des Dramas, ist besonders auf die Performanz, auf die Einstellung des Dramas auf seine Aufführung zu achten. Ihr ist das Spannungsverhältnis zwischen verkörperndem Schauspieler und verkörperter Figur sowie zwischen sprachlichem Dramentext und außersprachlichem Spiel von Mimik, Choreographie des Körperverhaltens, Bühnenbild und Beleuchtung zu verdanken.

Schließlich ist zu beachten, dass jeder betrachtete Text in die Vorgänge von autorbezogener Herstellung, kulturgeprägter Präsentation (z. B. durch den Verlag oder das Internet) und publikumsabhängiger Rezeption eingespannt ist. Kraft der Einsicht in seine Intertextualität werden wir auf seine Vorgeschichte verwiesen, dank des ihn umgebenden literarischen Feldes und des vom lesenden oder zuhörenden Publikum repräsentierten Erwartungshorizonts erfassen wir seinen Gegenwartsbezug, und in seinem Anspruch auf eine künftige Wirkungsgeschichte entwerfen wir seinen Zukunftsbezug. Neben den Rezeptionszeugnissen der Leser und Hörer, neben der Literaturkritik zählen zu dieser Wirkungsgeschichte auch literaturwissenschaftliche Analyse und Interpretation. Sie bestimmen mit, ob ein Text dem Vergessen ausgeliefert oder in einen Kanon der nationalen, vielleicht sogar der Weltliteratur aufgenommen wird.

Die Kompetenzen der Lyrikanalyse lassen sich auch auf das Erfassen der Machart von Werbesprüchen (Äquivalenzbildungen durch Wiederholung) anwenden wie «*Geiz* ist *geil*» oder von Wahlslogans wie «*Arbeit, Arbeit, Arbeit*» (SPD) und «*Gleiche*r Lohn für *gleiche* Arbeit» (CDU). Wer die Techniken des Fokussierens, des Spiels mit Zeit und Fiktion in der literarischen Prosa durchschaut hat, dem wird auch die Bedingtheit von Zeugenaussagen oder historischen Abhandlungen nicht verborgen bleiben. Und Fertigkeiten in der Dramenanalyse nützen nicht nur beim Deuten von Theaterstücken, sondern auch beim Verstehen der Zeitbedingtheit und Wirkungsweise von Spielfilmen und Videoproduktionen.

3 ANALYSE literarischer Institutionen

3

Die Fähigkeit, Texte im Rahmen ihrer jeweiligen Gattung genau zu lesen und literaturwissenschaftlichen Standards entsprechend zu interpretieren, sowie die Fähigkeit, diese Texte in Bezug zu anderen Texten und Texttraditionen, Medien, zum historischen Kontext usw. zu setzen, knüpft in der Regel an das an, was bereits aus der Schule bekannt ist. Ein Beispiel für das erste Betätigungsfeld ist etwa die Analyse politischer Lyrik im Deutschunterricht, während die thematische Beschäftigung mit der britischen Kolonialherrschaft in Indien im Englischunterricht vielfältige Kontextualisierungsmöglichkeiten von Texten Salman Rushdies bis hin zur heutigen indischen Filmproduktion eröffnen könnte.

Die Analyse literarischer Institutionen mittels empirischer Verfahren, die in diesem Kapitel in den Mittelpunkt gerückt wird, stellt hingegen für die meisten Schulabsolventen Neuland dar. Damit ist nicht nur die Notwendigkeit gegeben, sich neue Begriffe zu erarbeiten: Was versteht man unter literarischen Institutionen? Was sind empirische Verfahren? Vor allem muss man sich auf eine neue Betrachtungsweise von Literatur und literarischen Zusammenhängen einlassen, die der Intuition zunächst entgegenläuft. Wenn ein zeitgenössischer Kenner Kafka die literarische Qualität abspricht, liegt aus heutiger Perspektive die Vermutung nahe, dass er sich einfach geirrt hat. Im Folgenden soll demgegenüber die Fähigkeit vermittelt werden, die Entstehung und die Funktion dieser historischen Kafka-Kritik zu analysieren, wodurch auch der heutige Kanon als «gemacht» und damit als Produkt vielfältiger Geschmacks-, Interessen- und letztlich auch Machtkonflikte in den Blick gerät. Der Kampf – vor allem, aber nicht nur – an amerikanischen Universitäten gegen die dominante Behandlung der Texte «toter weißer Männer» (wie Kafka) und die Forderung, diese durch die Texte von Frauen, von Nicht-Weißen oder von zeitgenössischen Minderheitengruppen zu ersetzen, macht die Relevanz eines solchen Ansatzes sofort einsichtig. Anders als in diesem Kampf um die Anerkennung bestimmter Texte und Textsorten geht es bei der empirischen Analyse jedoch nicht darum, Empfehlungen für das universitäre oder schulische Curriculum abzugeben. Die Analyse literarischer Institutionen verspricht im besten Fall plausible Erklärungsskizzen für den Verlauf dieser Debatten und damit für die Interaktion der verschiedensten Personen und Personengruppen. Solche Verfahren werden im Folgenden vorgestellt, ergänzt durch einen exemplarischen Einblick in ihre Anwendung.

Neben einer Erweiterung der analytischen Fähigkeiten geht damit auch ein anderer Blick auf Literatur und den Umgang mit Literatur einher, dessen provokanter Relativismus als Anreiz zum methodisch-argumentierenden Denken fruchtbar gemacht werden soll. Dazu werden zunächst die Grundlagen des institutionellen Ansatzes (1) und die Literaturkritik behandelt (2). Anschließend wird das Konzept des Autors aus institutioneller Perspektive vorgestellt und diskutiert, wie er sich in den Prozess des Reputationsaufbaus in der Literaturkritik einschalten kann (3). Nach einem kurzen Blick auf den Leser (4) werden kurz Möglichkeiten der Untersuchung einer Reihe von weiteren literarischen Institutionen wie Verlage (5), Literaturunterricht (6) sowie Literaturpolitik, Buchhandel und Bibliotheken (7) angerissen.

3.1 Institutionen machen Literatur

In der ZDF-Sendung «Das literarische Quartett» bedachte Anfang Oktober 1991 Marcel Reich-Ranicki *Die folgende Geschichte* von Cees Nooteboom (geb. 1933) mit einer kaum zu übertreffenden Lobeshymne:

«Es hat mich tief beeindruckt und ich bedauere es außerordentlich, daß ich die bisherigen Bücher von Nooteboom alle übersehen und nicht gelesen habe. Das ist ein ganz bedeutender europäischer Schriftsteller, und eines der wichtigsten Bücher, vielleicht das wichtigste, das ich in diesem Jahr gelesen habe. [...] Mich hat das Buch tief getroffen, und wenn ich ein Buch empfehlen kann – denn es kommt ja jetzt die Weihnachtszeit, und die Leute werden Bücher kaufen, und sie werden die falschen kaufen – dann sage ich: ein Bestseller ist es nicht, aber es sollte ein Bestseller werden. [...] Ich spreche gern vom doppelten Boden, der das Kennzeichen von Literatur ist, hier ist er da, der doppelte Boden, hier ist Literatur und Poesie. Und ich bin tief von diesem Nooteboom beeindruckt; sieh da, die Holländer haben einen solchen Autor!»

Diese Besprechung gab den Startschuss zu einem für niederländischsprachige Literatur nach 1945 in Deutschland einzigartigen Verkaufserfolg, denn bis Jahresende folgten sieben neue Auflagen der Erzählung. Das Buch wurde, wie auf Bestellung Reich-Ranickis, zum Bestseller. Für die folgenden Monate und Jahre ist festzustellen, dass nicht nur die Verkaufszahlen der älteren Bücher des Autors steigen, sondern dass das Interesse an niederländischsprachiger Literatur – also Literatur aus den Niederlanden und aus Flandern – insgesamt wächst. Die Zahl der Übersetzungen nimmt angeblich die Ausmaße einer Flut an, die Bücher werden in überregionalen Tageszeitungen wie *Frankfurter Allgemeine* und *Süddeutsche Zeitung* besprochen, und es gibt einige größere Verkaufserfolge. Wie konnte es dazu kommen? Wurde hier plötzlich gesehen, was immer schon da und nur keinem aufgefallen war? Sind die niederländischsprachigen Literaten bis dahin von den deutschen Lesern systematisch verkannt worden?

Die Auffassung, dass die Qualität von Literatur ausschließlich in den Texten selbst liege und sich von selbst einen Weg bahne, greift offensichtlich zu kurz – dass Fernsehkritiken das Schicksal von Büchern entscheidend mitprägen können, dürfte allgemeine Zustimmung finden. Aber sind nicht auch Kritiker an die Qualität gebunden, die sie im Text vorfinden? Auch das wäre eine Verkürzung der Dinge, denn ein Vergleich zwischen dem Bild von Nooteboom in Deutschland und in den Niederlanden ergibt eine unterschiedliche Einschätzung: Lobeshymnen wie die Reich-Ranickis gibt es in den Niederlanden für Nooteboom, der nicht zu den größten Nachkriegsautoren gerechnet wird, kaum – als ‹die großen Drei› gelten Willem Frederik Hermans, Gerard Reve und Harry Mulisch. Zu denken, in Bezug auf die Annahme, Qualität sei eine Eigenschaft, die Texten innewohne, gibt zudem, dass das Urteil von professionellen

Rezensenten über denselben Text sehr gegensätzlich sein kann. Was *Die folgende Geschichte* angeht, so steht dem Enthusiasmus von Reich-Ranicki auf der einen Seite auf der anderen das vernichtende Urteil von Peter Handke in Deutschland sowie die negative Kritik des Chefs des Literaturteils der renommierten niederländischen Wochenzeitung *Vrij Nederland*, Carel Peeters, gegenüber. Spekulationen über vermeintliche «Unterschätzung» Nootebooms in den Niederlanden oder, im Umkehrschluss, «Überschätzung» in Deutschland sind ebenfalls nicht viel mehr als Ausdruck des Glaubens, Texte hätten in mehr oder weniger großem Umfang inhärente Qualitäten und man selber habe sie, im Gegensatz zu anderen Kritikern, erkannt. Stichhaltige Verfahren und Kriterien zur Bestimmung von Unter- oder Überschätzung gibt es jedoch nicht.

Man kann also nicht umhin, den Erfolg der niederländischsprachigen Literatur Anfang der 1990er Jahre zumindest auch mit Faktoren zu erklären, die außerhalb der Texte selber liegen. Neben dem Einfluss des Fernseh-Plädoyers von Reich-Ranicki für Nooteboom wird in diesem Zusammenhang die Wirkung der Buchmesse in Frankfurt 1993 genannt, auf der die Literatur aus den Niederlanden und Flandern «Schwerpunkt» war. Aber welche Rolle spielen diese außertextuellen Faktoren genau? Nicht jede Lobeshymne Reich-Ranickis vor laufenden Kameras hat schließlich den gleichen Effekt, und nicht jedes Schwerpunktland auf der Frankfurter Buchmesse kann anschließend einen vergleichbaren Boom wie die niederländischsprachige Literatur verbuchen.

Hier Hilfestellung zu bieten, ist der Anspruch von empirischen Ansätzen der Literaturwissenschaft. Diesen Theorievarianten geht es darum, ein Modell des Literaturbetriebs zu entwerfen, das Autoren, Literaturkritik, Buchhandel, Bibliotheken, Verlage, Leser, Literaturdozenten usw. in einen systematischen Bezug zueinander setzt, um so Handlungen und Ereignisse innerhalb des Literaturbetriebs erklären zu können. Dabei gehen die Empiriker davon aus, dass die Texte selber keinen oder nur einen sehr geringen Einfluss haben: Aus empirischer Sicht besitzen der Literatur zugerechnete Texte keine ihnen innewohnenden literarischen Eigenschaften und Qualitäten, vielmehr werden diese ihnen in einem komplizierten Prozess von verschiedenen Seiten (u. a. Medien, Literaturunterricht und Werbung) erst zugeschrieben, wodurch sie *als literarisch eingeschätzt* werden (vgl. Verdaasdonk 1985). Denkt man diesen Gedanken weiter, so kommt man zu dem Schluss, dass ein Text, der noch keinen Leser gefunden hat – etwa ein unbekanntes Romanfragment Kafkas auf einem verstaubten Prager Dachboden –, keine Literatur ist. Wohl kann er es werden; in unserem Beispiel genau dann, wenn dieser Text dem – kanonisierten – Werk Kafkas zugeordnet wird.

Wissenschaftsauffassungen

Die hier zu vermittelnden Analysefähigkeiten richten sich somit nicht auf die Frage: «Was soll dieser Text bedeuten? Wie ist er zu lesen?», sondern auf Fragen der Art: «Wie wird dieser Text gelesen? Warum wird er so gelesen?» Der Fokus wird damit nicht auf die Texte selber, sondern auf das Handeln mit Bezug auf literarische Texte gerichtet, und es wird danach gestrebt, dieses Handeln zu erklären. Damit einher geht im Allgemeinen auch ein anderes Wissenschaftsverständnis, als in den text- und kontextorientierten analytischen Kompetenzen vermittelt wurde. Die Weichen für diese Divergenz wurden im 19. Jahrhundert gestellt.

Zur Erläuterung der Verfahren, die in diesem Abschnitt vorzustellen sind, bietet sich die Gegenüberstellung von zwei Schulen an, die im Allgemeinen als radikale Opposition gesehen werden (vgl. im Folgenden Laan 1997). Dabei handelt es sich einerseits um den positivistischen Ansatz, der vor allem mit den Namen Hippolyte Taine (1828–1893) und Wilhelm Scherer (1841–1886) verbunden ist und dem in der zweiten Hälfte des 19. Jahrhunderts eine dominante Position zugesprochen wird, andererseits um den so genannten geistesgeschichtlichen Ansatz, als dessen Begründer Wilhelm Dilthey (1833–1911) gilt. Um die Unterschiede herauszustellen, kann man sich im Rahmen einer sehr allgemeinen Charakterisierung auf zwei Punkte beschränken: *Objekt* und *Zielsetzung* der Schulen.

Der Positivismus geht davon aus, dass es nur *eine* Wissenschaft gibt, die für alle Objekte gilt, sowohl für Kunstwerke wie für Dampfmaschinen. Für die Geistesgeschichte ist hingegen gerade die Trennung zwischen Objekten der Geisteswissenschaft und Objekten der Naturwissenschaft konstitutiv – mit jeweils aus den Ansprüchen des Objekts resultierenden eigenen Methoden. Der geistesgeschichtliche Ansatz grenzt deswegen auch die Gegenstände der Naturwissenschaft aus seinem Objektbereich aus.

Was das Erkenntnisziel angeht, so wird der Unterschied zwischen beiden Schulen meist mit der Opposition *Verstehen* gegenüber *Erklären* erläutert. Dies bringt Wilhelm Dilthey auf die Formel: «Die Natur erklären wir, das Seelenleben verstehen wir» (1961 [1894], S. 136) – wobei die Geistesgeschichte sich auf das Letztere beschränkt. Erlebnis und Einfühlung sind dabei die Grundlagen des Verstehens, etwa von Literatur; es geht um die «Versenkung aller Gemütskräfte in den Gegenstand» (1922, S. 109), der als ‹Ganzheit› begriffen wird. Der Positivismus hingegen zielt auf ‹Erklären› im Sinne von kausalen Verknüpfungen. Das gilt etwa für Hippolyte Taines wichtigste Arbeit, seine *Histoire de la littérature anglaise* (1863–1864), in der er als Erklärungsmodell die Begriffe ‹race›, ‹milieu› und ‹moment› benutzt, mittels derer er ein ‹Gesetz› der Abhängigkeiten formulieren zu können glaubt: Durch eine Analyse dieser Aspekte könne man erklären, warum Literatur so ist, wie sie ist. Die Begriffe sind jedoch schwer zu fassen: ‹race› steht ungefähr für das, was als Nationalcharakter bezeichnet wird, und ‹moment› und ‹milieu› sind begrifflich kaum voneinander zu trennen: Sie bezeichnen in etwa die konkrete zeitliche Gebundenheit des Autors, das geistige ‹Klima› seiner Zeit unter Einschluss der ökonomischen, politischen und sozialen Dimension. ‹Moment› akzentuiert dabei eher den zeitlichen Aspekt, ‹milieu› den räumlichen.

Als positivistisch gilt auch Wilhelm Scherers Triade ‹Ererbtes›, ‹Erlerntes› und ‹Erlebtes›, die in seiner *Geschichte der deutschen Literatur* ebenfalls zur kausalen Erklärung von Literatur dienen soll, also zur Beantwortung der Frage, warum Autor x zum Zeitpunkt y Text z geschrieben hat. Führende Figur dieses ersten Höhepunkts des soziologischen Interesses war der Anglist Levin Ludwig Schücking mit seiner einflussreichen Studie *Die Soziologie der literarischen Geschmacksbildung* aus dem Jahr 1923, in der er so genannte Geschmacksträger-Gruppen unterschied, die in ihrer Wertung von Texten homogen sind.

Wenn somit die empirischen Analyseverfahren in der Tradition des Positivismus angesiedelt werden können, weichen sie in einer Vielzahl von Hinsichten deutlich von diesem ab. So ist der positivistische Fortschrittsglaube in neueren Arbeiten nirgends mehr anzutreffen. Auch der Glaube an die Objektivität von Wissenschaft wird von empirischen Literaturwissenschaftlern als naiv zurückgewiesen, da es keine vorgegebene

Wirklichkeit gibt, die unabhängig vom Wissenschaftler und von dessen Theorien bloß zu enthüllen sei – jeder wissenschaftliche Blick ist immer schon theoriegeleitet und in diesem Sinn subjektiv.

Der empirische Literaturwissenschaftler orientiert sich an drei minimalen Bedingungen, denen Wissenschaft entsprechen soll. Diese beinhalten, dass Wissenschaft (1) aufgrund *fundierter* Beobachtungen Aussagen trifft, die (2) *systematisch* miteinander verknüpft und (3) *intersubjektiv* nachvollziehbar sind.

Die Fundierung wird darin gesucht, dass die Beobachtung und Beschreibung der Phänomene auf Erfahrung beruhen und damit nachprüfbar sein müssen – dazu gehört eine eindeutige Beschreibung. Dies geht meist einher mit der Forderung nach einer wohldefinierten Meta-Sprache, die der Wissenschaftler zur Beschreibung seiner Objekte verwenden soll.

Die Fragen, die an die empirisch fundierten Phänomene gestellt werden, sollen darüber hinaus in einem systematischen Zusammenhang mit anderen Fragen stehen und somit theoriegeleitet sein, da nur so wissenschaftlich relevante Fragen von Problemen unterschieden werden können, die keinen Bezug zur wissenschaftlichen Debatte haben.

Schließlich sollen die Ergebnisse intersubjektiv sein, womit gemeint ist, dass die Schlüsse aufgrund rationaler Argumentation nachvollziehbar und die Ergebnisse überprüfbar sein müssen.

All die genannten Anforderungen laufen letztlich auf den Anspruch hinaus, dass man wissenschaftliche Arbeiten kritisieren können muss (vgl. Fokkema/Ibsch 2000). Nur Arbeiten und Modelle, die kritisiert, widerlegt oder bestätigt werden können, sind aus empirischer Sicht wissenschaftlich. Der Begriff der Kritik wird hier gebraucht im Sinne einer rationalen Kritik anhand der oben genannten Kriterien. Konsens zwischen Wissenschaftlern oder innere Kohärenz eines wissenschaftlichen Modells wären aus dieser Sicht also nicht ausreichend. Auch wenn es zweifelsohne von theoretischen Vorentscheidungen und anderen subjektiven Setzungen und Einschränkungen abhängt, was jeweils als empirische Tatsache gilt, müssen diese Modelle die Möglichkeit bieten, sich anhand von Empirie kritisieren zu lassen. Wer etwa ein neues Verfahren zur Säuberung von Abwässern entwickelt hat, muss seine Erkenntnisse so formulieren, dass der Versuch bzw. das Verfahren von Wissenschaftlern jederzeit und überall wiederholt werden kann, um zu überprüfen, ob die behaupteten Ergebnisse eintreffen oder nicht.

Das literarische Feld

Die Bedeutung dieser allgemeinen Prämissen sollen nun anhand eines Theoretikers verdeutlicht werden, der in der skizzierten Wissenschaftstradition gearbeitet hat: Es geht um den vielbeachteten französischen Soziologen Pierre Bourdieu. Auf der Grundlage des Konzepts der Ausdifferenzierung und in Anlehnung an Max Webers Feldbegriff geht Bourdieu von einer Reihe gesellschaftlicher Felder aus, die sich seit der Renaissance in einem allmählichen Prozess herausgebildet haben: Er unterscheidet unter anderem ein wissenschaftliches, ein wirtschaftliches, ein politisches, ein kulturelles und als Teil des letzteren ein literarisches Feld (vgl. Magerski 2004). Das literarische Feld kann man als die Gesamtheit aller Aktoren des Feldes und ihrer auf Literatur bezogenen Aktivitäten beschreiben. Wie oben bereits angerissen, geht es Bourdieu also um die Analyse menschlicher Handlungen. Die Aktoren des literarischen Feldes operieren dabei innerhalb der bereits mehrfach genannten Institutionen.

→ Unter Institutionen verstehen wir eine Konstellation von Aktoren, die eine spezifische Aufgabe in der Produktion, der Distribution und der Verarbeitung von Literatur haben, wobei unter Verarbeitung alle die Literatur interpretierenden und bewertenden Aktivitäten gefasst werden.

So betrachtet, lassen sich im 21. Jahrhundert sechs Institutionen unterscheiden: die Literaturkritik, die Verlage, der Literaturunterricht, Organisationen der Literaturförderung, der Buchhandel und die Bibliotheken. Jede dieser Institutionen repräsentiert dabei auf spezifische Weise ein System von Werten, Normen und Bedeutungen, das sich die Aktoren der jeweiligen Institution zu Eigen gemacht haben. Zusammen mit den Autoren und Lesern bilden die Institutionen das literarische Feld.

Als Ausgangspunkt für eine Skizze von Bourdieus Theorie des literarischen Feldes soll die Unterscheidung zwischen materieller und symbolischer Produktion dienen. Unter materieller Produktion versteht Bourdieu die Herstellung eines Buchs im Sinne eines physischen Objekts, woran vom Verfasser bis zum Binder die verschiedensten Personen teilhaben. Symbolische Produktion bezeichnet dahingegen alle Aussagen über Eigenschaften, Bezüge und Qualitäten eines Textes, wie sie von Experten (z. B. Literaturkritikern), Verlagen, Buchhändlern, Lehrern usw. getroffen werden. Diese «Produktion von Glauben», wie Bourdieu (1977) es polemisch ausdrückt, ist «notwendigerweise kollektiv»: «Das Subjekt des ästhetischen Urteils ist [...] ein ‹man›, das sich gewöhnlich für ein ‹Selbst› hält [...]» (1974, S. 100). Auch die Vertreter des institutionellen Ansatzes sind davon überzeugt, dass Qualität den literarischen Werken nicht innewohnt. *Der Mann ohne Eigenschaften* von Robert Musil *ist* nicht Literatur, sondern wird aufgrund komplexer Prozesse im literarischen Feld als Literatur angesehen. Der Gegensatz zwischen hoher und niederer Kunst, zwischen der positiv bewerteten Mühe, die es macht, ein Gedicht zu lesen oder eine Symphonie zu hören einerseits, dem simplen Vergnügen an einer Vorabendserie oder an einem Hollywood-Film andererseits – all dies hat für Bourdieu nicht so sehr mit den Gegenständen selbst zu tun, sondern ist Ausdruck der Ideologie der ‹dominanten› Klasse, die Werten wie Anstrengung, Perfektionierung und Askese die größte Bedeutung zumisst. Diejenigen, die ihre Augen vor dieser institutionellen Produktion von symbolischem Wert verschließen, hängen Bourdieu zufolge einer «charismatischen Ideologie» an. Damit bezeichnet er die Ansicht, dass der Wert eines Kunstwerks ausschließlich aus den natürlichen Talenten eines individuellen Produzenten resultiere und im Werk selber anzutreffen sei. Indem das literarische Feld den Glauben an die Schöpferkraft des Künstlers produziere, suggeriere es an einer Stelle Natürlichkeit, wo in Wahrheit über die Sozialisation und insbesondere die Ausbildung den Aktoren die Kompetenz zum adäquaten Umgang mit Kunst und Literatur erst vermittelt werde.

Diesen Sozialisationsprozess versucht Bourdieu mit dem Begriff des «Habitus» zu fassen. Unter Habitus versteht Bourdieu ein System an Dispositionen, das den jeweiligen Aktoren unter anderem den Umgang mit Kunstproduktion aufgrund erlernter Verhaltensweisen ermöglicht. Der Habitus ist immer bereits vorstrukturiert, aber zugleich auch strukturierend für die Handlungen im literarischen Feld, ohne jedoch einfach auf ein Befolgen von Regeln reduziert werden zu können. Er wird deswegen auch als «feel for the game» umschrieben.

Die treibende Kraft hinter den Aktivitäten der Institutionen und der Autoren im literarischen Feld ist für Bourdieu der Kampf um Macht. Es geht für die verschiedenen Teilnehmer am literarischen Feld darum, sich eine einflussreiche Position innerhalb des Feldes zu verschaffen. Angestrebt wird das Monopol der legitimen Definitionsmacht dessen, was Literatur und was ein Schriftsteller ist – das gilt sowohl für den Kampf zwischen Institutionen als auch für den Kampf der Aktoren innerhalb einer Institution. Als Synonym für Macht verwendet Bourdieu den Begriff «Kapital», worunter er, abweichend vom gängigen Sprachgebrauch, sowohl materielles Kapital (Geld, Grundbesitz, Aktien usw.) als auch Faktoren wie Schulbildung, Beziehungen, Reputation, Titel, Preise, Sprachkompetenz, Ehre usw. versteht, die unter den Sammelbegriff «symbolisches Kapital» fallen. Um Kapital zu erwirtschaften, ist man von anderen und vom Bezug auf andere abhängig. Bourdieu zitiert in diesem Zusammenhang den bereits erwähnten Levin L. Schücking: «Das Kunstleben ist, wie die Politik, am Ende ein Ringen um die Mitläufer» (1932, S. 379).

Untrennbar mit dem Streben nach mehr Macht im literarischen Feld ist der Wunsch verbunden, sich zu unterscheiden, wie er im Titel von Bourdieus grundlegender Studie *Die feinen Unterschiede* (1987) zum Ausdruck kommt. Dieser Wunsch spielt in Bezug auf alle Bereiche des menschlichen Lebens eine Rolle: Kunst, Literatur, Essen, Kleidung, Urlaubsziel, Wohnungseinrichtung usw. Gefallen an Kunst oder Literatur ist für Bourdieu immer auch das Missfallen am Geschmack der Gruppe bzw. «Klasse», von der man sich absetzen will.

Die Bedeutung der Theorie Bourdieus liegt vor allem in den Erklärungsmöglichkeiten für komplexe literarische Phänomene, die sein Konzept des literarischen Feldes bietet. Auch der Inspirationsgehalt von Bourdieus (oft als provozierend erfahrenen) Hypothesen wird als Grund für seine Bedeutung angeführt, vielleicht gerade weil viele seiner Begriffe wie «literarisches Feld» oder «symbolisches Kapital» nicht exakt definiert sind und einen unübersehbaren metaphorischen Gehalt haben. Entscheidend für die hier zu vermittelnde Analysekompetenz ist jedoch ein anderer Aspekt: Bourdieus Ansatz beruht auf der Trennung zwischen *Handeln im Literatursystem* – das tun die Aktoren der Institutionen, die

Autoren und die Leser – und *Analyse des Literatursystems* – das ist die Rolle des (empirischen) Literaturwissenschaftlers. Der Literaturwissenschaftler mit einem institutionellen Ansatz ist aus dieser Sicht kein Teil des Literatursystems, auch wenn die Ergebnisse seiner Arbeit in dieses hineinwirken können. Der wichtigste Maßstab, der zu dieser Trennung führt, ist die Beurteilung von Aussagen nach den oben skizzierten wissenschaftlichen Kriterien.

Legt man empirische wissenschaftliche Maßstäbe zugrunde, dann kommt man nämlich zu dem Schluss, dass «Interpretation» keine empirisch durchführbare wissenschaftliche Operation ist: «Es gibt keine Überprüfung von Interpretationshypothesen am Text und keine objektive Rechtfertigung für die Wahl bestimmter Referenzrahmen» (Hauptmeier/Schmidt 1985, S. 130). Die Interpretation von Texten wird damit der Ebene der Teilnahme am Literatursystem zugeordnet, wo sie sozial und kulturell wichtige Funktionen übernimmt. Die empirischen Literaturwissenschaftler richten sich jedoch auf andere Fragen – für die Interpretation von Texten erklären sie sich *als Wissenschaftler* nicht zuständig.

Von der so skizzierten theoretischen Position aus sollen im Folgenden die Möglichkeiten des institutionellen Ansatzes an konkreten Beispielen vorgeführt werden. Da der Literaturkritik eine dominante Rolle innerhalb des literarischen Feldes zugesprochen wird, betrachten wir als Erstes ihr Funktionieren etwas genauer.

3.2 Literaturkritik

Die Literaturkritik ist die dominante Institution im literarischen Feld, weil der Grad der Aufmerksamkeit, den sie einem Autor schenkt, der wichtigste Indikator für dessen Status ist. Sie ist der Schauplatz, auf dem die Frage entschieden wird, ob die Anerkennung eines bestimmten Textes als Literatur gelingt. Ohne die Anerkennung durch die Literaturkritik ist die Legitimierung von Texten als literarische oder gar als Meisterwerke langfristig kaum möglich – die Literaturkritik weiht Texte sozusagen als literarische. Für diesen Prozess benutzt Bourdieu den Begriff der «Konsekration», der im Folgenden noch öfter auftauchen wird.

Die konsekrierende Institution Literaturkritik besteht dabei nicht nur aus Rezensenten:

➔ Aus institutioneller Sicht setzt sich die Literaturkritik aus drei Komponenten zusammen: der journalistischen, der essayistischen und der akademischen Literaturkritik (vgl. van Rees 1983).

Nicht nur die Rezension eines Robert-Gernhardt-Gedichtbandes in der *Süddeutschen Zeitung* oder im *SWR*, sondern auch der Essay zum englischen Dichter Philip Larkin im *Merkur* sowie die literaturwissenschaftliche Textinterpretation von Michel Houellebecqs Romanen in einer romanistischen Fachzeitschrift oder die neueste skandinavische Literaturgeschichte gehören aus dieser Sicht allesamt zur selben Institution: der Literaturkritik. Der Grund wird darin gesehen, dass in all diesen Textsorten deskriptive, interpretative und evaluierende Aussagen miteinander verbunden werden, und zwar auf der Grundlage eines scheinbaren Kontinuums. Aus der Sicht der jeweiligen «Literaturkritiker» resultieren die Wertungen aus der Interpretation, so wie diese auf der Beschreibung des Textes beruht. Dieses Kontinuum ist für institutionell arbeitende Literaturwissenschaftler jedoch deshalb nur ein scheinbares, weil es sich nach den oben skizzierten Kriterien um argumentative Sprünge handelt (vgl. van Rees 1987). Die Verbindung zwischen deskriptiven, interpretierenden und evaluierenden Aussagen ist so betrachtet nicht kritisierbar, da sie auf einer bestimmten Poetik (s. u.) beruht, auf einer normativen Auffassung über Art, Funktion und Eigenschaften von Texten. Als weiteres Argument wird angeführt, dass allen drei Typen von Literaturkritik das gleiche Ziel zugeschrieben wird: eine Rangordnung der besprochenen Texte und Autoren zu etablieren, und zwar mehr oder weniger implizit.

Die Unterschiede der drei Typen von Literaturkritik (vgl. Anz/Baasner 2004, S. 199 ff.) haben aus dieser Sicht nur eine untergeordnete Bedeutung. Sie liegen unter anderem in der Zeitspanne zwischen der Veröffentlichung des besprochenen Textes und des literaturkritischen Textes: Bei der journalistischen Literaturkritik ist die Zeitspanne am kleinsten (bisweilen erscheinen die ersten Rezensionen mehr oder weniger zeitgleich mit dem Buch), bei der akademischen Literaturkritik ist sie in der Regel am größten. Aus rein zeitlicher Perspektive kann man so von primärer, sekundärer und tertiärer Literaturkritik sprechen. Hinzu kommt ein Unterschied in der Auswahl der Texte, die besprochen werden können. Die akademische Literaturkritik steht dabei am Ende eines immer enger werdenden Trichters: Nur ein Teil aller geschriebenen Texte erscheint als Buch; nur ein (seit dem 18. Jahrhundert immer geringer werdender) Teil der Neuerscheinungen wird von der journalistischen Literaturkritik beachtet; eine noch geringere Zahl wird Gegenstand essayistischer Betrachtungen, und davon geht wiederum nur ein Teil in die Literaturgeschichten ein. Und wer nicht durch alle Filter schwimmt, verschwindet in der Regel in der Vergessenheit.

Orchestrierung

Blickt man nun auf den bislang entwickelten Gedankengang zurück, dann können sich spätestens an dieser Stelle einige Fragen aufdrängen. Wenn aus institutioneller Sicht die Interpretation und Bewertung von Texten, die als literarische betrachtet werden, sich auf kein argumentatives Kontinuum und auf keine wissenschaftlich kritisierbare Intersubjektivität berufen können, befinden sich dann nicht alle Literaturkritiker, vor allem die journalistischen Literaturkritiker der ersten Stunde, in einer extrem unsicheren Position? Und ist es aufgrund des angeblich fehlenden Kontinuums zwischen Beschreibung, Interpretation und Wertung nicht verwunderlich, dass sich Übereinstimmung zwischen allen drei Typen von Literaturkritik einstellen kann? Denn dass sich Übereinstimmung einstellt, belegt allein schon die Existenz von Kanonisierungsprozessen – wie problematisch diese auch immer sein mögen. Wie kann man die Verleihung des Nobelpreises an Autoren erklären, wenn die Texteigenschaften der Romane des Südafrikaners J. M. Coetzee oder der Theaterstücke der österreichischen Autorin Elfriede Jelinek nur eine untergeordnete Rolle in diesem Prozess spielen sollen?

Die institutionellen Analysen gehen in der Tat davon aus, dass die Literaturkritik die Bestätigung ihrer Aussagen nicht in der Arbeit am Text, sondern durch die Zustimmung anderer Literaturkritiker findet. Die höchste Anerkennung, die man bekommen kann, ist die explizite Übernahme von eigenen Begriffen oder Auffassungen durch andere Kritiker.

Dies führt dazu, dass in der Literaturkritik, die den über einen längeren Zeitraum publizierenden Autoren gewidmet ist, ein Prozess zu erkennen ist, den man mit der Bourdieu'schen Metapher der «Orchestrierung» charakterisieren kann. Weil die Kritiker beim Debüt eines Autors nur für das Zielpublikum ihres Mediums schreiben und noch kein Bild des Autors existiert, zeigt die Analyse der journalistischen Literaturkritik von Debüttexten in der Regel eine größere Heterogenität als die der Rezensionen im weiteren Verlauf der Karriere. In Bezug auf die langfristig weiterschreibenden Autoren stellt sich allmählich ein Konsens ein, so wie ein Orchester nach dem Einstimmen einen gemeinsamen Klang produziert.

→ Orchestrierung bezeichnet den Prozess der allmählichen Konsensbildung unter Literaturkritikern, der sich auf die Eigenschaften, die Art und die Funktion von Literatur, die dem jeweiligen Autor und seinen Texten zugeschrieben wird, bezieht – was im Allgemeinen auch mit einer größeren Homogenität in der Wertung als noch beim Debüt einhergeht.

Der Prozess der Orchestrierung vollzieht sich in der Literaturkritik ohne zentralen Dirigenten, und das Selbstbild der Literaturkritiker von ihrer Arbeit ist und bleibt das eines höchst individuellen Schreibaktes. Für Bourdieu ist jedoch, was als allerpersönlichstes Urteil erscheint, immer schon ein kollektives Urteil (vgl. 1993, S. 135).

Beim kollektiven Prozess der Orchestrierung wird verschiedenen Faktoren eine kausale Rolle zugeschrieben. Dabei geht es immer um relationelle Faktoren, deren Gewichtung sich je nach Analyse unterschiedlich gestaltet. Die Autorität des Kritikers – hier: die Wahrscheinlichkeit, dass seine Sicht eines Autors von anderen übernommen wird – speist sich unter anderem daraus, an welcher Stelle er sich äußert. So kann man davon ausgehen, dass bei den deutschsprachigen überregionalen Tageszeitungen die *Frankfurter Allgemeine Zeitung*, die *Frankfurter Rundschau*, die *Neue Zürcher Zeitung*, die *Süddeutsche Zeitung*, *die tageszeitung* und *Die Welt* sowie die Wochenzeitung *Die Zeit* das größte Gewicht in die Waagschale legen (vgl. Albrecht 2001, S. 22).

Hinzu kommt eine Reihe von persönlichen Faktoren, die schwer zu untersuchen und zu gewichten ist, wie die Frequenz und Dauer der literaturkritischen Aktivitäten des Kritikers, die Breite seines Repertoires sowie seine mit der Literaturkritik verbundenen Nebentätigkeiten, z. B. die Teilnahme an Literaturpreis-Jurys, beratenden Gremien usw.

Sehr große Bedeutung bei der Analyse wird einem Phänomen zugemessen, das oben bereits anklang und das als notwendiges Bindeglied zwischen den deskriptiven, interpretierenden und bewertenden Aussagen des Literaturkritikers gesehen werden kann: dem professionellen Umgang des Literaturkritikers mit einem als zeitgemäß erachteten Verständnis von Literatur (vgl. Teil 3, Kap. 3: Poetik).

Verschiedene Arbeiten haben den Prozess der Orchestrierung anhand von Fallstudien zu illustrieren und zu präzisieren versucht. So ist z. B. untersucht worden, inwiefern sich die Karriere von Mittelklasse-Autoren von solchen der Spitzenklasse unterscheidet (vgl. van Dijk 1999). Ausgehend von Schriftstellern, die im Zeitraum 1975 bis 1979 debütierten, wurden nur die Autoren untersucht, die insgesamt mindestens zwei Prosatitel veröffentlicht hatten. Als Mittelklasse-Autoren wurden dabei die betrachtet, die im Durchschnitt pro Titel weniger als fünf Rezensionen aus einer Gruppe von renommierten Blättern, die aus zehn Tages- und Wochenzeitungen bestand, erhalten hatten. Ein Spitzenautor musste dementsprechend mehr als fünf Rezensionen pro Buch aus der gleichen Gruppe erhalten haben. Vergleicht man nun die Laufbahn der Autoren beider Gruppen, dann zeigt sich eine Reihe von signifikanten Unterschieden.

So ist z. B. die Intervention von renommierten Rezensenten und der Zeitpunkt dieser Intervention von Bedeutung. Wer früh ins Visier der anerkannten Rezensenten gerät und deren Aufmerksamkeit bei weiteren Veröffentlichungen behält, hat eine größere Chance, in die Autorenspitze vorzustoßen als diejenigen, die von weniger renommierten Rezensenten besprochen werden. Noch mehr Erfolg verspricht, wenn ein renommierter Rezensent sich mit Nachdruck für einen Autor einsetzt – z. B. in Interviews, in Essays oder in Rezensionen anderer Autoren. Beim Prozess der Orchestrierung nimmt in solchen Fällen die Zahl und die Länge der Rezensionen zu, was meist mit einer überwiegend positiven Beurteilung einhergeht. Bei Autoren, die der Mittelklasse zugehören, zeigt sich dagegen das umgekehrte Bild.

Wenn dieser Prozess nun aber nicht auf die vermeintliche Qualität der Texte zurückgeführt werden kann, wie kann man dann die Aufmerksamkeit von renommierten Rezensenten auf einen Text ziehen? Ein wichtiger Faktor ist die Reputation eines Verlags – ein Blick in die Literaturbeilagen der großen Blätter lehrt, dass in der Regel beim ersten Auswahlprozess in den Redaktionen die großen literarischen Verlage das Rennen machen. Kann der Autor jedoch – neben der Publikation des jeweiligen Textes – auch selber Einfluss auf die Orchestrierung nehmen? Bevor diese Frage beantwortet werden soll, müssen zunächst einige Bemerkungen zum Autor und zur Poetik eingeschoben werden.

3.3 Autor

Aus institutioneller Sicht taucht das Konzept des Autors, so wie es heute im literarischen Feld zu erkennen ist, etwa ab dem 18. Jahrhundert auf. Bis dahin verstanden sich Autoren zumeist als Vermittler einer sie übersteigenden Tradition, die nur kleine Variationen in überlieferten Stoff- und Formkomplexen anbrachten. Sie waren damit – um ein Bild aus dem 12. Jahrhundert zu gebrauchen – wie Zwerge auf den Schultern von Riesen, die zwar vielleicht etwas weiter blicken können als ihre Vorfahren, aber nur, nachdem sie sich die ehrfurchtgebietende Tradition der Vorfahren zu Eigen gemacht hatten – eben auf die Schultern des Riesen geklettert sind. Das Konzept vom Dichter, der nichts Neues zu erfinden, sondern es nur auf eigene Art auszudrücken braucht, ist bis ins 18. Jahrhundert dominant und noch bei Alexander Pope (1688–1744) auszumachen, dem ersten englischen Autor, der angeblich von den Einkünften aus seinem Schreiben leben konnte. Für ihn liegt, seinem *Essay on Criticism* (1711) zufolge, die Aufgabe des Dichters in der Art des Ausdrucks: «True Wit is Nature to advantage dress'd, / What oft was thought, but ne'er so well express'd» (1966, S. 72).

Die Autorität und die bindende Kraft der Vorgänger – sowohl die Form als auch den Inhalt betreffend – schwindet im Laufe des 18. Jahrhunderts, wodurch für den Autor größere Freiräume der Gestaltung entstehen. Damit geht eine zweite Entwicklung einher, die das Bild des Autors entscheidend verändert hat: die Verlagerung der Inspirationsquelle des Autors von außen nach innen. Der göttliche Ursprung des Worts, der am Anfang des Johannes-Evangeliums steht («Im Anfang war das Wort, und das Wort war bei Gott, und Gott war das Wort.») und mit dem sich Goethes Faust in der Studierzimmer-Szene abmüht, wird im antiken Griechenland oder auch im christlichen Mittelalter im Zusammenhang mit der Literatur zur göttlichen Inspirationsquelle, durch die Dichter erleuchtet werden. Auch für die säkularisierte Auffassung des Dichtungsakts, die sich auf die Muse oder auf die Inspiration durch Lektüre von Büchern beruft, gilt noch, dass Inspiration als etwas konzipiert wird, das dem Dichter von außen zuteil wird. Erst im Zuge der sich im 18. Jahrhundert ausbreitenden so genannten Genie-Ästhetik wird die Quelle der Dichtung nach innen, *ins* dichtende Subjekt, eben ins Genie verlegt, womit zugleich eine Abkehr von der traditionellen (rhetorischen) Eingebundenheit und vom Dichter als rhetorischem Handwerker einhergeht. Damit sind die Weichen für ein Konzept des Autors gestellt, das in seinen Grundzügen den heutigen Diskussionen zugrunde liegt.

Ungefähr zur selben Zeit haben sich für den Autor grundlegende Veränderungen auf wirtschaftlichem, rechtlichem und soziokulturellem Gebiet vollzogen, wobei ein exemplarischer Blick auf die juristischen Entwicklungen im 18. Jahrhundert hier genügen soll. Vereinfacht gesprochen ging es dabei um das Problem, wie ein Autor die von ihm angestrebte Verbreitung des Ergebnisses seiner geistigen Arbeit so organisieren kann, dass er für den Aufwand an Zeit, den er in das Geschriebene gesteckt hat, materiell hinreichend entschädigt wird. Traditionell wurde die Veröffentlichung von Geschriebenem seit der Erfindung des Buchdrucks mit Rechtsgarantien (so genannten Privilegien) abgesichert, die dem Verleger oder dem Verfasser für einen bestimmten Zeitraum Schutz vor Nachdruck versprachen. Diese galten jedoch nur für den jeweiligen Herrschaftsbereich des Privilegien-Ausstellers und waren an seine Person gebunden, was z.B. im territorial zerstückelten Deutschland nach dem Dreißigjährigen Krieg wenig Garantien bot. Mit Privilegien wurde also das materielle Produkt Buch geschützt, wobei hinzugefügt werden muss, dass Privilegien zugleich als rechtliche Grundlage der Zensur – vielleicht zuvorderst – dem Schutz des Staats dienten. Ein Honorar als Anerkennung der Mühen des Verfassers war dabei im Vertrag zwischen Verleger und Verfasser möglich und ab dem Ende des 16. Jahrhunderts auch üblich. Dies ist jedoch nicht als Anerkennung eines Rechts des Autors an seinen Gedanken oder Formulierungen zu verstehen, wie die in diesem Zusammenhang oft zitierten Worte Martin Luthers aus seiner «Mahnung an die Drucker» (*Postille*, 1525) belegen: «Ich habs umsonst empfangen, umsonst hab ichs gegeben und begehre auch nichts dafür».

Im Rechtssystem des 18. Jahrhunderts zeichnen sich an diesem Punkt nun zwei Wege ab: auf der einen Seite die angloamerikanische *copyright*-Tradition, auf der anderen Seite die kontinentale Tradition des *droit d'auteur*. Die frühere ist dabei die angelsächsische, in der ab 1710 Bücher für eine Periode von 14 Jahren vor Nachdruck rechtlich geschützt wurden, womit ihnen ein ähnlicher Schutz wie allen anderen Erfindungen für eine begrenzte Periode zukam (vgl. Kayman 1996). Auf dem Kontinent wird demgegenüber von der Gesetzgebung das neuartige Konzept des «geistigen Eigentums» aufgegriffen. Ein moralisches, lebenslanges Recht des Autors an seinen Texten wurde 1793 von der Nationalversammlung in Paris gesetzlich verankert, in Deutschland erstmalig 1806 und 1810. Von großem Einfluss auf die Debatte Ende des 18. Jahrhunderts war Johann Gottlieb Fichtes (1762–1814) im *Beweis der Unrechtmäßigkeit des Büchernachdrucks* (1793) ausgearbeitete Unterscheidung zwischen dem Körperlichen des Buchs – dem bedruckten Papier –, seinem Inhalt und seiner Form. Während der Käufer das Körperliche als Eigentum erwerben und sich die Gedanken durch geistige Arbeit lesend zu Eigen machen konnte, blieb für Fichte die Form, in die der Autor seine Gedanken gefasst hatte, unveräußerliches Eigentum des Autors:

> «denn niemand kann seine Gedanken sich zueignen, ohne dadurch, dass er ihre Form verändere. Die letztere also bleibt auf immer sein ausschliessendes Eigenthum» (1965, S. 228).

Die Frage, ob diese Entwicklungen auf juristischem Gebiet Folge oder Ursache der Ausprägung der Genie-Ästhetik waren, muss beim heutigen Stand der Forschung offen bleiben. Interessante Perspektiven bieten begriffsgeschichtliche Studien wie die Gerhard Plumpes, der den Zusammenhang zwischen ästhetischen und juristischen Begriffen untersucht hat. So taucht der juristische Begriff der «eigenthümlichen Werkform» erst im Laufe des 18. Jahrhunderts auf und hat die Durchsetzung einer am Individuum des Autors orientierten Ästhetik beschleunigt und sozial stabilisiert (vgl. Plumpe 1988, S. 341).

Diese Ausführungen zu den Geburtsumständen des individualisierten Konzepts vom Autor im 18. Jahrhundert mögen hier genügen.

Im Laufe des 18. Jahrhunderts sind einschneidende Veränderungen im Konzept des Autors und in den juristischen und ökonomischen Rahmenbedingungen des Schreibens vollzogen worden, die bis zum heutigen Tag die Rolle des Autors prägen.

Intentionalität

Mit dem modernen Konzept vom Autor geht auch eine Veränderung im Bereich der Intentionalität einher. Grob gesprochen, war jahrhundertelang eine Trennung zwischen der Intention des Autors, der aus dem Text sprechenden Intention und der Intention, die der Leser im Text erkannte, undenkbar gewesen. Dies kann man als intentionale Einheit bezeichnen, die bis zum 19. Jahrhundert dem Umgang mit Texten – auch mit als literarisch betrachteten Texten – zugrunde lag. Ab dem 19. Jahrhundert werden in zunehmendem Umfang Stimmen laut, die eine dieser drei Komponenten gegen die jeweils anderen ausspielen und damit den Boden der intentionalen Einheit verlassen. Diese Behauptung soll im Folgenden erläutert werden.

So werden gegen Ende des 20. Jahrhunderts die Grenzen der Steuerungsmöglichkeiten von Sprache durch das intendierende Subjekt in zunehmendem Maß thematisiert, etwa durch Roland Barthes:

«We know now that a text consists not of a line of words, releasing a single ‹theological› meaning (the ‹message› of the Author-God), but of a multi-dimensional space in which are married and contested several writings, none of which is original: the text is a fabric of quotations, resulting from a thousand sources of culture» (1986, S. 52 f.).

Es ist offensichtlich, dass die Stoßrichtung des Zitats von Barthes gegen die Auffassung von der einen, richtigen, vom Autor sanktionierten Interpretation geht. In der modernen Literaturwissenschaft wird letztere am prägnantesten von dem amerikanischen Literaturwissenschaftler Eric D. Hirsch vertreten. Hirsch zufolge muss der Interpret aus moralischen Gründen nach der ursprünglichen, vom Autor intendierten Bedeutung eines Textes suchen: «an interpreter, like any other person, falls under the basic moral imperative of speech, which is to respect an author's intention. That is why, in ethical terms, original meaning is the ‹best meaning›» (1976, S. 92). Mit der Präferenz für die Autorintention im Gegensatz zu anderen Möglichkeiten befindet sich aber auch Hirsch bereits jenseits der Zerfallslinie der intentionalen Einheit. Hirschs Position muss dann auch wiederum vor dem Hintergrund der Auffassung gesehen werden, dass man auch der Intention, so wie sie aus dem Text spricht, den Vorzug geben kann.

1946 wurde in den USA von W. K. Wimsatt und Monroe C. Beardsley ein Standpunkt zur Intentionalität formuliert, der unter dem Nenner «intentional fallacy» (intentionaler Irrtum) bekannt wurde. Diese Auffassung, deren Varianten in der zweiten Hälfte des 20. Jahrhunderts – auf jeden Fall in Deutschland – die Literaturwissenschaft dominierten, besagt schlicht, dass bei der Interpretation von Gedichten die Intention *des Autors* keine Rolle spiele. Es gehe nicht darum, was der Autor gewollt, sondern darum, was er im Gedicht getan habe – und das stehe im Text und nur in diesem (vgl. Beardsley/Wimsatt 1946). Für diesen oder verwandte Standpunkte könnte eine lange Liste der Anhänger erstellt werden, die vom russischen Formalismus zu Anfang des Jahrhunderts bis zu Umberto Ecos (1992) *intentio operis* am Ende desselben reicht.

Um das Feld der heutzutage konkurrierenden Intentionalitäts-Auffassungen abzustecken, muss schließlich eine dritte Position hinzugefügt werden, die bereits im Zitat von Roland Barthes anklang und die sich durch eine weitgehende Abkehr von Intentionalität überhaupt auszeichnet – gleichgültig, ob die Intention im Autor oder im Text verortet wird. Eine wichtige Rolle spielt im dritten Ansatz das Argument, dass der Autor nicht im Zentrum der Bedeutungsproduktion stehe. Der Autor wird zum Knoten im Netz der Texte und damit «selbst nur ein Text, der sich aufs neue liest, indem er sich wieder schreibt» (Kristeva 1972, S. 372). Auch für den französischen Philosophen Jacques Derrida, dessen Werk die wichtigste Inspirationsquelle des Poststrukturalismus und des Dekonstruktivismus amerikanischer Prägung war, ist Schrift nicht «the means of the transference of meaning, the exchange of intentions and meanings [*vouloir-dire*]», sondern «dissemination», das heißt die unaufhörliche Aufspaltung des Sinns in eine unendliche Vielzahl von Bedeutungen, deren Grenze weder vom Text noch vom Autor gezogen werden kann (vgl. Derrida 1993, S. 20).

Besteht somit eine der ersten Aufgaben des literaturwissenschaftlichen Studiums darin, den Studierenden die in den letzten Jahrzehnten bereits gemeinhin mit dem Adjektiv ‹problematisch› versehene Frage nach der Autorintention – «Was will uns der Autor damit sagen?» – auszutreiben? Denn wenn man der Literaturdidaktik glauben darf, so erwarten die meisten Schüler und Studienanfänger von der Literatur für ihr eigenes Leben relevante Botschaften, suchen sie nach der Intention des Autors und nutzen dessen vermeintliche Auffassungen dazu, ihre eigenen Überzeugungen und Vorurteile zu unterstützen und zu entwickeln (vgl. Appleyard 1994; de Vriend 1996). Lesen all diese Leser also falsch? So einfach liegt der Fall nicht.

Zunächst soll der Blick noch einmal auf die drei hier oben unterschiedenen Positionen zur Intentionalität gelenkt werden, die bei aller Unterschiedlichkeit eines gemeinsam haben: Alle drei treten mit einem Absolutheitsanspruch auf. Die Frage nach der Intention wird grundsätzlich und für alle Texte und Autoren auf ein ganz bestimmtes Verhältnis festgelegt: Bei Hirsch gilt nur die Autorintention, bei Wimsatt/Beardsley nur der Text und bei Derrida nur die weitgehende Relativierung von Intention.

Dieses unversöhnliche Nebeneinander von drei Positionen, die uneingeschränkte Gültigkeit beanspruchen, bestätigt zunächst das oben behauptete Aufbrechen der intentionalen Einheit von Text, Autor und Leser in konkurrierende Intentionalitätskonzepte im 20. Jahrhundert. Daneben lädt diese Konstellation aber auch zur Prüfung ein, inwiefern die jeweiligen Absolutheitsansprüche eingelöst werden können. Anstatt Positionen absolut zu vertreten oder zu verwerfen, sollen im Folgenden einzelne Argumente auf ihre Reichweite geprüft werden. Als Ausgangspunkt bietet sich dabei die Kritik an der Autorintention an, die im Wesentlichen unter zwei Aspekten gefasst werden kann: das Problem der Rekonstruktion und die Frage der Beurteilung von Interpretationen mittels der Autorintention.

Versteht man unter Autorintention, wie Hirsch, die ursprüngliche Intention des realen Autors, dann ist es in der Tat oft sehr schwer, diese zu formulieren, auch wenn zusätzliches Material etwa in der Form von

Briefen oder Aufsätzen vorliegt – was wohl in den meisten Fällen schlichtweg nicht der Fall ist. Wie kann man aber selbst dann, wenn genügend Quellen vorliegen, Gewissheit erlangen, dass Erasmus (1469?–1536) die Wahrheit sagte, als er die Autorintention für das *Lob der Torheit* formulierte? Es ist also gar nicht so einfach, die Intention des realen Autors zu rekonstruieren – was aber nicht heißen kann, dass man es erst gar nicht versuchen sollte. Auf die Frage nach der Autorintention können bisweilen, je nach Quellenlage, durchaus mehr oder weniger überzeugende Antworten gefunden werden.

Daneben stellt sich im Zusammenhang mit der Autorintention das Problem der Grenzziehung beim Interpretieren. Denn selbst im günstigsten Fall, wenn die Autorintention mit genügender Plausibilität rekonstruiert werden kann, leuchtet nicht ein, warum man sich in allen Fällen bei der Interpretation des Textes an die von der Autorintention abgesteckten Grenzen halten sollte. Schließlich haben unter anderem Barthes, Foucault und Derrida gute Argumente gegen die Kontrollierbarkeit von Bedeutungsprozessen durch das schreibende Subjekt angeführt. Und lehrt uns nicht die Psychologie und ihre literaturwissenschaftliche Ausprägung, dass das Bewusstsein vielleicht gern Herr im Hause wäre, es aber mitnichten immer ist (vgl. Schönau 1991)? Dass aus der Autorintention prinzipiell eine Richtschnur für die beste Interpretation abzuleiten sein soll, vermag nicht zu überzeugen.

Aus diesen beiden Problemen folgt aber eben nicht, dass man sich aufgrund der angeführten Einwände erst gar nicht auf die Suche nach Äußerungen zu begeben braucht, in denen der Autor seine Intention formuliert hat. Dies kann z.B. aus historischen Gründen interessant sein, etwa um aus der Rekonstruktion der Autorintention abzuleiten, welche Fragen und Probleme, die heutigen Lesern nicht (mehr) präsent sind, seinerzeit die Gemüter bewegten. Darüber hinaus wären so auch Einsichten zu gewinnen, in welchem Maße der Autor sein Tun reflektiert.

Die beiden angeführten Kritikpunkte an der Autorintention sind damit keinesfalls widerlegt – wohl aber in ihrer Reichweite relativiert. Aus den obenstehenden Überlegungen ist abzuleiten:

Spätestens seit dem 19. Jahrhundert wird das Konzept der intentionalen Einheit aufgebrochen. Anfang des 21. Jahrhunderts konkurrieren im literarischen Feld die Intentionalitätskonzepte Autorintention, Textintention *(intentional fallacy)* und Abkehr von Intentionalität. Vor diesem Hintergrund ist es nicht sinnvoll, in der literaturwissenschaftlichen Praxis für oder gegen eine dieser Positionen Partei zu ergreifen; hingegen sind die verschiedenen Ansätze im Einzelfall auf ihre Relevanz für bestimmte Problem- und Fragestellungen zu prüfen und gegebenenfalls zu nutzen. Im Rahmen des institutionellen Ansatzes kann Intentionalität so nur Objekt der literaturwissenschaftlichen Arbeit sein.

Poetik

Wurde bislang Intentionalität im Zusammenhang mit einzelnen Texten besprochen, so ist hinzuzufügen, dass für den Autor auch auf einer allgemeinen Ebene Intentionalität eine wichtige Rolle spielt: da, wo seine Texte im Zusammenhang mit seiner Poetik gesehen werden können. 1937 wurde der französische Dichter und Literaturwissenschaftler Paul Valéry am Collège de France zum Professor für Poetik berufen. In seiner Antrittsvorlesung wies er darauf hin, dass er sein Fach entgegen der standardisierten französischen Schreibweise mit einem «i» geschrieben sehen wollte: *poïétique* anstelle von *poétique*. Wenn ein «i» derart prominent ins Rampenlicht gerückt wird, dann steht zu vermuten, dass sich dahinter einiges verbirgt.

Zunächst verweist die abweichende Schreibweise zurück auf die griechischen Wurzeln des Worts: «Poetik» kommt von *poiein*, griechisch für «machen, bilden, hervorbringen». Im heutigen Sprachgebrauch versteht man unter Poetik im engeren Sinn ‹Theorie der Dichtkunst› oder ‹Lehre der Poesie›. Hier ist zu denken an Poetiken wie die des Aristoteles, die zugleich als erste abendländische Poetik (ca. 335 v. Chr.) gilt. Sie ist nur in Fragmenten überliefert und vor allem in Bezug auf die Bemerkungen zur Tragödie einflussreich gewesen. Daneben spricht man in einem weiteren Sinn von der Poetik eines Autors auch dann, wenn er nie eine Poetik geschrieben hat, wie etwa Franz Kafka. In diesem Fall versteht man darunter eine Literaturauffassung, die aus den literarischen Texten eines Autors und vor allem aus seinen Reflexionen über Literatur destilliert werden kann. Zu denken ist dabei an Vor- und Nachworte, Essays,

Interviews, Manifeste, Briefe und Ähnliches. Eine Literaturauffassung kann schließlich auch aus den Rezensionen und Aufsätzen eines Literaturkritikers rekonstruiert werden – diese wäre dann im Unterschied zur Autorenpoetik als Leserpoetik zu bezeichnen.

Alle Poetiken beruhen auf Normen im Sinne von explizit oder implizit formulierten Werten und Eigenschaften, die als Merkmale von (guter) Literatur gesetzt werden. In der *Theorie des Romans* (1916) etwa vertritt der ungarische Philosoph Georg Lukács die Auffassung, dass der gelungene zeitgenössische Roman die verlorene Einheit in der Moderne wiederherstelle – das Modell dafür sah Lukács in den großen Realisten des 19. Jahrhunderts wie Honoré de Balzac. Vor allem in den Debatten der 1930er Jahre mit Bertolt Brecht wird der normative Gehalt der Position des inzwischen auf kommunistische Linientreue eingeschworenen Lukács deutlich. Wo Lukács die Kunst auf die Norm verpflichtet, das Typische herausarbeiten und in eine Einheit bringen zu müssen, vertritt Brecht die – nicht weniger normative – Position, diese Einheit verschleiere die ökonomischen und sozialen Widersprüche und der Schriftsteller müsse seine Verfahren der veränderten Wirklichkeit anpassen. Dabei kann selbstverständlich keine der beiden Seiten sich auf eine übergeordnete Wahrheit berufen, sondern nur auf andere Normen und Werte, die andere Poetiken begründen. Es kann also festgehalten werden:

➔ Poetik ist eine normative Auffassung von Art, Funktion und Eigenschaften von Texten.

Die Beziehung zwischen diesen drei Aspekten von Literatur ist dabei offen. So spricht Georg Lukács der Literatur eine marxistische, der niederländische Dichter Hendrik Marsman eine vitalistische Funktion zu, obwohl beide auf der Grundlage argumentieren, dass Literatur vor allem «Gestaltung» sei und sein müsse – im Gegensatz etwa zum Journalismus, der sich auf Wiedergabe und Abbildung beschränke (vgl. Grüttemeier 1995). Die gleiche Unbestimmtheit gilt für die Beziehung zwischen Funktion und Eigenschaften. Auch wer in Bezug auf die Funktion von Literatur übereinstimmt, kann Literatur trotzdem ganz unterschiedliche (wünschenswerte) Eigenschaften zuschreiben, wie die Debatten zwischen Brecht und Lukács belegen.

Hier lohnt ein Blick zurück auf Valérys «i» in «poïétique». Mit diesem «i» bringt Valéry nicht nur seine Auffassung von dem, was Poetik sei, sondern auch seine eigene Poetik zum Ausdruck. Für den Dichter Valéry spielt der Begriff «machen» – wie gesehen, griechisch *poiein* – eine zentrale Rolle:

«Si donc l'on m'interroge; si l'on s'inquiète [...] de ce que j'ai ‹voulu dire› dans tel poème, je réponds que je n'ai pas *voulu dire*, mais *voulu faire*, et que ce fut l'intention de *faire* qui *a voulu* ce que j'ai dit» (Valéry 1960, S. 1503).
[Wenn man mich also fragt, wenn man darüber nachdenkt, [...] was ich mit diesem oder jenem Gedicht habe «sagen wollen», dann antworte ich, dass ich nicht habe «sagen wollen», sondern «machen wollen» und dass es die Intention zu *Machen* war, die *gewollt hat*, was ich gesagt habe.]

Anders gewendet: Es geht dem Dichter Valéry nicht um den Sinn, nicht um Aussagen, sondern um das Dichten selbst, das «Machen». Valérys «i» steht also auch für eine bestimmte normative Auffassung von Art, Funktion und Eigenschaften von Texten, die man im Sinne von M. H. Abrams poetologischen Ordnungsversuchen als autonomistisch bezeichnen kann. Dieses poetologische Handwerkszeug soll im Folgenden kurz vorgestellt werden, da es bei der Analyse der oben skizzierten Orchestrierungsprozesse und bei der Beantwortung der Frage nach den Einflussmöglichkeiten von Autoren gebraucht wird.

Abrams geht von einem Modell des literarischen Werks aus, das die Elemente «universe», «work», «artist» und «audience» enthält. Er vertritt die Auffassung, dass jede Poetik jeden dieser vier Aspekte in irgendeiner Form berücksichtige. Hinzu komme, dass fast alle Poetiken eine erkennbare Orientierung an einem dieser vier Aspekte aufwiesen. Die Typologie Abrams' fußt also darauf, dass vier Schwerpunkte in Poetiken analog zu den Systemkomponenten Autor, Publikum, Universum und Werk unterschieden werden können. Daraus ergeben sich vier Poetik-Typen; ein mimetischer, ein pragmatischer, ein expressiver und ein autonomistischer:

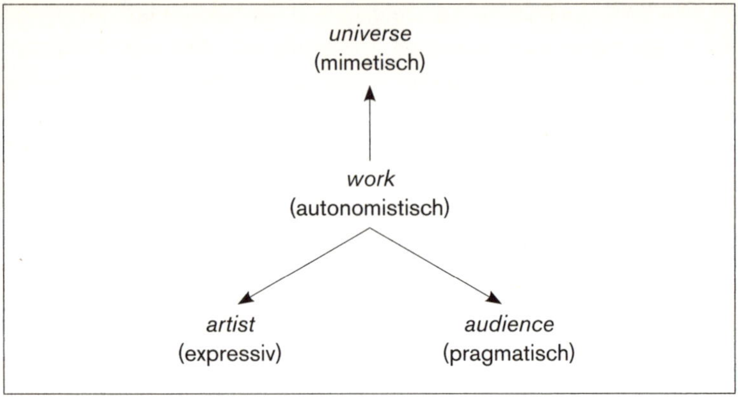

Mimetische Poetik

Wenn in mimetischen Poetiken *(mimetic theories)* Aussagen zu Art, Funktion und Eigenschaften von Texten getroffen werden, dann wird der Bezug zwischen dem literarischen Werk und der Wirklichkeit betont. Dieser Bezug ist ein nachahmender. Die nachzuahmenden Gegenstände können den unterschiedlichsten Bereichen der Natur oder des Denkens entstammen: Abrams' Begriff «Universum» erklärt sich aus seinem Streben, die nachzuahmenden Gegenstände so breit wie möglich zu fassen. Die Aufgabe der Kunst ist es, im Rahmen mimetischer Poetiken die Wirklichkeit bzw. Aspekte derselben so getreu wie möglich nachzuahmen. Mimetische Poetiken sind die ältesten. So spielt in der aristotelischen Poetik die Nachahmung menschlichen Handelns, die den verschiedenen Gattungen der Dichtkunst zugrunde gelegt wird, die zentrale Rolle.

Pragmatische Poetik

In der zweiten Gruppe von Poetiken, den *pragmatic theories*, wird der Leser in das Zentrum der Literatur gerückt. Abrams skizziert diese Variante anhand der Poetik des englischen Schriftstellers und Essayisten Sir Philip Sidney (1554–1586) und seiner *The Apologie for Poetry*. Sidney schreibt der Dichtkunst auf der Grundlage der Nachahmung die Funktion zu, «to teach and to delight», zu belehren und zu erfreuen. Der *locus classicus* für diese Auffassung vom Wesen der Dichtung ist Horaz' (65–8 v. Chr.) *Ars poetica*. Den von Sidney aufgegriffenen Anspruch formuliert Horaz mit den Begriffen «nützen» *(prodesse)* und «erfreuen» *(delectare)*. Oft wird dieser Anspruch auch mit dem Paar «utile et dulce», das Nützliche und das Angenehme, ausgedrückt.

Wenn es bei diesem Typ der Poetik um den Leser oder genauer: um die Auswirkung der Dichtkunst auf den Leser geht, dann kommt es nicht darauf an, das nachzuahmen, was ist, gewesen ist oder sein wird, sondern das, was *sein sollte*. Die pragmatischen Varianten zielen mit dem Anspruch des Belehrens und Erfreuens statt auf Nachahmung vielmehr auf Effekte beim Leser oder Zuhörer und damit letztendlich auf Didaktik.

Abrams zufolge waren bis ins 18. Jahrhundert die pragmatischen oder didaktischen Poetiken die dominierenden (1971, S. 21). Diese Vorherrschaft geht im Laufe des 18. Jahrhunderts verloren. An die Stelle des Didaktischen tritt in der (englischen) Romantik die Auffassung, dass das Wesen der wahren Kunst im Dichter selbst liege: Dort wird der programmatische Blick auf den Autor gerichtet und insbesondere auf dessen Gefühlswelt.

Expressive Poetik

Der Kernsatz der expressiven Poetiken *(expressive theories)* ist ein Zitat des englischen Romantikers William Wordsworth (1770–1850), das sich im Vorwort zu den *Lyrical Ballads* findet: «Poetry is the spontaneous overflow of powerful feelings.» Das entscheidende Kriterium für gute Poesie ist damit nicht mehr die Frage: ‹Ist die Dichtung wirklichkeitsgetreu?› (mimetisch) oder ‹Ist die Dichtung lehrreich?› (pragmatisch), sondern: ‹Ist sie authentisch?› ‹Entspricht sie der Gefühlswelt des Dichters?› Eine Folge dieser Betonung des genialen Autors in expressiven Poetiken ist das geringere Interesse der Autoren am Leser. Der der englischen Romantik zugerechnete John Keats (1795–1821) etwa behauptet apodiktisch: «I never wrote one single line of Poetry with the least Shadow of public thought.» Hier soll kein Leser beeinflusst oder gar erzogen werden, stattdessen geht es um die Konzentration auf den Dichter selbst.

Autonomistische Poetik

Der vierte Poetik-Typ *(objective theories)* gründet nicht auf etwas außerhalb der Dichtkunst, wie das Universum, das Publikum oder den Autor, sondern auf der Dichtung als Dichtung – deswegen sprechen wir hier von autonomistischen Poetiken. Das zirkuläre Element dieser Literaturauffassung taucht in den Poetiken stets wieder auf, etwa in T. S. Eliots berühmtem Diktum: «when we are considering poetry we must consider it primarily as poetry and not another thing» oder in Aphorismen wie «A poem should not mean but be». Diese Formulierung erinnert an die eingangs zitierten Aussagen von Paul Valéry, den man ebenso der autonomistischen Poetik-Tradition zurechnen könnte wie Paul Celan.

Zirkularität findet man auch in der Auffassung, man solle die Dichtung nach Kriterien beurteilen, die aus ihrem eigenen Wesen abzuleiten sind. Oft genannt werden in diesem Zusammenhang Kohärenz, Einheit und Komplexität – die, das soll noch einmal herausgestellt werden, nicht dadurch weniger normativ werden, dass man sie angeblich aus der Dichtkunst selbst ableitet. Für den Dichter geht es auf dieser Grundlage darum, ein Gedicht zu schreiben, «written solely for the poem's sake», nur um des Gedichts selbst willen, wie Edgar Allen Poe es ausdrückte. Von einzelnen Vorläufern abgesehen, spielt die autonomistische Poetik erst ab der zweiten Hälfte des 19. Jahrhunderts eine nennenswerte Rolle in Poetik-Debatten und kann als die im Moment dominante Poetik bezeichnet werden.

Was dieser kurze Überblick verdeutlichen sollte, ist zunächst die Tatsache, dass es im literarischen Feld konkurrierende Literaturauffassungen gibt, die einander nicht einfach ablösen, sondern ab dem Zeitpunkt ihres Auftretens wie Säulen nebeneinander stehen (vgl. Sötemann 1982). Damit können Literaturauffassungen unter anderem zur poetologischen Ordnung des literarischen Feldes herangezogen werden. Wer aber glaubt, man brauche deswegen nur die poetologischen Essays oder die Literaturkritiken eines Autors zu einem Korpus zusammenzustellen, die Kernsätze herauszugreifen, und schon sei man im Besitz der Poetik des Autors, irrt. Ein erstes Hindernis besteht darin, dass Autoren sich im Allgemeinen wenig um den eindeutigen und systematischen Gebrauch von Begriffen kümmern, wie er von literaturwissenschaftlichen Arbeiten erwartet wird. So gebrauchen Autoren gern Metaphern in ihren Ausführungen zur Literatur: Alfred Döblin (1878–1957) zufolge muss der Dichter ganz nah an die «Realität» heran, «an ihre Sachlichkeit, ihr Blut, ihren Geruch, und dann hat er die Sache zu durchstoßen, das ist seine spezifische Arbeit» (1963, S. 107). Auch können vieldeutige Begriffe gebraucht werden, etwa die oft beanspruchte «Realität» oder «Wirklichkeit». Wohl kaum ein Autor bemüht diese Begriffe nicht – das gilt auch für die in der autonomistischen Tradition stehenden Schriftsteller. Aber zwischen der «Realität» Döblins und der symbolistischen höheren Wirklichkeit eines Valéry liegen Welten (vgl. Jakobson 1979, S. 129ff.).

Ein weiteres Problem bei der Erarbeitung von Poetiken hängt mit Fragen der Zeit zusammen: Für welchen Zeitraum gilt die rekonstruierte Poetik? Analysiert man die poetologischen Essays des niederländischen Schriftstellers Willem Frederik Hermans (1921–1995), die 1964 in einem Band zusammengefasst wurden, und rekonstruiert daraus die externe Poetik Hermans', gilt diese Poetik dann auch bereits für sein Romandebüt 1947 und gilt sie immer noch für seinen letzten, postum veröffentlichten Roman 1995? In diesem Zusammenhang muss ferner die Möglichkeit erwogen werden, dass ein Autor die Leser bewusst oder unbewusst poetologisch in die Irre führen kann – womit wir wieder bei der Autorintention sind.

Hinter der Frage nach der Autorintention aus poetologischer Sicht verbirgt sich auch die Frage nach dem Verhältnis zwischen der Poetik eines Autors und seinen literarischen Texten, oder genauer formuliert: das Verhältnis zwischen der externen und der internen Poetik (vgl. van den Akker 1985). Einerseits ist zu erwarten, dass es eine Reihe von Übereinstimmungen zwischen den (außerhalb der literarischen Texte artikulierten) Auffassungen eines Autors zu Art, Funktion und Eigenschaften von Texten und der literarischen Praxis beim gleichen Autor geben wird. Andererseits ist darauf hinzuweisen, dass es sich dabei um zwei verschiedene Typen von Texten oder Aussagen handelt, deren Verhältnis zueinander Gegenstand der literaturwissenschaftlichen Analyse sein sollte. Ein angehender Literaturwissenschaftler kann nicht davon ausgehen, dass der beste Kommentar zu den Gedichten eines Autors dessen poetologische Essays sind; wohl aber kann er die Frage nach ihrem Bezug stellen und untersuchen, wie sich die externe Poetik eines Autors zu der aus seinen literarischen Texten abzuleitenden internen Poetik verhält.

Ein weiteres wichtiges Element, das in diesem Zusammenhang mitbedacht werden muss, ist der polemische Kontext, in dem Poetiken im Allgemeinen entstehen und der bereits die Poetik des Aristoteles, die sich gegen Platons Ansichten zur Rolle der Dichtkunst im *Staat* richtete, prägte. Dies bringt der englische Dichter W. H. Auden auf den Punkt:

«I am always interested in hearing what a poet has to say about the nature of poetry, though I do not take it too seriously [...] In unkind moments one is almost tempted to think that all they are really saying is: ‹Read me. Don't read the other fellows.›»

Auch von dieser Perspektive aus kann man also Valérys Betonung des «i» in «poïétique» betrachten, womit er – bekleidet mit der Autorität eines Lehrstuhls für Poetik – nicht nur seine Auffassung von Poetik expliziert, sondern auch die Poetik des Dichters Valéry legitimiert.

Eingriffsmöglichkeiten

Hier ist nun der Punkt erreicht, an dem wir die oben gestellte Frage nach dem Spielraum von Autoren zur Steuerung ihres Erfolgs bei der Literaturkritik wieder aufgreifen können: Indem Autoren Interviews geben oder sich selber als Literaturkritiker und Essayisten betätigen, können sie ihre Stimme in poetologische Debatten einbringen und so versuchen, das literarische Klima zu ihren Gunsten zu beeinflussen (vgl. van Rees 1994). Verschiedene Untersuchungen haben belegt, dass diese Art von Aktivitäten zumindest in der Anfangsphase der Karriere eines Autors von großer Bedeutung sind.

So spielt für die Literaturkritik in der skizzierten Unsicherheit und Offenheit um ein Debüt die Zustimmung des Autors zu gewissen poetologischen Äußerungen eine Rolle. Unbeschadet aller theoretischen Kritik am Konzept der Autorintention ist es für die Zuordnung von Texten zu einer bestimmten Literaturauffassung anscheinend wichtig, dass der Autor dieser Einordnung zustimmt, lautet eine These des institutionellen Ansatzes (vgl. Janssen 1994, S. 30 f.). So hatte ein führender Kritiker sich zum Debüt des niederländischen Dichters Hans Faverey 1968 dahin gehend geäußert, dass es bei diesen Gedichten um sich selbst genügende sprachliche Ereignisse ginge, während ein anderer von Prozessen sprach, die letztlich nichts kommunizierten. Vom hier vorgestellten poetologischen Muster ausgehend, könnte man diese Literaturauffassung als autonomistisch charakterisieren. Insgesamt waren solche Stimmen aber in der Minderheit beim Debüt, bei dem nur zwei von acht Rezensenten sich überwiegend positiv äußerten. Ohne nun die Aussagen der beiden erwähnten Kritiker direkt zu wiederholen, formulierte Faverey in einem Interview noch vor dem Erscheinen seines zweiten Gedichtbands ein Echo ihrer autonomistischen Literaturauffassung, indem er sich gegen anekdotische Poesie wandte und demgegenüber die Form der Gedichte, die Spannung zwischen den Worten und sein sprachliches Balancieren «auf der Grenze zum Verschwinden» akzentuierte. Diese Bestätigung warf beim zweiten Gedichtband insofern Früchte ab, als die poetologische Einordnung homogener wurde und bereits die Hälfte aller Rezensionen positiv war. Auch die Zahl und Länge der Rezensionen nahm zu. Diese Entwicklung setzte sich in der Literaturkritik bis zum dritten Band im Jahr 1977 weiter fort. Der dritte Gedichtband wurde in der Begrifflichkeit der Literaturauffassung, deren Rahmen Faverey mit gesteuert hat, ungeteilt positiv besprochen – ohne dass der Anteil des Autors an diesem Prozess jedoch genau bestimmt werden könnte (vgl. Raat 2004). Allgemein lässt sich formulieren, dass Autoren mit als Schiedsrichter fungieren können, wenn es darum geht zu entscheiden, welche Literaturauffassung zu einem bestimmten Werk passt (vgl. van Rees 1987, S. 285).

Aber auch umgekehrt können Autoren über Interviews oder Essays die Literaturkritik steuern: Wenn eine Dichterin schreibt, Gedichte müssten provokant, beziehungsreich und doppelbödig sein, ist die Chance groß, dass sie hinterher in Rezensionen ihrer eigenen Arbeit lesen kann: «Ihre Gedichte sind provokant, beziehungsreich und doppelbödig» (vgl. van den Akker/Beekman 1980).

Neben diesen konkreten Möglichkeiten des Eingriffs wird der Poetik des Autors auch auf einer allgemeinen Ebene Bedeutung zugesprochen. Aus institutioneller Sicht ist es für einen Autoren sogar mit einem gewissen Risiko verbunden, sich in der Anfangsphase seiner Karriere *nicht* in Interviews, eigenen Literaturkritiken oder Essays zu seinem Verständnis von Literatur zu äußern. Der Grund wird in der stillschweigenden Überzeugung der Literaturkritik gesehen, dass einem hochwertigen literarischen Werk auch eine reflektierte, zeitgemäße und anregende Literaturauffassung zugrunde liege. Autoren, die dies nicht bestätigen, geben damit Anlass zum Zweifel am literarischen Status ihrer Texte. Von

Autoren von Format wird erwartet, dass sie einen klaren Standpunkt zu literarischen Traditionen und zeitgenössischen Formen von Literatur einnehmen und diese Position konsequent vertreten. Fehlen Hinweise auf eine differenzierte poetologische Reflexion des Autors, so ist dies aus institutioneller Sicht ein Risiko für seine Karriere (vgl. van Dijk 1999, S. 417 f.).

Ein konkreter Parameter, dessen Rolle in der Steuerung des Bildes vom Autor und seiner Literaturauffassung gut zu untersuchen ist, ist der Verweis auf andere Autoren. Wer in Interviews oder poetologischen Essays die eigenen Texte in die Tradition des argentinischen Schriftstellers Borges oder des russisch-amerikanischen Schriftstellers Nabokov rückt, gibt damit Ambitionen auf der Ebene der Weltliteratur zu erkennen. Ebenso kann man aber auch die Namen gleichgesinnter zeitgenössischer junger Autoren nennen, um sich so als Gruppe zu präsentieren und damit Aufmerksamkeit auf die eigene Arbeit zu lenken – ein Verfahren, das die historischen Avantgardebewegungen wie der Dadaismus vielfältig demonstriert haben. Während diese Verweis-Strategie für die Anfangsphase einer literarischen Karriere wichtig zu sein scheint und tatsächlich in der Regel für das Auftauchen der vom Autor vorgegebenen Namen in Rezensionen zu seinem Werk sorgt, spielt es für den weiteren Verlauf offensichtlich eine größere Rolle, in zunehmendem Maß die Eigenständigkeit als Autor zu betonen und sich in diesem Sinn von den ursprünglichen Autorenverweisen zu lösen (vgl. van Dijk 2000).

Wer sich als Gruppe präsentiert, gibt in der Regel Rezensenten nicht nur Namen für ihre Literaturkritiken an die Hand, sondern entwickelt darüber hinaus literaturbezogene Aktivitäten, die im Folgenden als literarische Nebenaktivitäten bezeichnet werden. Auch mit diesen Nebenaktivitäten können Autoren Einfluss auf den Aufbau der eigenen Reputation und damit auf ihre Position im literarischen Feld ausüben. Hier ist zu denken an das Gründen literarischer Zeitschriften, die den Autoren ein gemeinsames Forum bieten, auf dem sie sowohl eigene Texte präsentieren als auch Debatten mit Konkurrenten lancieren können. Auch die individuelle Mitarbeit an Zeitschriften-Redaktionen gehört zu diesen Nebenaktivitäten, wobei über den Forum-Aspekt hinaus noch das Aufbauen von Netzwerken und Kontakten hinzukommt, das sich auch in der Mitarbeit in Jurys oder Kommissionen äußern kann. Der Effekt all dieser Aktivitäten ist schwer zu bestimmen; ein positiver Bezug zwischen der literaturkritischen Aufmerksamkeit und der Entwicklung von Nebenaktivitäten scheint jedoch vorhanden zu sein. Dabei muss sogleich hinzugefügt werden, dass diese Aktivitäten gewiss nicht hinreichend für literarischen Erfolg sind und Autoren zudem nur zu einem gewissen Teil die Entfaltung solcher Tätigkeiten selbst in der Hand haben (vgl. Janssen 1998). Der institutionelle Ansatz geht deswegen davon aus, dass der Aufbau eines klaren poetologischen Profils in der Anfangsphase von größerer Bedeutung für den Status eines Autors ist.

Wirft man von dieser Stelle aus noch einmal einen Blick auf unseren Ausgangspunkt, die unterschiedliche Reputation Nootebooms in Deutschland und den Niederlanden in den 1990er Jahren, dann bietet der institutionelle Ansatz in der Tat einige untersuchenswerte Hypothesen. Vor dem hier skizzierten Hintergrund fällt auf, dass Nooteboom in den Niederlanden sich immer als Außenseiter im Literaturbetrieb präsentiert hat. Auch wenn er nicht abwesend war – und das war er aufgrund seiner vielen Reisen oft –, hat er sich nie in literarischen Redaktionen, Zeitschriften oder Gruppierungen engagiert. Im Gegenteil, seine Reisereportagen erschienen vornehmlich im Hochglanzblatt *Avenue* und das erste Kapitel seines erfolgreichsten Romans *Rituelen* im Trend-Magazin *Zero*, was ihm in niederländischen literarischen Kreisen wenig Ehre eintrug. In Deutschland sieht das Bild anders aus. Nachdem Nooteboom 1985 bei Suhrkamp gelandet war, erfüllte er konsequent alle Wünsche des Verlags für Lesungen selbst vor kleinstem Publikum; er erhielt 1989 ein DAAD-Stipendium für einen Jahresaufenthalt in Berlin und wurde durch seine Reportagen im Zusammenhang mit dem Mauerfall in der nationalen und internationalen Presse sichtbar. Er nahm an internationalen Symposien wie 1992 in München teil, wo zwölf Literaten zum Thema «Der Sturz der Propheten. Literatur im Umbruch» sprachen. Zur Verlagspflege Suhrkamps («Wir kaufen keine Bücher, wir haben Autoren») kamen renommierte Fürsprecher hinzu wie – neben Reich-Ranicki – Rüdiger Safranski in *Die Zeit*, der von Nooteboom bereits seit dessen Debüt *Das Paradies ist nebenan* begeistert war. Diese institutionellen Faktoren haben den Erfolg in Deutschland mit gefördert – in den Niederlanden aber fehlen sie weitgehend.

Der Versuch der Beeinflussung des Bildes vom eigenen Schreiben durch poetologische Äußerungen ist bei Nooteboom ebenfalls kaum zu erkennen. Zwar spricht auch Nooteboom selber vom «doppelten Boden», den Reich-Ranicki im oben angeführten Zitat preist, etwa 1984 gegenüber Willem M. Roggeman in einem Interview im *Vlaamse Gids*: «Worum es mir geht, kann ruhig Fiktion sein, aber dann wohl mit doppelten Böden, Spiel. Kunst also.» Dieses Zitat ist in mehrerlei Hinsicht repräsentativ. Auffällig ist die wenig prägnante Formulierung, die es wahrscheinlicher macht, dass Reich-Ranicki und Nooteboom die gleiche Tradition beanspruchen, als dass dieser Satz Nootebooms dem Kritiker bekannt war. Repräsentativ ist auch, dass hier Nooteboom in einem Interview zitiert wird, denn im Allgemeinen äußert sich Nooteboom nur sehr sparsam und dann meist mündlich zu seiner Literaturauffassung. Explizite poetologische Schriften Nootebooms gibt es so gut wie keine – seine Poetik muss man im Allgemeinen aus seinem schöpferischen Werk destillieren. Den Anspruch der Literaturkritik, Autoren von Format hätten wohldurchdachte Auffassungen über Literatur, bedient Nooteboom nicht, weder in den Niederlanden noch international – von vereinzelten Aufsätzen wie «Das Geheimnis im Weiß rund um die Wörter» in Walter Höllerers Anthologie *Theorie der modernen Lyrik* einmal abgesehen. Und auch darin äußert sich Nooteboom nur sehr allgemein: Für Lyrik gebe es nur ein Gesetz, «das der Authentizität und der inneren Logik», Gedichte müssten «stimmen». Damit reiht sich Nooteboom schlicht in eine lange Tradition seit dem 18. Jahrhundert ein.

Hingegen finden sich in diesem Aufsatz zahlreiche literarische Verweise, unter anderem auf Gottfried Benn, T. S. Eliot und Pessoa (was für das gesamte literarische Werk Nootebooms gilt). Vor dem Hintergrund der skizzierten Bewertungsdiskrepanz gibt Nooteboom damit Anlass zu der Vermutung, dass das Vorhandensein einer ausformulierten, wohldurchdachten Poetik für einen dauerhaften literarischen Erfolg in der Übersetzung eine geringere Rolle spielt als im literarischen Betrieb der Originalsprache. Offensichtlich wird das, was im Heimatland als poetologisches Defizit gilt, in der Übersetzung aufgrund von breit gestreuten kulturellen Verweisen im literarischen Werk nicht als Defizit wahrgenommen. Da die poetologischen Schriften übersetzter Autoren in der Regel erst im Nachgang zum literarischen Werk zur Kenntnis genommen werden, kann der Nachweis, ein Autor von Format zu sein, im Ausland offensichtlich auch über allgemein anerkannte Bildungssignale erfolgen. Nooteboom versteht sich darauf hervorragend und präsentiert sich so – zunächst in Übersetzung – als europäischer Autor auf dem Feld der Weltliteratur.

3.4 Leser

Angesichts eines Konzepts des literarischen Feldes, das hauptsächlich vom Kampf um Positionen und Macht geprägt ist, verwundert es kaum, dass die Leser als Teil dieses Feldes relativ wenig analytische Aufmerksamkeit aus institutioneller Perspektive erfahren haben. Anders als die Institutionen und die Verfasser von Texten sind die Leser weniger Aktoren im Kampf um symbolisches Kapital als eher Teil der Anlageformen, in denen dieses Kapital sich manifestiert. Hinzu kommt, dass das Verhalten der Leser im Feld sowohl synchron als auch diachron nicht leicht zu untersuchen ist (vgl. Schmidt 1989, S. 335 ff.). So ausgerichtete Forschung teilt viele Fragestellungen mit der empirischen Leserforschung (vgl. Ibsch 1993). Letztere untersucht Bedeutung als Konstruktion und Problem des Lesevorgangs, nicht als Problem der Sprache, des Textes, des Autors oder des literarischen Feldes. Was sich bei der Lektüre – etwa beim Lesen von Metaphern in Texten, die zur Literatur gerechnet werden – im Kopf des Lesers abspielt, wird deswegen von der Leserforschung in überprüfbaren und wiederholbaren Studien untersucht. Dies geschieht zumeist in einem kognitions-psychologischen Rahmen. Bei dieser Art von Arbeiten geht es um zeitgenössische Leser, nicht um historische (vgl. Groeben/Vorderer 1988; Schram 1991).

Auch die sozial-historische Rezeptionsgeschichte ist am realen Leser interessiert, wie ihr programmatischer Kernsatz in der Formulierung Gunter Grimms (1977, S. 61) belegt: «Wer hat warum was warum wie gelesen?» Hinter dieser auf den ersten Blick recht unschuldig scheinenden Formel verbirgt sich ein kaum zu überblickender Forschungsbereich:

«[Rezeptionsgeschichte] bedürfte jedoch zur Fundierung der Rezeptionsmotivationen und -modalitäten einer breit angelegten Untersuchung der vermittelnden Instanzen: der Institutionen, die Texte kanonisieren, und der Institutionen und Organisationen, die den literarischen Markt lenken oder beeinflussen. Eine solche

Distributionsforschung, die den Einfluß von Schule und Universität, den Einfluß von Mäzenatentum, kulturellen Vereinen, literarischen Gesellschaften, Stiftungen, Akademien, von Theater, Film, Funk und Fernsehen auf die literarische Rezeption und schließlich auch die Produktion untersucht, steht erst in den Anfängen [...]. Rezeptionsgeschichte als Geschichte der kommunizierenden *Subjekte* überschritte allerdings den literarisch definierten Interessen- und Quellenbereich des Literaturwissenschaftlers; sie erweiterte sich zu einem interdisziplinären Projekt, an dem Literatursoziologie und Leserpsychologie ebenso beteiligt wären wie Geschichts-, Buchwissenschaft, Publizistik, Kommunikations- und Kulturwissenschaft.» (1977, S. 30, vgl. S. 102 ff.)

Ein so weit gespannter theoretisch-programmatischer Anspruch muss sich in der Praxis notwendig auf Teilaspekte beschränken. Das gilt auch für die institutionell orientierte Forschung, die in diesem Zusammenhang z. B. untersucht, welche Faktoren die Entscheidung von potenziellen Lesern, ein Buch zu kaufen, beeinflussen. Bei literarischen Neuerscheinungen könnte man annehmen, dass die Literaturkritik eine wichtige Rolle für das Kaufverhalten spielt. Demgegenüber zeigen einschlägige Arbeiten jedoch, dass im Allgemeinen keine Relation zwischen den Verkaufszahlen eines Buchs und der Zahl bzw. der Länge der Rezensionen zu diesem Buch hergestellt werden kann. Als relevante Variablen zur Erklärung des Kaufverhaltens erweisen sich hingegen die Gattung und der Bekanntheitsgrad eines Autors. So wird erzählende Prosa wesentlich mehr gekauft als Lyrik – was vermutlich niemanden überrascht. Interessanter ist hingegen der Faktor des Bekanntheitsgrads. Dieser wurde daran gemessen, dass zum Zeitpunkt der Neuerscheinung eines literarischen Textes mindestens zwei weitere Bücher eines Autors noch lieferbar sein müssten. Auf diese Weise sollen die Autoren ausgewählt werden, die dabei sind, ein umfangreiches Werk aufzubauen und im Schnitt etwa alle zwei Jahre einen neuen Titel veröffentlichen. Tatsächlich stellt sich heraus, dass die unterschiedlichen Verkaufszahlen von literarischen Texten mit dieser Variablen zu einem großen Teil erklärt werden können. Der Grund dürfte darin zu suchen sein, dass Käufer sich von bekannten Namen und in der Vergangenheit aufgebauten Lesevorlieben leiten lassen (vgl. Verdaasdonk 1987).

Auch die Einstellung zur Literatur – worunter hier die kognitive und affektive Motivation, warum man liest, verstanden wird («reading attitude») – beeinflusst das Leseverhalten. In einer Studie wurden zunächst drei Typen von *reading attitudes* unter den 185 Personen, die an der Untersuchung mitwirkten, herausgearbeitet. Diese drei *reading attitudes* waren im Einzelnen:

- eine auf individuelle Entwicklung und Lernen gerichtete Einstellung, die das Nützliche von Literatur z. B. in Bezug auf Stilbildung, Wortschatzentwicklung, Weltkenntnis, gesellschaftlichen Erfolg usw. betonte;
- eine auf Zerstreuung gerichtete Einstellung, bei der Literatur z. B. zur Entspannung gelesen wird; wenn man sich langweilt; um aus der Alltagsroutine auszubrechen oder weil nichts im Fernsehen läuft;
- eine auf Genuss gerichtete Einstellung, die z. B. mit der Lust am Gelesenen, an der Identifikation mit dem Helden oder am Tagträumen mit Bezug auf die literarischen Phantasiewelten begründet wird.

Eine positive Relation zwischen Leseverhalten und der Einstellung zum Lesen war jedoch nur bei der dritten Variante festzustellen: Wer aus Vergnügen liest, liest mehr. Darüber hinaus konnten auch Zusammenhänge zwischen Ausbildungsniveau und Leseverhalten nachgewiesen werden: Je höher die Ausbildung, desto mehr liest ein Individuum in seiner Freizeit (vgl. Stokmans 1999).

Bei Untersuchungen wie den zuletzt angeführten wird übrigens oft auf statistische Erhebungen und Analyseverfahren zurückgegriffen. Deswegen kann es sich für Studierende, die im Bereich der institutionellen Analyse arbeiten wollen, empfehlen, Module zu belegen, die statistische Methoden vermitteln.

3.5 Verlage

Aus institutioneller Sicht sind es nicht inhärente Eigenschaften von Texten, die bestimmte Werke zu literarischen machen. Es sind die Institutionen des literarischen Feldes, die in ihrem Wechselspiel, in ihrem Konkurrenzkampf und durch die (Literatur-)Auffassungen, die sie teilen, einen Text als literarischen legitimieren. So gesehen, ist der Aufbau eines Œuvres kein individuelles Projekt eines Autors, sondern das Ergebnis des Zusammenspiels und Widerstreits der verschiedenen Institutionen.

In diesem Prozess spielen auch die Verlage eine Rolle. Sie produzieren nicht nur materielle Produkte: bedrucktes und als Buch gebundenes Papier, das sie für einen bestimmten Preis an Großhändler, Buchläden oder Käufer liefern. Zugleich sind sie in die symbolische Produktion von – literarischen – Werten eingebunden, wodurch die Verlage Teil des Universums des Glaubens ausmachen, wie Bourdieu (1977) es nennt.

Bourdieu (vgl. 1993, S. 95 ff. und S. 133 ff.) geht von einer Einteilung des literarischen Feldes in ein Unterfeld der Großproduktion und ein Unterfeld der eingeschränkten Produktion aus. Beim ersteren werden die Positionen der Aktoren zum größten Teil über den ökonomischen Erfolg bestimmt. Beim Unterfeld der eingeschränkten Produktion hingegen geht es darum, dass die Texte als hohe Kunst anerkannt werden, wobei die Ökonomie (zunächst) nur unter umgekehrten Vorzeichen für die Positionen der Autoren von Bedeutung ist. Die Logik des Unterfelds der eingeschränkten Produktion ist die des «loser wins» – neue Verlage oder Autoren stellen so in der Anfangsphase ihrer Karrieren oft geradezu ostentativ ein Desinteresse an materiellem Gewinn zur Schau. Damit wird das erste Unterfeld heteronom bestimmt – nach ökonomischen Parametern –, das zweite autonom – nach literarischen Parametern.

Vor diesem Hintergrund unterscheidet Bourdieu zum einen Verlage, die auf den kurzfristigen Produktionszyklus setzen. Sie konzentrieren sich auf die Aktualität und auf den Verkauf von Bestsellern, die sich schnell amortisieren müssen. Diesen Verlagen geht es um Kommerzialität – Bourdieu denkt hier an die französischen Verlage Laffont, Presses de la Cité oder Hachette, denen man im deutschen Sprachraum vielleicht Droemer Knaur oder Goldmann zur Seite stellen könnte. Sie operieren im Unterfeld der Großproduktion. Zum anderen gibt es für Bourdieu den Verlagstyp, der sich auf den langfristigen Produktionszyklus richtet. Von diesen Verlagen werden oft Investitionen in Avantgarde-Autoren getätigt, die, wenn überhaupt, erst nach einiger Zeit durch die erfolgreiche literarische Konsekration zu nennenswerten Verkaufszahlen führen. Das kann dann der Fall sein, wenn avantgardistische Autoren zum schulischen oder universitären Curriculum vorstoßen. Bourdieu analysiert in diesem Zusammenhang den Verkauf eines Romans des *nouveau roman*-Autors Alain Robbe-Grillet und den Verkauf des absurdistischen Avantgarde-Textes *Warten auf Godot* von Samuel Beckett. Die Verkaufszahlen liegen zunächst relativ niedrig und wachsen dann stetig über die Jahre, weswegen der Verlag, Editions de Minuit, von Bourdieu zum zweiten Typ gerechnet wird – auf der Suche nach einem deutschen Pendant könnte man an Suhrkamp denken.

Die skizzierte Einteilung hat zwar den Charme einer klaren Opposition, muss aber bei einer genaueren Betrachtung dessen, was Verlage tatsächlich mit dem Werk von Autoren tun, modifiziert werden (vgl. de Glas 1998a). So widerspricht z.B. das lange Leben, das manchen Bestsellern wie denen von Alistair MacLean in der Übersetzung beschieden ist, der eindeutigen Zuordnung ihres Verlags zum kurzfristigen Produktionszyklus. Umgekehrt machen literarische Avantgarde-Verlage von Vermarktungsstrategien auf eine Weise Gebrauch, die sich nicht von denen der kommerziellen Verlage im Sinne Bourdieus unterscheidet. Hinzu kommt ein vielfach konstatierter allgemeiner kultureller Prozess, der die Grenzen zwischen hoher und populärer Kultur verwischt und bei dem auch Universitätsprofessoren ihre Begeisterung für *Harry Potter* oder die Filmtrilogie *Herr der Ringe* öffentlich kundtun. Die renommierten Literatur-Verlage müssen sich also in einem Feld behaupten, in dem die Eliten in zunehmendem Maß zu Omnivoren werden, auch in Bezug auf andere Medien als das Buch.

Wie kann das Handeln der Verlage im literarischen Feld genauer analysiert werden? Einen wichtigen Zugang zu einem differenzierteren Bild können die Verlagsprogramme in historischer Perspektive bieten, z.B. im Hinblick auf Debütanten, die Frank de Glas exemplarisch anhand niederländischer Prosadebüts aus den Jahren 1961 bis 1965 untersucht hat (vgl. im Folgenden de Glas 1998b). So müssen Verlage generell daran interessiert sein, in ihr Programm neue Autoren aufzunehmen – ein kollektives Interesse an Debütanten ist also gegeben. Einem literarischen Verlag, der keine neuen Autoren mehr anzieht, droht über kurz oder lang das Ende.

Eine Analyse der Verkaufszahlen von Prosadebüts zeigt aber, dass diese für Verlage alles andere als lukrativ sind – weniger als zehn Prozent aller Debütanten brachten es auf eine zweite Auflage, und nur eine verschwindende Minderheit wurde ein wirklicher Verkaufserfolg. Damit unterschreiten Debüts deutlich die Verlagsfaustregel, dass mindestens jedes fünfte Buch Gewinn abwerfen muss. Verlage sind deswegen zumeist auch zurückhaltend beim Veröffentlichen von Debüts, obwohl kein Verlag sich prinzipiell auf die Übernahme von anderswo bereits erfolgreichen Autoren zu beschränken versucht. Das Risiko wird übrigens noch dadurch erhöht, dass es im hier skizzierten Fall bei fast einem Viertel der Autoren nie ein zweites Buch gab.

Hinzu kommt für Verlage ein weiteres Problem: Ebenfalls nur zehn Prozent aller Autoren bleiben langfristig im Programm ihres Debütverlags, und so gut wie kein langfristig schreibender Autor publiziert sein Werk ausschließlich bei nur einem Verlag. Autoren neigen offensichtlich dazu, zu Verlagen vorzustoßen, die viel symbolisches Kapital versprechen. Weniger renommierten Verlagen gelingt es deswegen auch so gut wie nie, einen produktiven Debütanten langfristig an den eigenen Verlag zu binden. Zwar haben renommierte Verlage – in Deutschland z. B. Beck, Fischer, Hanser, Klett-Cotta, Luchterhand, Rowohlt oder Suhrkamp – offensichtlich bessere Möglichkeiten, einen Autor an einen Verlag zu binden, und ihnen gelingt dies auch öfter. Die hier wiedergegebenen Zahlen relativieren aber das prätentiöse Verlagsbekenntnis «Wir haben keine Bücher, wir haben Autoren», auch wenn die Gründe für einen Verlagswechsel in der Regel komplex und auf jeden Fall nicht aus den Verlagsprogrammen abzuleiten sind.

Den Verlagen kann man einen großen Einfluss auf das kreative Werk eines Autors zusprechen (vgl. de Glas 1998, S. 386). Sie sind es, die bestimmen, wer zu ihrem Stall gehört und sich damit Schriftsteller nennen darf. Sie betreuen einen Autor und sein Manuskript, sie entscheiden letztlich über die Gestaltung des Buchs und seine Präsentation und schließlich auch darüber, ob sie ein zweites oder weiteres Buch wieder in ihr Programm aufnehmen. Wie dieser Anteil des Verlags-Einflusses genau zu bestimmen ist, ob Verlagsprogramme auf bestimmte Literaturauffassungen zurückgeführt werden können, ob Verlage über die Lebensspanne ihrer zentralen Verleger-Persönlichkeiten hinaus ihr Renommee und ihre Attraktivität für Debütanten halten können, ob Verlage Einfluss auf die Kanonisierungsprozesse haben, all das ist Teil eines weiten Feldes, das großenteils noch der Erforschung harrt. Eine differenziertere Beschreibung des Verlagshandelns als die (schematischen) Anstöße Bourdieus und einiger von ihm inspirierter Arbeiten (vgl. Boschetti 1986) verspricht nicht nur Einsichten in das Funktionieren des literarischen Feldes. Darüber hinaus können die Ergebnisse solcher empirischen Untersuchungen auch für die Verlage selber interessant werden: Wenn es gelingt, die Faktoren, die für einen literarischen Erfolg wichtig sind, in einem systematischen Zusammenhang herauszuarbeiten, kann man anschließend versuchen, diese bewusst zu steuern – z. B. durch gezielte Förderung von Autoren und Übersetzern und durch effizientes ‹Marketing› eines Buchs.

3.6 Literaturunterricht

Schule und Universität sind im Rahmen der Theorie Bourdieus im Grunde nichts anderes als Institutionen, in denen kulturelles Kapital kulturellem Kapital hinzugefügt wird, wodurch die sozialen Ungleichheiten verdoppelt, konsekriert und zugleich als «natürliche Begabung» verschleiert werden (vgl. Bourdieu 1993, S. 233 ff.). Kultur hat bei Bourdieu die ideologische Funktion der «Klassen-Kooptation» – also der Selbstergänzung der dominierenden Eliten. An diesem Punkt ist Bourdieus Sicht insofern den pädagogischen Analysen des Systemtheoretikers Niklas Luhmann (2004) vergleichbar, als für diesen Schulbildung ebenfalls mit der Produktion sozialer Unterschiede synonym ist. Aus dieser Funktionsbestimmung leitet Bourdieu verschiedene Aufgaben ab, die der Literatur- bzw. Kunstunterricht erfülle.

Zunächst seien Schulen Orte der «Massenproduktion» von Individuen mit kultureller Kompetenz. Die Kompetenz bestehe aus den vermittelten Schemata der Wahrnehmung, der Reflexion und des Ausdrucks im Umgang mit kulturellen Gütern wie literarischen Texten. Die schulisch vermittelte Disposition zum angemessenen Umgang mit Artefakten kreiert Bourdieu zufolge erst das kulturelle Bedürfnis, zu dessen Befriedigung der Unterricht die Mittel anbietet. Durch die Ausweitung des weiterführenden Schulunterrichts auf größere Bevölkerungsschichten in der zweiten Hälfte des 20. Jahrhunderts werden damit zugleich neue Kulturkonsumenten produziert.

Darüber hinaus trägt der Literaturunterricht dazu bei, dass bestimmte Texte als literarisch legitimiert werden, z. B. indem Schulen und Universitäten sie in ihre Curricula aufnehmen. In diesem Sinn wirkt der Literaturunterricht also mit an der Ausbildung eines schulischen und universitären Kanons. Der Begriff «Kanon» bezeichnet in der Literaturwissenschaft dabei einen zumeist geschlossenen Kreis von Werken, die aufgrund ihres herausgehobenen Werts in gewisser Hinsicht für verbindlich angesehen werden. Literarische Kanones sind Bestandteil des kollektiven kulturellen Gedächtnisses, sie verfestigen Traditionen, thematisieren und kondensieren Kulturen und entziehen die kanonischen, nicht selten im wertenden Sinn ‹klassisch› genannten Werke als Kulturdenkmäler in beträchtlichem Maß der weiteren kulturellen Bearbeitung. Der literarische Kanon ist in der Regel überindividuell und hat zugleich ideologischen und sozialen Charakter. Kanonische Werke appellieren an das Publikum, um es zum Kanonträger zu machen. Die Übereinstimmung über Kanones stiftet kulturelle Identität, schließt die Teilnehmer an Kulturen oder Subkulturen zu Gemeinschaften zusammen und taugt zum kulturellen Machtmittel von Eliten – z.B. im Schul- und Universitätsunterricht. In Reaktion darauf kann aber auch ein Gegenkanon zur Bestreitung von Macht und zur Errichtung kultureller Gegenmacht etabliert werden: Ein jüngeres, bereits erwähntes Beispiel dafür ist die von Frauen geschriebene Literatur. Sowohl aus feministisch-emanzipatorischer Perspektive als auch von der Gender-Forschung wurde die stärkere Berücksichtigung dieser Texte in den Kanonisierungsprozessen angemahnt und auch praktiziert (Lauter 1985).

Wie verhält sich nun der Literaturunterricht zu Entwicklungen anderer Institutionen und Kanones, z.B. dem der Literaturkritik? Wie stark ist die Institution Literaturunterricht durch eigene Vorgaben geprägt, in welchem Maß folgt sie Einflüssen von außerhalb?

Die Besonderheit des Unterrichts im Allgemeinen liegt nach Luhmann darin, dass er in Anwesenheit des Lehrenden erfolgen muss – aber genau deswegen ist er nur schwer zu untersuchen. Ein interessanter und leichter zugänglicher Forschungsgegenstand sind hingegen die zahlreichen Texte, die für und über den Literaturunterricht produziert werden, z.B. die kultusministeriellen Rahmenrichtlinien für den Schulunterricht in den jeweiligen Bundesländern oder die konkurrierenden Schulbücher, die man je nach Fragestellung sowohl aus diachroner als auch aus synchroner Perspektive betrachten kann.

Eine Untersuchung von 34 niederländischen Schulbüchern zum Literaturunterricht in der Muttersprache – also dem Niederländischen –, die den Auswahlkriterien zufolge allesamt zumindest eine literaturgeschichtliche Komponente haben und in den Jahren zwischen 1968 und 2000 erschienen sein mussten, soll hier als Beispielanalyse dienen (vgl. Verboord 2003 und 2004). Die Studie untersucht, welche Autoren im Textkorpus genannt werden und welche Aufmerksamkeit einzelnen Autoren geschenkt wird (gemessen an der Zahl der den jeweiligen Autoren gewidmeten Worte). Ziel ist dabei, die Art des schulischen Kanonisierungsprozesses genauer zu bestimmen.

Ein Blick auf die Verfasser der jeweiligen Unterrichtsbücher ist bereits aufschlussreich. Wurden diese Anfang der 1970er Jahre noch überwiegend von Literaturwissenschaftlern verfasst, so sind die Verfasser seit den 1990er Jahren fast ausschließlich Literaturdidaktiker. Man kann somit von einer Art didaktischem Emanzipationsprozess sprechen, der sich an der Autorschaft ablesen lässt.

Betrachtet man die literaturgeschichtlichen Lehrbücher genauer anhand der oben genannten Kriterien, dann zeichnen sich verschiedene Trends ab. So zeigt sich über die letzten 30 Jahre eine Halbierung der Zahl der pro Lehrbuch genannten Autoren, die in den letzten 20 Jahren auch mit einer entsprechenden Reduktion des Umfangs der Lehrbücher einhergeht. Es werden also generell immer weniger Autoren immer knapper behandelt.

Aus den insgesamt vorgefundenen 937 Autorennamen wurde eine Liste erstellt, bei der die Autoren, denen die meisten Worte gewidmet waren, oben standen. Seit den 1980er Jahren ist die Liste in den *Top-100* relativ stabil, wobei neben Multatuli die genannten Mulisch, Hermans und Reve regelmäßig vordere Plätze belegen – Nooteboom schaffte übrigens zu keinem Zeitpunkt einen Sprung unter die ersten 30. Seit den 1980er Jahren ist eine deutliche Verjüngung unter den Erstplatzierten festzustellen. Dem entspricht ein vergleichbarer Trend, was die insgesamt erwähnten Autorennamen angeht. In den Lehrbüchern der 1970er Jahre standen auf den ersten Plätzen noch Autoren, die fast allesamt ihre wichtigsten Werke vor dem Zweiten Weltkrieg veröffentlicht hatten. Das ändert sich ab den 1980er Jahren grundlegend, wo hinter Multatuli (1820–1887) gleich Mulisch (*1927), Hermans (1921–1995) und Reve (*1923) auf den nächsten Plätzen kommen, die alle nach 1945 debütierten. Kontinuierlich erhöht sich unter den *Top-100* die Zahl der nach 1940 geborenen auf 34 Prozent in den neuesten literaturgeschichtlichen Lehrbüchern. Ebenso nimmt die Zahl der Autorinnen unter den *Top-100* im Laufe der Jahre deutlich zu, wenn sie auch vorläufig erst bei 16 Prozent steht.

Neben dieser deutlichen Tendenz zur Verjüngung und Erneuerung des Schulbuch-Kanons zeichnet sich eine Entwicklung ab, bei der die konkurrierenden neueren Lehrbücher in immer größerem Umfang auf dieselben Autorennamen zurückgreifen. Die Diversität zwischen den Literaturgeschichten nimmt deutlich ab, was auch in der Schnittmenge der 50 am ausführlichsten behandelten Autoren zum Ausdruck kommt, die immer größer wird.

Damit zeigt sich, dass die zunehmende Tendenz zur Innovation, die das literarische Feld als Ganzes und die Institution der Literaturkritik im Besonderen zu charakterisieren scheint, auch in den literaturgeschichtlichen Lehrbüchern zu finden ist. Die Entwicklung hin zu größerer Diversität und abnehmender Hierarchisierung, die sich in der Literaturkritik beobachten lässt, gilt aber offensichtlich nicht für die hier untersuchten Lehrbücher. Wenn immer weniger Autoren in diesen Texten immer kürzer behandelt werden und sich eine Tendenz zur Homogenisierung abzeichnet, dann ist das wohl vor allem als Ausdruck der zunehmenden Eigenständigkeit der Institution Literaturunterricht an Schulen zu deuten. Neben der Professionalisierung der Literaturdidaktik ist in den Niederlanden wohl auch die abnehmende Zahl der Stunden zu nennen, die in weiterführenden Schulen für den Literaturunterricht zur Verfügung steht. Darauf reagieren die Lehrbücher offensichtlich in der beschriebenen Weise.

Zum kulturellen Repertoire (vgl. Dorleijn/Vanstiphout 2003) gehören aber, wie wir gesehen haben, neben den kanonisierten Texten auch die Fähigkeiten, mit literarischen Texten angemessen umzugehen. Ebenso wie im Literaturunterricht bestimmte Texte als wertvoll legitimiert werden, vermittelt er auch die Fähigkeit, zwischen einem legitimen und einem nicht legitimen Weg zu unterscheiden, mit legitimierten Werken umzugehen. Eine Interpretation von Dantes *Göttlicher Komödie* aus dem 14. Jahrhundert als Geschichte einer Initiation oder als Künstler-Allegorie wäre legitim – ein Lesen der *Commedia* als geheime Rosenkreuzer-Botschaft (die Rosenkreuzer gab es erst ein paar Jahrhunderte später) hingegen nicht (vgl. Eco 1992, S. 125 ff.). Kurzum, man lernt im Literaturunterricht auch, wie Literatur angemessen zu lesen ist. Was als jeweils zeitgemäße Form des Lesens betrachtet wird, kann wiederum anhand von Lehrbüchern und/oder Rahmenrichtlinien untersucht werden.

Daraus kann man z. B. ableiten, dass seit Humboldt die Überzeugung, Literatur und ästhetische Erfahrung seien wertvoll und vermittelnswert, bis weit nach dem Zweiten Weltkrieg der unhinterfragte Ausgangspunkt des Literaturunterrichts war. Der Erfolg der strukturanalytischen «close reading»-Methoden im Literaturunterricht in den Niederlanden in den 1970er Jahren kann deswegen zu einem Teil damit erklärt werden, dass solche literaturimmanenten Verfahren mit diesen Ausgangspunkten problemlos kompatibel waren (vgl. de Vriend 1996, S. 241 ff.). Warum ganze Generationen von Schülern und Studierenden sich dieses Ansatzes bedienten, hat aber noch weitere Gründe.

Zum einen stellte das scheinbar systematische Arbeiten entlang des Leitfadens von Raum, Zeit, Personen, Erzählperspektive und Motiven ein Verfahren dar, dessen technische Rationalität sozusagen als Garant für seine Erlernbarkeit erachtet wurde. Hinter der Frage nach dem «Wie» traten dabei alle anderen didaktischen Fragen zurück. Zum anderen war Anfang der 1970er Jahren zumindest in den Niederlanden das Verhältnis zwischen Literaturwissenschaft und Literaturdidaktik noch eindeutig hierarchisch, sodass der Import von literaturwissenschaftlichen Entwicklungen in den Literaturunterricht vor allem als Übersetzungsproblem gesehen wurde. Eine vergleichende historische Analyse der Rahmenrichtlinien für Schulfächer wie Deutsch und die Fremdsprachen dürfte wohl zu dem Ergebnis führen, dass demgegenüber spätestens seit den 1990er Jahren in der Didaktik die Schüler und ihre Art zu lesen im Zentrum standen – und weniger die Übersetzung von Literaturwissenschaft in didaktische Zusammenhänge.

3.7 Literaturpolitik, Buchhandel und Bibliotheken

Die in diesem abschließenden Unterkapitel zu besprechenden Institutionen teilen die Eigenschaft, bei der Verteilung symbolischer Anerkennung weniger wählerisch zu sein als die zuvor besprochenen. Deswegen spielen sie bei der symbolischen Produktion auch nur eine untergeordnete Rolle. Dennoch wird auch im Buchhandel symbolisches Kapital produziert, z.B. über die Bestsellerlisten. Wer nämlich glaubt, diese bildeten einfach absolute Verkaufszahlen ab, so wie die Bundesligatabellen Punkte und Tore wiedergeben, sieht sich getäuscht. Es lässt sich zeigen, dass die Hersteller dieser Listen bei Auf- und Abstieg – zum Teil in Ermangelung absoluter Zahlen – eine Reihe von anderen Faktoren mitspielen lassen wie die Größe des Verlagshauses oder die Verweildauer auf der Liste (vgl. Verdaasdonk 2001).

Was die Literaturpolitik angeht, so wird diese in verschiedenen Staaten so unterschiedlich betrieben, dass generelle Aussagen kaum möglich sind. Der kleinste gemeinsame Nenner liegt wohl darin, dass Politiker die Rahmenbedingungen für das literarische Feld durch Gesetze und Verordnungen in Sachen Autorenrecht, Buchpreis (fest oder nicht), Ausleihvergütungen usw. schaffen. Auf der Grundlage dieser Regeln operiert der Buchhandel in Deutschland z.B. mit der Buchpreisbindung – im Unterschied etwa zu den USA. Das wichtigste Argument für die Buchpreisbindung ist, dass so eine flächendeckende und die Diversität fördernde Verbreitung des Produkts Buch am ehesten gewährleistet werden kann. Nur so könne man der Gefahr begegnen, dass große, in Städten ansässige Ketten mit den Verlagen niedrigere Preise für Bestseller aushandeln, was dann kleinen Buchhandlungen und weniger marktgängigen Büchern zum Nachteil gereicht. Die Gegner der Buchpreisbindung sehen den Vorteil darin, dass die Ware Buch ohne Preisbindung billiger werden könnte, was ihrer Verbreitung nur zugute kommen würde.

Wegen der Kulturhoheit der Länder gibt es in Deutschland keine systematische Förderung von Autoren und Büchern auf Bundesebene – von allgemeinen Förderungen wie der Künstlersozialversicherung einmal abgesehen. In den Niederlanden und Flandern z.B. findet man demgegenüber nationale Literaturfonds, die nach bestimmten Kriterien – von denen literarische Qualität, die durch unabhängige Gremien von Kritikern, Literaturwissenschaftlern, Übersetzern und Autoren festgestellt wird, das wichtigste ist – Monats- oder Jahresförderungen für bestimmte Projekte (wie das Schreiben eines Romans) vergeben. In Deutschland kommen dieser Art von Förderung die zahlreichen Stipendien noch am nächsten, die von privaten, kommunalen oder Länder-Instanzen vergeben werden und die man z. B. dem regelmäßig aktualisierten *Handbuch für Autorinnen und Autoren* (Uschtrin/Küspert 2001) entnehmen kann.

Bourdieu sieht darin jedoch eine unerwünschte Einmischung in das literarische Feld. Für ihn handelt es sich bei der öffentlichen Literaturförderung, die von den kommunalen und regionalen Literaturbüros und Literaturhäusern bis hin zur Verleihung von Staatspreisen für Literatur reicht, lediglich um Formen «der versteckten und einwandfreien Gewalt der bürokratischen und journalistischen Kräfte, mit der sie exogene Prinzipien des Sehens und Einteilens durchzusetzen versuchen». Hierunter versteht Bourdieu (1997, S. 55) «jene eigentümlichen, wahrhaften *Staatsstreiche* [...], wie sie all die Versuche der Durchsetzung externer Hierarchisierungsprinzipien unter Einsatz der Macht der Politik (mit Einmischungen des Staates, seiner Ausschüsse und Verwaltungen in die inneren Angelegenheiten der Felder der Kulturproduktion), der Wirtschaft (mit allen Formen der Förderung), der Presse (mit beispielsweise ‹Siegerlisten›, insbesondere jenen, die auf – unbewusst – manipulierten ‹Befragungen› beruhen) etc. darstellen.» Die Autonomie des Unterfeldes der eingeschränkten Produktion ist für Bourdieu offensichtlich keine deskriptive Kategorie, sondern eine normative, die er energisch gegen jeden Eingriff von außerhalb des literarischen Feldes zu verteidigen sucht. Das kann es für Studierende der Literaturwissenschaft umso interessanter machen zu analysieren, was Kommunen wie und warum tun, wenn sie Literatur fördern, und ob es sich dabei tatsächlich um «Rückfälle in die Heteronomie» handelt, «wie sie heutzutage zugunsten einer Rückkehr neuer Formen der öffentlichen oder privaten Förderung in Gang kommt» (Bourdieu 1997, S. 41).

AUSBLICK AUF DEN MASTER-STUDIENGANG

Der leitende Gedanke beim Schreiben dieses Lehrbuchs wurde bereits in der Einleitung formuliert. Es ging darum, Handwerkszeug zum ersten eigenständigen literaturwissenschaftlichen Arbeiten zu vermitteln, sodass im Laufe des Studiums die Fähigkeiten erworben werden können, Literatur in Kontexte einzubetten, sie zu analysieren und die sie ermöglichenden literarischen Institutionen zu erfassen.

Weitgehend ausgeblendet blieb dabei die problematisierende theoretische Reflexion der vorgestellten Methoden im Vergleich zu konkurrierenden Forschungsansätzen. Damit werden Studierende aber gewiss bereits im Laufe ihres BA-Studiums in Berührung kommen – im MA-Studium wird dieses Nachdenken dann eine zentrale Rolle spielen. Zur Sensibilisierung des Problembewusstseins seien bereits hier einige grundlegende Horizonte entworfen. Von den zahlreichen Problemfeldern – dem Verhältnis der Literaturgeschichtsschreibung zur Geschichtstheorie angesichts der These vom «Ende der Geschichte», dem Verhältnis der Literaturwissenschaft zum Postkolonialismus und zu den Gender-Studien, zur Anthropologie, zur Psychologie und Soziologie – werden hier drei herausgegriffen. Es sind dies die grundlegenden erkenntnistheoretischen Alternativen von empirischer und hermeneutischer Methode sowie, mit Blick auf die Textarbeit, das Verhältnis von hermeneutischer und semiotischer Methode. Abschließend sollen die Fragen einer Theorie literarischer Wertung in den Blick genommen werden, die das Verhältnis von Literaturwissenschaft und Philosophie, hier insbesondere der Ästhetik, berühren.

1. Empirie und/oder Hermeneutik

Ob es überhaupt möglich ist, für die Beschreibung der Phänomene des literarischen Feldes eine eindeutige, exakt definierte Begrifflichkeit zu finden; ob literarische Texte denn inhärente, relevante Eigenschaften haben; ob die strikte Trennung zwischen der Teilnahme am literarischen Feld und der Beobachtung desselben möglich ist – all dies ist ebenso umstritten wie die Frage, ob die empirische Literaturwissenschaft Bourdieu'scher Prägung (vgl. 3.1) mit dem Ausklammern textbezogenen Arbeitens nicht die Literaturwissenschaft im engeren Sinn verfehlt. Zumal kein verbindlicher Konsens über Art und Aufgabenbereich der Literaturwissenschaft besteht, ist keine dieser Fragen mit einem eindeutigen Ja oder Nein zu beantworten.

Unabhängig von der jeweiligen Wissenschaftsposition lässt sich indes festhalten, dass den empirischen Literaturwissenschaftlern methodische Denkanstöße und das beispielhafte Streben nach begrifflicher Eindeutigkeit und Klarheit in Fragestellung und Gedankenführung zu verdanken sind.

Freilich ist auch die empirische Literaturwissenschaft nicht gegen Einseitigkeit gefeit. Die Behauptung, Texte hätten keinerlei Eigenschaften, mag in ihrer Klarheit bestechen, kann *so* formuliert jedoch kaum überzeugen. Die Plausibilität der Auffassung, Zuschreibungen wie ‹Mehrdeutigkeit› oder ‹Einheit› seien nicht auf Texteigenschaften zu beziehen, sondern nur Ausdruck von Konventionen des Lesers, stößt da an ihre Grenzen, wo der Faktor Text gänzlich aus dem Blick gerät.

Auch die Hermeneutik ist keinesfalls eine unproblematische Wissenschaftsmethode. Als Schleiermacher (1959, S. 81), ein Theologe und Religionsphilosoph, dessen Wirken nicht zufällig in die Zeit des Zurückdrängens der Rhetorik fällt, in der ersten Hälfte des 19. Jahrhunderts die Hermeneutik neu begründete, bezog er einen jeden Redeakt gleichermaßen auf die Sprache wie auf die Subjektivität dessen, der den Redeakt vollzieht:

«Hiernach ist ein jeder Mensch auf der einen Seite ein Ort, in welchem sich eine gegebene *Sprache* auf eine eigenthümliche Weise gestaltet, und seine Rede ist nur zu verstehen aus der Totalität der Sprache. Dann aber auch ist er ein sich stetig entwickelnder *Geist*, und seine Rede ist nur als eine Thatsache von diesem im Zusammenhang mit den Übrigen.»

Diese Bindung der Deutungslehre Schleiermachers an die gegebene Sprache, die *grammatische* Interpretation, hat Dilthey, der wichtigste Hermeneutiker der Wende vom 19. zum 20. Jahrhundert, zugunsten der *psychologischen* Interpretation verdrängt. Dilthey unterschied methodisch zwischen elementaren und höheren Verstehensformen. Elementares Verstehen arbeite nach dem Prinzip der Analogie und übertrage eine gegebene Wortbedeutung auf eine erneute Anwendung des Worts. Die höhere Verstehensform beachte dagegen die Art und Weise, wie ein Wort im Text*zusammenhang* verwendet wird, und nutze das Prinzip der Induktion, sie erfasse Bedeutung durch Textbeobachtung. Da der literarische Text nicht völlig auf bereits bestehende Erscheinungen zurückzuführen ist, spielt seine Einbettung in Kontexte demgemäß eine besondere Rolle. Bachtin (1979) und Ricœur (1981) haben das Kontextuieren dann auch als Grundverfahren jeglichen Verstehens gefasst.

Doch auch die aktuellen hermeneutischen Auffassungen setzten unterschiedliche Schwerpunkte, gehen von miteinander konkurrierenden Grundüberzeugungen aus. Gadamer etwa fordert, ‹richtiges› von einem falschen Verstehen der Tradition abzusetzen und beharrt auf deren Normen begründender Autorität. Abweichend davon sucht Habermas Verstehen als gegenwartsbezogenes Gewinnen eines handlungsorientierten, auf Konsensbildung zielenden Selbstverständnisses zu fassen. Bachtin (1979, S. 349 ff.) schließlich entwirft Verstehen als je aktuelle Begegnung von gegeneinander absetzbaren Standpunkten und Sinnhorizonten, die notwendig das andere Verständnis des anderen im eigenen Verstehen voraussetzt und bewahrt.

Wenn wir es mit empirischen Daten wie Leserbefragungen, Auflagenhöhen und Autorenhonoraren zu tun haben, ist die empirische Methode gewiss am Platze. Dagegen ist für Textanalyse, Interpretation und Wertung zu hermeneutischen, semiotischen oder axiologischen Methoden zu greifen. Welche verdienen hier den Vorrang?

2. Hermeneutik und/oder Semiotik

Ob in einem bestimmten Fall (zunächst) textbezogener Arbeit die hermeneutische oder die semiotische Vorgehensweise zu wählen ist, hängt ab vom Gegenstand der Betrachtung, vom erstrebten Ziel, von der bevorzugten Vorgehensweise – Konzentration auf das Leserverstehen oder auf die Entstehungs- und Arbeitsweise des Textes – sowie vom Betrachter und seinen Kontexten. Da die Hermeneutik dem Leserstandpunkt näher steht, ermöglicht sie kritisches Bewusstsein vom Verstehensvorgang bei der Rezeption von Texten. Die Semiotik bietet genauere Einsicht in die Zeichen- und Textherstellung. Mit Blick auf die Arbeitsweise von Texten können Verstehenslehre und Zeichenlehre einander gut ergänzen. Doch können sie auch polemisch gegeneinander abgesetzt werden. Der Hermeneutiker wird dann die philosophische Enthaltsamkeit des Semiotikers kritisieren und seine Blindheit gegenüber der Fremdheit und Alterität des zu Deutenden, der Semiotiker dessen Unvermögen, mit Blick auf die Rede den Referenzbereich (den Wirklichkeitsbezug) vom Deutungsbereich klar abzugrenzen und den rekursiven Verweischarakter der Zeichenverwendung (Zeichen werden durch Zeichen gedeutet und verweisen auf Zeichen) zu erfassen.

Für die Wahl und aus ihr folgende Überraschungen hält Adolf Muschgs (1993, S. 1062) Roman *Der rote Ritter* den beherzigenswerten Rat bereit:

«Die eigene Art ist Jedem die rechte [...], er darf nur nicht erwarten, daß er dabei findet, was er erwartet. Sondern muß das Gefundene betrachten lernen als das Gesuchte.»

3. Probleme des literarischen Wertens

Wissenschaftliche Kompetenz im Bereich des Wertens literarischer Texte, Kontexte und Institutionen setzt eine Theorie der Literatur voraus und ist im Modell verankert, das die Kultur von sich selbst entwirft. Im Gegenzug enthält jede Literatur- und Kulturtheorie ausdrücklich oder unausdrücklich Wertbegriffe, mit deren Hilfe sie alles, was zur Literatur und ihrem System zählen soll, gegen andersartige Erscheinungen abgrenzt.

Die Axiologie der Literatur, die Theorie des literarischen Wertens (Grübel 2001), hat es wie jede Werttheorie mit einem Doppelsinn des Wertbegriffs zu tun. Von Beginn an schwankt das Wertverstehen zwischen der Bedeutung ‹Preis›, und meint dann einen *Tausch-* oder *Vergleichswert*, und der Bedeutung ‹Würde›, die den *Eigenwert* einer Erscheinung benennt.

Zwischen diesen äußersten Positionen steht die umstrittene Frage, ob Werte wie Dinge absolut und damit vom Wertenden unabhängig sind oder ob sie nur *gelten* und so zugleich objektiv *und* von der Anerkenntnis durch Wertende abhängig sind. Die Auffassung vom Wert als objektivierbarer Vergleichsgröße liegt der Präferenztheorie zugrunde, die Verhaltensentscheidungen als beobachtbares Vorziehen des einen Werts gegenüber anderen konkurrierenden Werten auffasst. Sie misst Wert an normgeleitetem Präferenzverhalten und hat im Gefolge der Verhaltenstheorie in angloamerikanischen Kulturen Oberhand gewonnen. Auch Morris (1972) gründet seinen ästhetischen Wertentwurf auf solches beobachtbares Präferenzverhalten. Es schlägt sich zum Beispiel im dokumentierbaren Verhalten von Buchkäufern und -entleihern sowie im zählbaren Anklicken von Interneteingängen nieder, es ist Gegenstand der Buchmarktforschung und führt zum Aufstellen von Bestseller-Listen. Diese sollen ihrerseits zurückwirken auf Käufer- und Leserverhalten: *success sells.*

Die europäische Moderne hat die mimetische Illusion, Kunst vermittle sinnliche Anschauung einer dargestellten Welt, besonders durch abstrakte Kunst und konkrete Poesie bekämpft. Roman Jakobsons strukturalistischer Entwurf der Äquivalenz als entscheidender Grundlage der sprachlichen Verknüpfung benachbarter Größen in der Wortkunst (z.B. Versfüße, Verse, Strophen, Zyklen, Kapitel, Akte) ersetzt die mimetische Sinnlichkeit des Ästhetischen durch die Sinnlichkeit des Mediums. Die Postmoderne wiederum stellt – anders als die Romantik – das Erhabene als ästhetischen Wert nicht neben, sondern an die Stelle des Schönen.

In der Postmoderne breitet sich Wertrelativismus aus: Allen Erscheinungen kann jeder beliebige Wert zuerkannt werden. Von hier ist es bis zur Indifferenz der Werte nicht mehr weit. Derrida (1983) stellt, eher dem Vergleichswert zuneigend, dann auch den «symbolischen Nullwert» heraus. Diese Anschauung zielt auf eine negative Axiologie, die mit den Werten und Werturteilen auch jedes Wertsystem außer Geltung zu setzen sucht oder bereits gesetzt sieht (so Baudrillard 1982, S. 21). Im Gegenzug wird die Axiologie der negativen Ästhetik als neue Ethik vorgetragen. Das Pendel hat wieder zum Pol der Ethik ausgeschlagen.

Positive Werttheorien können den Wert als dem beurteilten Gegenstand, zum Beispiel einem literarischen Kunstwerk, objektiv eigen entwerfen. Sie können ihn aber auch als dem zu beurteilenden Gegenstand von außen, zum Beispiel aufgrund des individuellen oder kollektiven Geschmacks, zugewiesene Größe auffassen. Der Extremfall ist auf der einen Seite der Wertobjektivismus, der im 18. Jahrhundert überwog. Am anderen Ende der Skala steht jener Wertsubjektivismus, der den Wert seit alters her in das Belieben des Urteilenden stellt: «Über Geschmack lässt sich nicht streiten.» Dass wir gleichwohl unterschiedliche Wertzuschreibungen in vernünftiger Rede besprechen können, dafür hat eine jede literarische Axiologie Sorge zu tragen. Die Fähigkeit, solche alternativen Methoden mit ihren Vor- und Nachteilen gegeneinander abzuwägen und ihre theoretischen Fundierungen auf ihre Tragfähigkeit zu befragen, ist neben der Ausweitung und Vertiefung des Fachwissens eine der zentralen Aufgaben des Master-Studiengangs.

ANHANG

ZITIERTE LITERATUR

Die zitierte Literatur ist den drei inhaltlichen Teilen des Buchs entsprechend gegliedert.

1. Kontextualisierung von Literatur

Assmann, Aleida (1996): «Texte, Spuren, Abfall: die wechselnden Medien des kulturellen Gedächtnisses». In: Böhme/Scherpe (Hg.): Literatur und Kulturwissenschaften. Reinbek, S. 96–111.

Assmann, Jan und Aleida (1983): «Schrift und Gedächtnis». In: Assmann/Hardmeier (Hg.): Schrift und Gedächtnis. Archäologie der literarischen Kommunikation I. München, S. 265–286.

Bachtin, Michail (1979): Die Ästhetik des Wortes. Frankfurt/M.

Barthes, Roland (2002): «Der Tod des Autors». In: Wirth, Uwe (Hg.): Performanz. Zwischen Sprachwissenschaft und Kulturwissenschaft. Frankfurt/M.

Baßler, Moritz (1995): New Historicism. Literaturgeschichte als Poetik der Kultur. Frankfurt/M.

– (2005): Die kulturpoetische Funktion und das Archiv. Eine literaturwissenschaftliche Text-Kontext-Theorie. Tübingen.

Baßler, Moritz (Hg.) (2002): New Historicism. 2. Aufl. Tübingen.

Beutin, Wolfgang e. a. (1984): Deutsche Literaturgeschichte. Von den Anfängen bis zur Gegenwart. 2. Aufl. Stuttgart.

Blumenberg, Hans (1990): «In freier Variation: Identität». In: Frankfurter Allgemeine Zeitung (31.1.1990).

Borges, Jorge Luis (1982): Borges und ich. [Gesammelte Werke Bd. 6] München/Wien.

Ehlich, Konrad (1983): «Text und sprachliches Handeln. Die Entstehung von Texten aus dem Bedürfnis nach Überlieferung». In: Assmann, Jan und Aleida/Hardmeier, Christof (Hg.): Schrift und Gedächtnis. München, S. 24–44.

Eisenstein, Elizabeth L. (1997): Die Druckerpresse. Kulturrevolutionen im frühen modernen Europa. Wien/New York.

Fohrmann, Jürgen (1997): «Diskurs / Diskurstheorie». In: Weimar, Klaus (Hg.): Reallexikon der deutschen Literaturwissenschaft. [Berlin/New York], S. 369–374.

Gerhard, Ute (1998): Nomadische Bewegungen und die Symbolik der Krise. Flucht und Wanderung in der Weimarer Republik. Opladen/Wiesbaden.
Greenblatt, Stephen (1991): Schmutzige Riten. Berlin.
– (2002): «Kultur». In: Baßler, Moritz (Hg.): New Historicism, 2. Aufl. Tübingen, S. 48–59.
Hempfer, Klaus (1973): Gattungstheorie. Information und Synthese. München.
Jauß, Hans Robert (1977): «Theorie der Gattungen und Literatur des Mittelalters». In Ders.: Alterität und Modernität der mittelalterlichen Literatur. Gesammelte Aufsätze 1956–1976. München, S. 327–358.
Kittler, Friedrich A. (1995): Aufschreibesysteme. 1800–1900. 3. Aufl. München.
Klabund (1927): «Als sie meine Stimme im Rundfunk hörte». In: Wilczynski, Karl: Funkköpfe. 46 literarische Porträts. Berlin.
Koschorke, Albrecht (2000): Körperströme und Schriftverkehr. Mediologie des 18. Jahrhunderts. München.
Kristeva, Julia (1972): «Bachtin, das Wort, der Dialog und der Roman». In: Ihwe, J. (Hg.): Literaturwissenschaft und Linguistik, Bd. 3. Frankfurt/M., S. 345–375.
Link, Jürgen/Link-Heer, Ursula (1990): «Diskurs, Interdiskurs und Literaturanalyse». In: LiLi 77, S. 88–99.
Martinez, Matias (1996): «Dialogizität, Intertextualität, Gedächtnis». In: Arnold/Detering (Hg.): Grundzüge der Literaturwissenschaft. München, S. 430–445.
Meyer, Holt (1995): «Gattung». In: Pechlivanos, Miltos e. a. (Hg.): Einführung in die Literaturwissenschaft. Stuttgart, S. 66–77.
Mülder-Bach, Inka (Hg.) (2000): Modernität und Trauma. Beiträge zur Zeitenwende des Ersten Weltkriegs. Wien.
Musil, Robert (1981): Der Mann ohne Eigenschaften. Reinbek.
Riha, Karl (1981): «Ein politisches Gedicht, eine Anklage, ein Interpretationsversuch und einige Weiterungen, die sich aus diesem Ensemble ergeben. Zu F. C. Delius' Moritat auf Helmut Hortens Angst und Ende». In: Jordan, Lothar/Marquardt, Axel/Woesler, Winfried (Hg.): Lyrik – von allen Seiten. Frankfurt/M., S. 525–543.
Schmidt, Arno (1996): Seelandschaft mit Pocahontas. Frankfurt/M.
Theweleit, Klaus/Schmidt, Arno (1999): «you give me fever». Seelandschaft mit Pocahontas. Pocahontas Bd. IV. Frankfurt/M.
Tynjanov, Jurij (1971a): «Das literarische Faktum». In: Striedter, Jurij (Hg.): Russischer Formalismus. Texte zur allgemeinen Literaturtheorie und zur Theorie der Prosa. München, S. 393–431.
– (1971b): «Über die literarische Evolution». In: Striedter, Jurij (Hg.): Russischer Formalismus. Texte zur allgemeinen Literaturtheorie und zur Theorie der Prosa. München, S. 434–461.
Voßkamp, Wilhelm (1977): «Gattungen als literarisch-soziale Institutionen». In: Hinck, Walter (Hg.): Textsortenlehre – Gattungsgeschichte. Heidelberg, S. 27–44.
Weiler, Inge (1998): Giftmordwissen und Giftmörderinnen. Eine diskursgeschichtliche Studie. Tübingen.
Weimar, Klaus (1980): Enzyklopädie der Literaturwissenschaft. München.
Wellek, René/Warren, Austin (1972): Theorie der Literatur. Frankfurt/M.

2. Analyse literarischer Texte

Adorno, Theodor W. (1970): Ästhetische Theorie (= Gesammelte Schriften 7). Frankfurt/M.

– (1981): Rede über Lyrik und Gesellschaft. In: Ders.: Noten zur Literatur (= Gesammelte Schriften 11). Frankfurt/M.

Anderson, Marc M. (1992): «The Ornaments of Writing: ‹In The Penal Colony›». In: Ders.: Kafka's Clothes. Oxford, S. 173–193.

Antos, Gerd/Tietz, Heike (Hg.) (1997): Die Zukunft der Textlinguistik. Traditionen, Transformationen, Trends. Tübingen.

Aristoteles (1982): Poetik. Griechisch/Deutsch. Übersetzt und hg. von M. Fuhrmann. Stuttgart.

Asman, Carrie (1992): «Theatre and Agon/Agon and Theatre. Walter Benjamin and Florens Christian Rang». In: Modern Language Note 107, N. 3, S. 606–620.

Assmann, Aleida (1996): «Texte, Spuren, Abfall: die wechselnden Medien des kulturellen Gedächtnisses». In: Böhme/Scherpe (Hg.): Literatur und Kulturwissenschaften. Reinbek, S. 96–111.

– (1997): «Probleme der Erfassung von Zeichenkonzeptionen im Abendland». In: Posner, Roland e. a. (Hg.): Semiotik/Semiotics. Handbuch zu den zeichentheoretischen Grundlagen von Natur und Kultur. Bd. 1, Berlin, S. 710–729.

Bachmann, Ingeborg (1978): Werke. Herausgegeben von Christine Kosche u. a. München/Zürich.

Bachtin, Michail (1968): «Formen der Zeit und des Chronotopen im Roman. Untersuchungen zur historischen Poetik». In: Ders.: Untersuchungen zur Poetik und Theorie des Romans. Berlin/Weimar.

– (1985): Probleme der Poetik Dostoevskijs. Frankfurt/M.

– (1986): Ėstetika slovesnogo tvorčestva. Moskau.

Barthes, Roland (1974): Die Lust am Text. Frankfurt/M.

Benjamin, Walter (1963): Ursprung des deutschen Trauerspiels. Frankfurt/M.

Bohnenkamp, Anne (1996): «Textkritik und Textedition». In: Arnold/Detering (Hg.): Grundzüge der Literaturwissenschaft. München, S. 179–204.

Brecht, Bertolt (1960): Bertolt Brechts Hauspostille. Frankfurt/M.

Brinker, Klaus (1993): Linguistische Textanalyse. Eine Einführung in Grundbegriffe und Methoden. 3. Aufl. Berlin.

Buffière, Felix (1956): Les mythes d'Homère et la pensée greque. Paris.

Celan, Paul (1983): Gesammelte Werke. Bd. 3. Frankfurt/M.

Charms, Daniil (1997): «Elisabeth Bam». In: Ders.: Theater! Fast alle Stücke. Hg. von Peter Urban. Berlin, S. 55–88.

De Man, Paul (1984): «Anthropomorphism und Trope in the Lyric». In: Ders.: The Rhetoric of Romanticism. New York, S. 239–262.

– (1988): Allegorien des Lesens. Frankfurt/M.

Eco, Umberto (1977): Zeichen. Einführung in einen Begriff und seine Geschichte. Frankfurt/M.

Edschmid, Kasimir (1989): Über den Expressionismus in der Literatur und die neue Dichtung. Berlin, S. 57.

Fischer-Lichte, Erika (1988): Semiotik des Theaters. 3 Bde. Tübingen.

– (2004): Ästhetik des Performativen. Frankfurt/M.

Frank, Manfred (1993): Das Sagbare und das Unsagbare. Frankfurt/M.

Fuchs, Georg (zit. n. Jelavich, Peter) (1992): «Populäre Theatralik und Avantgarde. Betrachtungen zum Theater der Jahrhundertwende». In: Schmidt, Herta/Striedter, Jurij (Hg.): Dramatische und theatralische Kommunikation. Tübingen.
Gadamer, Hans-Georg (1990): Wahrheit und Methode. 6. Aufl. Tübingen.
Genette, Gérard (1972): Figures III. Paris.
– (1994): Die Erzählung. München.
Gernhardt, Robert (1994): Gedichte 1954–1994. Zürich.
Grübel, Rainer (1995): Sirenen und Kometen. Axiologie und Geschichte der Motive Haarstern und Wasserfrau in slavischen und anderen europäischen Literaturen. Frankfurt/M.
Hansen-Löve, Aage (1978): Russischer Formalismus. Wien.
– (1982): «Die ‹Realisierung› und ‹Entfaltung› sprachlicher Figuren zu Texten». In: Wiener Slawistischer Almanach. Bd. 9, S. 198–252.
– (1997): Der russische Formalismus. Wien.
Heindl, Robert (1912): Meine Reise nach den Strafkolonien. Wien/Berlin.
Hörningk, Therese (Hg.) (1999): Brecht Dialog 1998. Frankfurt/M.
Iser, Wolfgang (1976): Der Akt des Lesens. Theorie ästhetischer Wirkung. München.
Jakobson, Roman (1972): «Linguistik und Poetik». In: Ihwe, Jens (Hg.): Literaturwissenschaft und Linguistik. Bd. 1. Frankfurt/M., S. 99–135.
– (1979): Poetik. Ausgewählte Aufsätze 1921–1971. Frankfurt/M.
Kafka, Franz (1996): Erzählungen und andere ausgewählte Prosa. Hg. von R. Hermes. Frankfurt/M.
Kittler, Wolf (1990): «Schreibmaschinen, Sprechmaschinen. Effekte technischer Medien im Werk Franz Kafkas». In: Kittler, Wolf/Neumann, Gerhard: Franz Kafka: Schriftverkehr. Freiburg, S. 75–163.
Košenina, Alexander (1995): «Ein entsetzliches Schicksal hat die Sprache unserer Herzen verwirrt»: Schillers «Kabale und Liebe». In: Košenina, Alexander: Anthropologie und Schauspielkunst. Studien zur «eloquentia corporis» im 18. Jahrhundert. Tübingen, S. 247–266.
Lachmann, Renate (1990): Gedächtnis und Literatur. Frankfurt/M.
Lämmert, Eberhard (1991): Bauformen des Erzählens. 8. Aufl. Stuttgart.
Lehmann, Hans-Thies (1999): Postdramatisches Theater. Frankfurt/M.
Lotman, Jurij (1973): Die Struktur des künstlerischen Textes. Frankfurt/M.
Marquard, Odo (1983): «Kunst als Antifiktion». In: Henrich, D./Iser, W. (Hg.): Funktionen des Fiktiven (= Poetik und Hermeneutik 10). München, S. 35–54.
Müller, Heiner (1986): Gesammelte Irrtümer. Frankfurt/M.
Müller-Seidel, Walter (1986): Die Deportation des Menschen. Kafkas Erzählung «In der Strafkolonie» im europäischen Kontext. Stuttgart.
Muschg, Adolf (1993): Der Rote Ritter. Frankfurt/M.
Nietzsche, Friedrich (1965): Werke in drei Bänden. München.
Nolting, Winfried (1983): «Das Drama des Tonfalls». In: Krischke, T. (Hg.): Horváths «Geschichten aus dem Wienerwald». Frankfurt/M., S. 116–137.
Petersen, Jürgen H. (1995): «Fiktionalität als Redestatus. Ein Beitrag zur literaturwissenschaftlichen Grundlagenforschung». In: Sprachkunst. Beiträge zur Literaturwissenschaft, Bd. 36, S. 139–163.
Pfister, Manfred (1994): Das Drama. 8. Aufl., München.
Plath, Sylvia (1965): Ariel. New York.
Puschkin, Alexander (1989): Boris Godunow. Stuttgart.

Riha, Karl/Zelle, Carsten (Hg.) (1991): Johann C. Lavater: Von der Physiognomik (1772). Frankfurt/M.

Rilke, Rainer Maria (1966): Werke in drei Bänden. Bd. 1: Gedichtzyklen. Frankfurt/M.

Rossmann, Andreas (2000): «Kopulation im Kunstzoo. Valentin Jetzer zeigt in Bonn ‹Jeff Koons› von Rainald Goetz». In: Frankfurter Allgemeine Zeitung (26.1.2000).

Ryan, Kiernan (1988): «Romeo and Juliet: The Language of Tragedy». In: Van Peer, Willie (Hg.): The Taming of the Text: Explorations in Language, Literature and Culture. London, S. 107–121.

Schmid, Wolf (1982): «Die narrativen Ebenen ‹Geschehen›, ‹Geschichte›, ‹Erzählung› und ‹Präsentation der Erzählung›». In: Wiener Slawistischer Almanach. Bd. 9, S. 83–110.

Shakespeare, William (1998): The Complete Works. Compact Edition. Ed. by Stanley Wells and Gary Taylor. Oxford.

Stadelmaier, Gerhard (2005): «Schiller spielen». In: Frankfurter Allgemeine Zeitung (21.3.2005).

Stanzel, Franz (1989): Theorie des Romans. Göttingen.

Szondi, Peter (1959): Theorie des modernen Dramas. Frankfurt/M.

Trakl, Georg (1972): Das dichterische Werk. München.

Trakl, Georg (1998): Sämtliche Werke und Briefwechsel. Innsbrucker Ausgabe. Hg. von Eduard Sauermann und Hermann Zwerschina. Frankfurt/M.

Uspenskij, Boris (1976): Poetik der Komposition. Frankfurt/M.

Veltruský, Jiři (1976): «Dramatic text as a component of theatre». In: Semiotics of Art. Hg. von Ladislav Matejka. Cambridge/Mass., S. 94–117.

Weidemann, Hermann (1994): «Aristoteles. Peri hermeneias». In: Aristoteles, Werke in deutscher Übersetzung. Begr. von Ernst Grumach. Hg. von Hellmut Flashar. Bd. 1, Teil 2. Paderborn.

Weihe, Richard (2004): Die Paradoxie der Maske. Geschichte einer Form. München.

Weinrich, Harald (1994): «Bruder Celan». In: Reich-Ranicki, Marcel (Hg.): 1000 Deutsche Gedichte und ihre Interpretationen. Bd. 8. Frankfurt/M., S. 382–384.

3. Analyse literarischer Institutionen

Abrams, M. H. (1971): The Mirror and the Lamp: Romantic Theory and the Critical Tradition. London usw.

Akker, M. van den/Beekman, K. (1980): «Polets proza in dag- en weekbladkritiek». In: Heite, H. R./Verdaasdonk, H./Wispelaere, P. de (Hg.): De liternatuur van Sybren Polet. Amsterdam, S. 31–56.

Akker, W. J. van den (1985): Een dichter schreit niet. Aspecten van M. Nijhoffs versexterne poetica. Amsterdam.

Albrecht, Wolfgang (2001): Literaturkritik. Stuttgart/Weimar.

Anz, Thomas/Baasner, Rainer (Hg.) (2004): Literaturkritik. Geschichte – Theorie – Praxis. München.

Appleyard, J. A. (1994): Becoming a reader. The experience of fiction from childhood to adulthood. Cambridge usw.

Aristoteles (1982): Poetik. Griechisch/Deutsch. Übersetzt und hg. von M. Fuhrmann. Stuttgart.

Assmann, Jan und Aleida (1987) (Hg.): Kanon und Zensur. Archäologie der literarischen Kommunikation II. München.

Barthes, Roland (1974): Die Lust am Text. Frankfurt/M.
– (1986): «The Death of the Author». In: Ders.: The Rustle of Language. Oxford, S. 49–55.
Beardsley, Monroe C./Wimsatt, W. K. (1946): «The Intentional Fallacy». In: Sewanee Review 54, S. 468–488.
Beekman, K. (1984): De Reportage als Literair en Avantgardistisch Genre. Een kritisch-empirisch onderzoek naar de classificatie van een tekstsoort. Amsterdam.
Bourdieu, Pierre (1974): Zur Soziologie der symbolischen Formen. Frankfurt/M.
– (1977): «La production de la croyance». In: Actes de la Recherche en Sciences Sociales 13, S. 3–43.
– (1987): Die feinen Unterschiede. Kritik der gesellschaftlichen Urteilskraft. Frankfurt/M.
– (1992): Les règles de l'art. Paris.
– (1993): The Field of Cultural Production. Essays on Art and Literature. Ed. Randal Johnson. Cambridge.
– (1997): «Das literarische Feld». In: Louis Pinto/Franz Schultheis (Hg.): Streifzüge durch das literarische Feld. Konstanz, S. 33–147.
De Nooy, Wouter (1991): «Social networks and classification in literature». In: Poetics 20, S. 507–537.
– (1999): «A literary playground: Literary criticism and balance theory». In: Poetics 26, S. 385–404.
Derrida, Jacques (1983): Grammatologie. Frankfurt/M.
– (1993): Limited Inc. 3. Aufl. Evanston.
Dijk, Nel van (1999): «Neither the top nor the literary fringe: The careers and reputations of middle group authors». In: Poetics 26, S. 405–421.
– (2000): «Das Zitat als Autorenverweis: ein prestigebestimmendes Instrument». In: Klaus Beekman/Ralf Grüttemeier (Hg.): Instrument Zitat. Über den literarhistorischen und institutionellen Nutzen von Zitaten und Zitieren. Amsterdam/Atlanta, S. 367–392.
Dilthey, Wilhelm (1922): Einleitung in die Geisteswissenschaften. Gesammelte Schriften Bd. 1. Stuttgart.
– (1961): Die Philosophie des Lebens. Hg. von Hermann Nohl. Stuttgart.
DiMaggio, Paul (1987): «Classification in Art». American Sociological Review 52, S. 440–455.
Döblin, Alfred (1963): Aufsätze zur Literatur. Ausgewählte Werke Bd. 7. Hg. von W. Muschg. Olten/Freiburg.
Dorleijn, Gillis J./Vanstiphout, Herman L. J. (Hg.) (2003): Cultural Repertoires. Structure, Function and Dynamics. Leuven etc.
Eco, Umberto (1977): Zeichen. Einführung in einen Begriff und seine Geschichte. Frankfurt/M.
– (1992): Die Grenzen der Interpretation. München.
Fichte, Johann Gottlieb (1965): «Beweis der Unrechtmässigkeit des Büchernachdrucks. Ein Räsonnement und eine Parabel». In: Ders. (Hg.): Johann Gottlieb Fichte's Sämmtliche Werke. 3. Abth. 3. Bd. Berlin, S. 223–244.
Fokkema, Douwe/Ibsch, Elrud (2000): Knowledge and Commitment. A Problem-Oriented Approach to Literary Studies. Amsterdam/Philadelphia.
Foucault, Michel (1988): Schriften zur Literatur. Frankfurt/M.
Glas, Frank de (1992): «The literary publishing house as gate-keeper». In: SPIEL 11, S. 103–118.

– (1998a): «Investeringen van literaire uitgeverijen in jong talent en de opbrengst daarvan. Een onderzoek naar de generatie literaire prozadebutanten uit de jaren 1961–1965». In: Nederlandse letterkunde 3, S. 127–150.
– (1998b): «Authors' œuvres as the backbone of publishers' lists: Studying the literary publishing house after Bourdieu». In: Poetics 25, S. 379–397.
Gombrich, E. H. (1994): The Story of Art. 5. Aufl. Englewood Cliffs.
Grimm, Gunter (1977): Rezeptionsgeschichte. Grundlegung einer Theorie. Mit Analysen und Bibliographie. München.
Groeben, Norbert/Vorderer, Peter (1988): Leserpsychologie: Lesemotivation – Lektürewirkung. Münster.
Grüttemeier, Ralf (1995): Hybride Welten. Aspekte der «Nieuwe Zakelijkheid» in der niederländischen Literatur. Stuttgart.
Hauptmeier, Helmut/Schmidt, Siegfried J. (1985): Einführung in die Empirische Literaturwissenschaft. Braunschweig/Wiesbaden.
Hirsch, E. D. jr. (1976): The Aims of Interpretation. Chicago/London.
Horaz (2000): Satiren. Briefe. Hg. Gerhard Fink. Düsseldorf/Zürich.
Ibsch, Elrud (1993): «Die empirische Literaturwissenschaft. Ihre Haltung zum Verstehens- und Vermittlungsauftrag der Hermeneutik». In: Weimarer Beiträge 41, S. 218–235.
Jäger, Georg (1974): «Die Wertherwirkung. Ein rezeptionsästhetischer Modellfall». In: Müller-Seidel, Walter (Hg.): Historizität in Sprach- und Literaturwissenschaft. Vorträge und Berichte der Stuttgarter Germanistentagung 1972. München, S. 389–409.
Jakobson, Roman (1979): Poetik. Ausgewählte Aufsätze 1921–1971. Frankfurt/M.
Janssen, Susanne (1994): In het licht van de kritiek. Variaties en patronen in de aandacht van de literatuurkritiek voor auteurs en hun werken. Hilversum.
– (1997): «Reviewing as social practice: Institutional constraints on critics' attention for contemporary fiction». In: Poetics 24, S. 275–297.
– (1998): «Side-roads to success: The effect of sideline activities on the status of writers». In: Poetics 25, S. 265–280.
Jurt, Joseph (1995): Das literarische Feld. Das Konzept Pierre Bourdieus in Theorie und Praxis. Darmstadt.
Kayman, Martin A. (1996): «Lawful Writing: Common Law, Statute and the Properties of Literature». In: New Literary History 27, S. 761–783.
Kloek, J. J. (1985): Over Werther geschreven ... Nederlandse reacties op Goethes Werther 1775–1800. Proeve van historisch receptie-onderzoek. 2 Bde. Utrecht.
Kristeva, Julia (1972): «Bachtin, das Wort, der Dialog und der Roman». In: Ihwe, J. (Hg.): Literaturwissenschaft und Linguistik, Bd. 3. Frankfurt/M., S. 345–375.
Laan, Nico (1997): Het belang van smaak. Twee eeuwen academische literatuurgeschiedenis. Amsterdam.
Lauter, P. (1985): «Race and Gender in the Shaping of the American Literary Canon. A Case-Study from the Twenties». In: Newton, J./Rosenfelt, D. (Hg.): Feminist Criticism and Social Change. Sex, Class and Race in Literature and Culture. New York, S. 19–44.
Luhmann, Niklas (2004): Schriften zur Pädagogik. Hg. Dieter Lenzen. Frankfurt/M.
Lukács, Georg (1963): Die Theorie des Romans. Neuwied.
Magerski, Christine (2004): Die Konstituierung des literarischen Feldes in Deutschland nach 1871. Berliner Moderne, Literaturkritik und die Anfänge der Literatursoziologie. Tübingen.

Morris, Charles William (1972): Grundlagen der Zeichentheorie. Ästhetik und Zeichentheorie. München.
Osinski, Jutta (1998): Einführung in die feministische Literaturwissenschaft. Berlin usw.
Peters, Günter (1982): Der zerrissene Engel. Genieästhetik und literarische Selbstdarstellung im achtzehnten Jahrhundert. Stuttgart.
Plumpe, Gerhard (1988): «Kunst und juristischer Diskurs». In: Fohrmann, Jürgen/Müller, Harro (Hg.): Diskurstheorien und Literaturwissenschaft. Frankfurt/M., S. 330–345.
Pope, Alexander (1966): Poetical Works. Hg. von Herbert Davis. London usw.
Raat, Gerard (2004): «Orkestratie in de literatuurwetenschap. Over de institutionele analyse». In: T. van Deel/Mathijsen, Marita/de Vriend, Gerard (Hg.): Kijk op kritiek. Essays voor Kees Fens. Amsterdam, S. 207–222.
Rees, Kees van (1983): «How a literary work becomes a masterpiece: on the threefold selection practised by literary criticism». In: Poetics 12, S. 397–417.
– (1987): «How reviewers reach consensus on the value of literary works». In: Poetics 16, S. 275–294.
– (1994): «How Conceptions of Literature Are Instrumental in Image Building». In: Beekman, K. (Hg.): Institution & Innovation. Avant Garde Critical Studies 8. Amsterdam/Atlanta, S. 103–129.
Scherer, Wilhelm (1983): Geschichte der deutschen Literatur. Berlin.
Scherpe, Klaus R. (1968): Gattungspoetik im 18. Jahrhundert. Historische Entwicklung von Gottsched bis Herder. Stuttgart.
Schmidt, Siegfried J. (1989): Die Selbstorganisation des Sozialsystems Literatur im 18. Jahrhundert. Frankfurt/M.
Schönau, Walter (1991): Einführung in die psychoanalytische Literaturwissenschaft. Stuttgart.
Schram, Dick (1991): Norm und Normbrechung. Die Rezeption literarischer Texte als Gegenstand empirischer Forschung. Braunschweig.
Schücking, Levin L. (1932): «Literarische ‹Fehlurteile›. Ein Beitrag zur Lehre vom Geschmacksträgertyp». In: Deutsche Vierteljahrsschrift für Literaturwissenschaft und Geistesgeschichte 10, S. 371–386.
Sötemann, A. L. (1982): «Poetics and periods in literary history; a first draft». In: Green, D. H./Johnson, L. P./Wuttke, D. (Hg.): From Wolfram and Petrarch to Goethe and Grass; studies in literature in honour of Leonard Forster. Baden-Baden, S. 623–631.
Stokmans, Mia J. W. (1999): «Reading attitude and its effect on leisure time reading». In: Poetics 26, S. 245–261.
Uschtrin, Sandra/Joe Küspert, Michael (Hg.) (2001): Handbuch für Autorinnen und Autoren. Adressen und Informationen aus dem deutschen Literatur- und Medienbetrieb. München.
Valéry, Paul (1960): Œuvres. Bd. 2. Paris.
Verboord, Marc (2003): «Classification of authors by literary prestige». In: Poetics 31, S. 259–281.
– (2004): «Auteursclassificaties in literatuurmethoden Nederlands 1968–2000». In: Nederlandse letterkunde 9, S. 380–403.
Verdaasdonk, Hugo (1985): «Empirical sociology of literature as a non-textually oriented form of research». In: Poetics 14, S. 173–186.
– (1987): «Effects of acquired readership and reviewers' attention on the sales of new literary works». In: Poetics 16, S. 237–253.

– (2001): «Expertise and Choice Behavior of Cultural Gatekeepers: Event History Analyses of Lists of Bestselling Fiction». In: B. Keunen/B. Eeckhout (Hg.): Literature and Society. The Function of Literary Sociology in Comparative Literature. Brüssel, S. 57–92.
Viala, Alain (1985): Naissance de l'écrivain. Sociologie de la littérature à l'âge classique. Paris.
Vriend, Gerard de (1996): Literatuuronderwijs als voldongen feit. Legitimeringen voor het leren lezen van literatuur op school. Amsterdam.
Woodmansee, Martha (1984): «The Genius and the Copyright: Economic and Legal Conditions of the Emergence of the ‹Author›». In: Eighteenth-Century Studies 17, S. 425–449.

Ausblick

Bachtin, Michail (1979): Die Ästhetik des Wortes. Frankfurt/M.
Baudrillard, Jean (1982): Der symbolische Tausch und der Tod. München.
Derrida, Jacques (1983): Grammatologie. Frankfurt/M.
Grübel, Rainer (2001): Literaturaxiologie: Zur Theorie und Geschichte des ästhetischen Wertes in slavischen Literaturen. Wiesbaden.
Morris, Charles William (1972): Grundlagen der Zeichentheorie. Ästhetik und Zeichentheorie. München.
Muschg, Adolf (1993): Der Rote Ritter. Frankfurt/M.
Ricœur, Paul (1981): The Hermeneutical Function of Distanciation. What is a Text? In: Ders.: Hermeneutics and the Human Sciences. Essays on Language, Action and Interpretation. Cambridge.
Schleiermacher, Friedrich (1959): Hermeneutik. Heidelberg.

MERKSATZREGISTER

PERSONENREGISTER

Nur in Klammern (bei Literaturhinweisen) vorkommende Namen sind durch kursive Ziffern gekennzeichnet. Das Personenregister wurde von Cornelia Leune zusammengestellt.